The Earth Plunged into a Pandemic

パンデミックに突入した地球

コロナウイルス&
ワクチン以後の
超巨大変移！

A・ジョルジェ・C・R／高木友子

ヒカルランド

現在、世界有数の製薬会社の間で熾烈なワクチン競争があります。自分のところの方がもっとよい結果が出たと言って、権力とお金の戦いです。そして各国政府はそのワクチンを待っています。

しかし、ワクチンは問題を変える解決法とはならないどころか、存在し得る最悪の問題の一つでしょう。人類のDNAを変化させ、人のコンセプトを変えるものだからです。でもすでに多くの人々はワクチンを受けないと死ぬ、感染する、困ると思っています。

ワクチンはお金と権力闘争の中で大変な焦りの中で作っていることを考えれば、想像できるでしょう？

大変恐ろしいものです。

ワクチンも効果が切れればまた戻ります。ウイルスを作った科学者はワクチンのエッセンスを持ったウイルスを作るでしょう。そうなればワクチンの力に反応しなくなるでしょう。大変厳しい戦いです。

でも、そのワクチンは自分の霊的人生を変えるものです。あなた方の人生は、今の肉体人生で終わるものでないことを考えてください。唯一のワクチン、100％確実なワクチンは自分の体を変えることです。進化させせアセンションさせることです。他にありません。何を発明してもウイルスは変化を続けるでしょう。Covid19、20、21、22、23……そして人類を嘲《あざけ》るでしょう。ウイルスはもっと賢いのです。コロナは弱肉強食の産物です。今のコロナが消滅してもより強いものが来るでしょう。

人類の問題はCovid19ではありません。人類の間の結束、無条件の愛、スピリチュアリティの欠如、こちらの方がもっと重要です。

現在開発されたもしくは開発中のワクチンは、RNA(リボ核酸)メッセンジャーワクチンと呼ばれていますが、副作用だけでなく、人の遺伝子を変化させる大変危険なものです。DNAが変われば人として認識されなくなり、人の能力は闇の力により操作されるようになります。

人体は一つの宇宙です。肉と骨の世界だけではありません。人体にはエネルギーが存在します。どうしてワクチンがコロナに感染しない体に変化させることができるのでしょうか。

今の新しいワクチンは、あなた方のRNAを変化させようとしています。あなた方の遺伝子に触れようとしています。それはあなた方の神聖な遺伝子RNAの神なる部分を破壊することになります。そうなればあなた方は〈新秩序〉の下に置かれることになります。新秩序とは何か知っているでしょうか。人類一人一人のコントロールです。

4G、5Gなどのテクノロジーが放射する電磁波エネルギーは、あなた方の頭上から足下まで回転し続け、地球の自然な磁気エネルギー、電磁波エネルギーを焼き焦がし、弱体化、減少に導いています。

あなた方の体の60％以上は水、つまりH_2Oでできているのはよくご存じですね。強烈な電磁波は水を酸化させ、過酸化水素H_2O_2へと変化させ、その結果地球のエネルギーを焼くばかりでなく、あなた方の細胞を焼くのです。

よく聞いてください。ここは大切なところです。電磁波にはアクティブな電磁波とパッシブな電磁波があります。電気、電子製品が稼働しているとき発生するのはアクティブな電磁波です。そして発生した電磁波は電磁波のかす、つまりパッシブな電磁波と化し、その場に残ります。アクティブなものもパッシブなものも体内に入ります。どちらも危険です。

ですから、これからデジタル波に最も触れている若者を中心に、喉、食道、肺、内臓のガンが増えるでしょう。また、筋肉が萎縮するかもしれません。なぜ筋肉まで影響するのでしょうか。

闇の地球外生命体はあなた方のデジタル情報システムを利用し、彼らの電磁波を送り込んでいます。彼らはあなた方を絶滅させることには興味ありません。あなた方を〈所有〉したいのです。すべて宇宙の巨大なチェスゲームの一環です。「王手！」といきたいところでしょうが、それはできません。彼らにはチェックメイトはできません。

光の存在が放っておかないからです。

地球の人類は本来進むべき道と反対の方向へ進んでいます。本来のプロジェクトは進化し、アセンションすることにありました。

テクノロジーに対する過度な依存は、人類にとって最善の方法ではありません。テクノロジーの世界は人を必要としていません。ロボット人間を必要としています。

あなた方の文明もかつての文明と全く同じ道を進んでいます。このままでは個人的に存在次元を変えない限り、アセンションするチャンスはないでしょう。今ストレートなアセンションについて話すときではありません。地球にはその条件がありません。デジタルテクノロジーが進むにつれて、全てがアナログ時代よりひどくなっています。アナログ時代には、うまくいっていたものも、全てがグチャグチャです。地球外生命体のテクノロジーが世に出たものの、テクノロジーを操作するメンタル、マインドの能力が今の人類にはないからです。

日本ではスピリチュアリズムさえファンタジーと化し、アセンションという言葉もファンタジーに演出され、その言葉の持つ重みも深さも存在していません。そのように日本はファンタジーの中に沈んで行こうとしています。

もうすぐ社会はカオスに入っていくでしょう。存在は人類が学ばないのを見ています。何が待っているのでしょうか。良いものではありません。現在、どの国にも未来がありません。未来はあなた方の中にあるのです。自由になるために、あなた方自身が目覚めなくてはならないのです。

カバーデザイン　重原　隆
校正　トップキャット
本文仮名書体　文麗仮名（キャップス）

目次

Part 2 パンデミックに突入した地球

Part 3

なぜウイルスは消えないのか⁉

Part 4

〈終わりの始まり〉がスタートする

Part 5
近未来あなたに起こること

Part 6

レスキューオペレーション

Part 7
神意識（自分）との分断とリコネクション

Part 8 向かう道はアセンション以外なし！

Part 9

人類の前に立ちはだかる挑戦、コロナウイルスとワクチン

序――メッセージの理解を深めるために

メッセージとは

「メッセージとは光の存在と人類の間のコミュニケーションです。あなた方が今まさに何が起こっているか知り、前に向かって進んでいく準備をするためです。メッセージは単なる知識ではありません。あなた方が自分のエネルギーに変え、行動して、進化していくのを助けるためです」

聖白色同胞団

メッセージの理解を深めるために

現在、地球全体がコロナウイルスと全面対決の様相を見せています。各国政府も国民の意識もコロナウイルスとどう戦うか、経済をどう回復させるか、その一点に意識が集中しています。その中、多くの人がコロナワクチンに救世主のように期待を寄せていま す。

しかし、人類、個人の未来にとって、コロナウイルスよりもさらに深刻で重要なことが、コロナ禍の裏で起こっているのです。

私たちのあらゆる営みは、その舞台となる母なる地球が許して、初めて成り立つものです。地球や宇宙がノーと言えば、ノーなのです。何もできなくなります。

これから地球や宇宙が大きく動き出そうとしています。

地球や宇宙の動きを司る世界、つまり法則の世界は、人類の動きによりプロジェクトを刻々と変えています。

プロジェクトは固定ではありません。その時々、変化するものです。だから昔からの予言もはずれるのです。

本書には、その法則を司る世界から、2020年から2029年に向けて、人類の進みを助けるために伝えられたメッセージを掲載しました。

存在は、「コロナウイルスはテクノロジーで戦うものではない」と明言しています。

コロナウイルスから身を守り、終息に向かうための大原則があります。本書を通して、その術《すべ》を身につけるきっかけとなればと幸いです。

人類はディセンションを選択した

1987年のハーモニックコンバージェンスを境に、地球は過去の時代と決別し、新しい時代が始まり、その頃から「アセンション」という言葉が世界中に広がるようになりました。自分の中の霊的感性、力に目覚めていく人々が急に増えていきました。

そして現在2021年。ミレニアムの時を経て30年以上の年月が経つ中で、アセンションという言葉は次第に社会から消えていきました。

どうしたというのでしょうか。アセンションは夢物語だったのでしょうか。

光の存在はそんな私たちの疑問に答えるかのように伝えてきます。

「今の人類は、表面的にも4・7次元のレベルにいないといけないはずです。表面的というのはオーラやチャクラレベルのエネルギーのことです。ミレニアム前に到達していた3・7次元にも達せず、3・1、3・2、せいぜい3・3次元です。このまま進めば、今の文明もアトランティスやレムリア文明と同じ運命をたどることになるでしょう。」

人類はアセンションではなく、デセンションの道を選択したのです。

2000年前後、世界各地でアセンションに関わるチャネリング情報の助けもあり、真剣に目覚めを目指す人々も多かったように記憶しています。

その後、テクノロジー改革があり、一気にアナログ社会からデジタル社会へシフトしていきました。

その中で、目覚めを目指す多くの人々は、2012年に地球はアセンションを一気に遂げるであろうと信じていたようですが、現実はそうなりませんでした。それを機に、世界中のスピリチュアリズムの世界が急速に冷え込んでいったように感じています。

それは、人が自らの中にあるスピリットの力、光を信じる代わりにテクノロジーを信じるようになったからです。

昔から、人は小宇宙だと言われています。はるか彼方の時から、宇宙は地球を巻き込み、巨大なチェスゲームを展開してきました。光と闇のチェスゲームです。私たち一人一人がそのチェスボードの上を動く駒です。

「宇宙は地球の映し鏡」、「地球は宇宙の映し鏡」です。それは地球で起こることは宇宙でも起こり、宇宙で起こることは地球でも起こるという意味です。

宇宙と地球の関係、宇宙の神々、地球の神々、宇宙にいる地球外生命体、地球にベースを持つ地球外生命体、人類、この繋がりを明確に理解することにより、今宇宙や地球で起こっている真実を知り、自分を知るきっかけとなればと思います。

現在の人類文明は、地球で勃興したたくさんの文明のうちの一つです。地球の歴史を見守り続ける存在から見れば、まだ生まれたばかりのように映るでしょう。

その文明に技術革新をもたらしたのが、ロズウェルの事件です。その事件を発端に、アメリカを通して、地球外生命体のハイテクが私たちの文明に導入されるようになりました。

また、アメリカ海軍が行ったフィラデルフィアの軍艦のテレポーテーションの実験は一見失敗したかのように見えますが、物事はそこで終わったわけではありません。

その時、開けてはならない次元の穴を幾つか地球に開くことになり、それを機に、様々な地球外生命体の出入りが活発になり、人類、特に科学者と地球外生命体のコンタクトにチャンスを与えることになりました。こういった全てのことは、エゴを中心に動く未熟な人類には、余りにも早過ぎるものでした。

その後20世紀後半にアメリカに伝えられたチップテクノロジーなどは、戦争のあり方を変えたばかりでなく、人類社会及び人々の意識を一変させ、現在、ＡＩ、デジタル文明へとシフトさせようとしています。その中で出現したのが今回のコロナウイルスです。

もうＵＦＯを信じる、信じないの時代ではありません。エジプトや中南米などのピラミッド、ナスカ高原の地上絵、マヤ暦、世界中に残っている神話の数々、いずれも、人、地球と宇宙の多次元的繋がりを知れば、自然に理解されるのではと思います。

別のグランドプランでアセンションへ

さて、一連のシリーズにおける最後の本『令和元年からの［地球・人類］レスキューオペレーション』の冒頭で、これから地球、人類に対するコントロールは益々厳しくなっていくというような主旨をお伝えさせて頂きました。

あれから2年経とうとしている今、国はコロナ対策よりも、デジタル化に全力を入れているようですが、そもそもデジタルとは何を意味するのでしょうか。

私たちの日常は英語から派生しているカタカナ文字にあふれ、そのため言葉の奥に潜んでいる深い意味を考えるのが難しくなっているように感じます。最近の動きを見ていますと、カタカナ文字も人から考えるチャンスを奪う一つのテクニックのように思います。

デジタルは数値を意味します。つまり、全てを数値化、バーコード化することです。デジタル化を支えるＡＩ、ロボット、コンピュータ、スーパーコンピュータは、今や時代の花形産業、最も未来あるものとして多くの人の目標、あこがれの対象となっているようです。神社にもＡＩの神様が出現するようになりました。

でも、ＡＩがコントロールするデジタルシステムがベースとなった社会は、何を意味するのでしょうか。

一つには、一番早く物を数字（お金）に変えることができる人が良い人、優れた人、できない人は劣っている人、というふうに評価される社会になることだと言われています。

ＡＩは、人が持つ神聖な資質、愛、心、優しさ、思いやり、寛容さ、強さといったものは評価しません。

そのため評価されないもの、お金にならないものは育てなくても良いということになり、未来を担う子供はそのような環境の中で育てられていきます。

マイナンバーが登場し、一億総背番号制度と言われてから久しくなります。マイナンバーは私の番号、つまり「私」を意味する番号です。私イコール番号になります。人を番号でコンピュータ管理することです。

そのような世界、日本の動きの中、令和2年に入りコロナ禍の時代に突入しました。

コロナ禍では各国政府の国民に対する監視体制が強化され、日本ではデジタル庁の下、デジタル化に一段と予算が組まれました。そして未来を憂う人々が警告し続けてきた「新秩序」、つまり世界人類のトータルコントロールに向けて、テクノロジーレベルで各国が協調しながら進んでいます。しかし、それは人類のシナリオです。その場合、地球も人類もアセンションは夢の夢となります。

一方、宇宙と母なる地球には別のグランドプランがあります。

霊性に基づいた「新秩序」です。その新秩序に向けて宇宙も地球もこれからアクションを取っていこうとしています。

今まで地球も宇宙も、人類が変わるための時間を与えるために、プラン実行の先延ばしを続けてきましたが、このまま進めば取り返しのつかないところまで来てしまいました。

今まで宇宙と地球は、人類が地球と共に進みアセンションを遂げることを期待していましたが、それは夢と化しました。

アセンションの道に向かうためには、まず霊的進化の道へ進む人類と、そうでない人類の振り分けから始まります。2021年がその時です。

2020年に始まったコロナ禍は、これからの人類の進みの転換を図る大きな序章の一つです。

本書は、宇宙と地球のアセンションのグランドプランを指導している様々な存在からのメッセージをそのまま忠実に訳したものです。臨場感と共にメッセージを味わって頂けますよう、今回は時系列に沿って掲載させて頂きました。

「アセンションへ向かう道は、50㎝幅の、無限に続くように見える真っ黒なトンネルを通り抜けるようなもの」と存在は伝えてきます。

トンネルの向こう側に抜けるには、強い信念、強い決意、自己との取り組みが要求されます。スピリット、メンタル、マインド、エモーショナル、肉体を準備しなくてはなりません。

これから政治、経済、社会、医療、教育、そして地球、宇宙、あらゆるレベルで大きな変化、イベントがあるでしょう。私たち一人一人が地球、人類の歴史的大変遷の生き証人となるのです。

本書が、これから私たちが通過する暗くて長いトンネルの向こう側にある本物の光、アセンションへの道にたどり着くための一助となりますよう、心より願っています。

訳者

Part1

パンデミックの前夜に

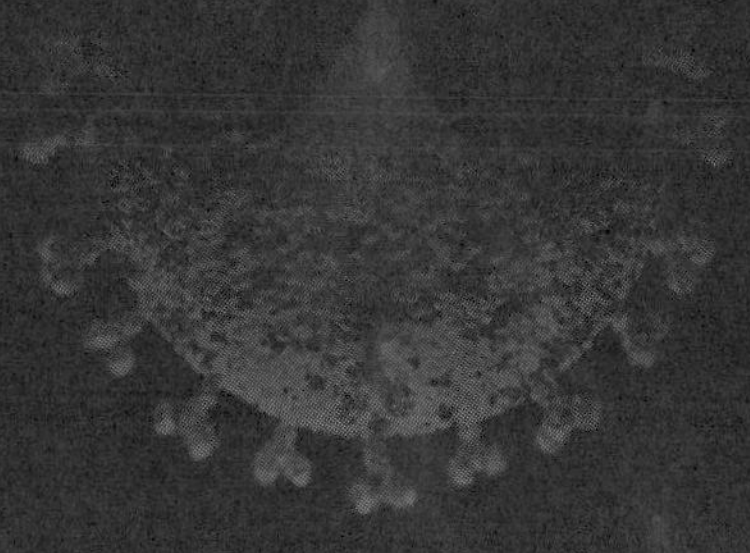

Chapter1
フォトンベルトの時代、なぜ人類は目覚めないのか

地球ではずいぶん前からフォトンベルトについて語られてきましたね。太陽系がフォトンベルトに深く入っていくに従い人類は覚醒し、やがてアセンションを遂げていく、そのようなシナリオを信じていた人々が世界中にたくさんいました。

現在、目覚めのためのフォトンエネルギーがさらに大量に地球に降り注いでいるはずなのに、どうして何も変わらないのだろう、それどころか人類社会はどんどん悪くなっているのはどうしたことだろうと思っている方もいるのではないのでしょうか。

あなた方のそういう心の声に応えて、現時点で私たち光のメッセンジャーに許されている情報をお伝えするとしましょう。

あなた方の現実において、事実上、フォトンエネルギーは地球に降り注いでいません。理論的には、また法則上そうなっているはずですが、あなた方の日常にはフォトンエネルギーは降りてきていないのです。

どうしてそうなるのでしょう?　あなた方が地球上でフォトンエネルギーにアクセスするためには、最低5次元、5・5、5・6次元まで意識が高まらなくてはならないからです。

フォトンエネルギーは、あなた方の体、メンタル、スピリットを変え、新しい時代にシフトするプロセスを助ける情報であり、高まりを助ける未来のエネルギーです。（フォトンエネルギーを中継する）太陽ロゴスのエネルギーもあなた方に届いていません。太陽ロゴスは5次元まで届きます。あなた方の意識が5次元まで到達すれば、このエネルギーを受け取ることができます。

あなた方にとっての太陽ロゴスは、シリウスのアルファ・オメガです。

太陽ロゴスは高いエネルギーを放射するためにたくさんの光の存在が働いている世界ですが、彼らは汚れたエネルギーの層には光を送ることはしません。太陽ロゴスのエネルギーやフォトンエネルギーは、5次元と繋がっている人々のみに降り注いでいます。そのため大半の人々にとって、アルファ・オメガの光もフォトンベルトのエネルギーも降り注いでいないに等しいのです。

神聖な情報であるコスミックエネルギーを受け取るためには、あなた方のメンタル、スピリットが開き、体が準備されていることが必要です。人がそのエネルギーに対して開いており受容できるようになれば、生き方が変わるでしょう。

しかし、人類の今の生き方は、神聖なフォトンエネルギーに対してブロックをかけています。人類は、戦争、唯物的な集合意識、間違ったテクノロジーとそのテクノロジーへの依存、電磁波ネットワーク、コントロールの神経ネットワークを通して、分厚く濃密な壁を作っています。そのため、光の存在は、神聖な情報、高まり、アセンションのエネルギーであるフォトンエネルギーが地上に届くことを許していません。

人類はそれを吸収するために準備してきませんでした。あなた方が突然フォトンエネルギーを吸収し始めたら、気が狂《ふ》れてしまうでしょう。現在のあなた方の論理的思考では、たった一粒のフォトンエネルギーの粒子でも、あなた方の生体電気システム、生体電磁波システム、中枢神経系などを壊してしまうでしょう。

フォトンエネルギーは、今のあなた方の生体エネルギーにとってあまりにも負荷が大き過ぎるので、まだ許されていないのです。フォトンエネルギーに値する、つまり耐えることができるまでの高まり、肉体的、霊的勉強が必要です。それが宇宙があなた方に要求するものです。

そのため、ごく限られた人々、真のスピリチュアリストのみ、そのエネルギーの一部を受け取ることを許しています。またアストラルトリップ、アストラルプロジェクションを通して、フォトンエネルギーを受け取っている人もいます。

従って地球に降り注いでいるのは、太陽のエネルギー、コスミックエネルギー、銀河のエネルギーですが、それらの光線は、人類を変える神々のエネルギーとは異なります。あなた方が地上において受け取っているのは、太陽光線、コスミックレベルの青、赤、黄色などの物質的な144光線です。

しかし、あなた方がスピリチュアリティを高めれば、144光線は、太陽ロゴスからストレートに来る情報、高まり、準備、目覚めの神聖な光線となり、地上に届く前に、幾つかの次元のプロセスを経て、フォトンエネルギーとして受け取ることができるでしょう。

フォトンエネルギーを中継するシリウスのアルファ・オメガは、あなた方の地球にエネルギーを分配する偉大な光のセンターです。そこには地球の目覚めのプロセスを助ける管理センターが存在します。それがアルファ・オメガの仕事です。

プレアデスのアルシオネと協力して仕事しています。プレアデスとシリウスのアルファ・オメガは、霊的次元のあなた方と直接関わる管理センター、つまり中央行政府です。

あなた方はフォトンエネルギー、つまりプレアデスのエネルギーを受け取ることはできないので、アルファ・オメガが存在しています。地球や太陽系に存在する命のためにエネルギーを最適化するためです。

人類はアルファ・オメガの役割を知る必要があります。アルファ・オメガの役割は、地球、太陽系、他の恒星系の調和、バランス、均衡を図り、天の川銀河を統治することです。闇あるところに光を送る、光を創造する、これもアルファ・オメガの管理システムと協力し、多くの光の船団が行っている仕事です。

クォンタムヒーリングのセミナーのアチューメントは、アルファ・オメガのレイキ評議会に要請して行いますが、その瞬間多大な情報、つまり光が来るのです。それは広義の意味、コスミックレベルでのレイキエネルギーは、アルファ・オメガと繋がっていることを意味します。

アルファ・オメガのレイキ評議会の参加を要請する時、波動も次元も変わり、そのエネルギーを伝達することになります。その瞬間アルファ・オメガのエネルギー、光の管理センターからのエネルギーを伝達することになります。あふれんばかりのエネルギーの、光り輝く素晴らしいセンターです。

今日はフォトンベルトとアルファ・オメガとの関係、及びフォトンベルトの時代になってもどうして人の目覚めが起こりにくいのか、あなた方の質問に対して、お答えしました。

Chapter2
宇宙のミニストーリー（なぜ魂の構造はフラクタルか）

はるかなる昔には、ただ一つの大きな意識だけが存在していました。

日本ではどんなものでも神々と呼びます。でも皆神々ではありません。霊的に高い意識です。もちろんあるレベルでの神々には違いないのですが、あなた方が思っているような神々ではありません。

一つの偉大な神意識、「ミカ」についてお話ししましょう。

ミカは至高の神を意味します。ミカは光の至高の神の一人です。彼は人類が想像できないような次元で振動しています。人間の概念をはるかに超越するものです。

ミカはその下の次元に3つの高い神意識を創造しました。ミチ、ハン、エルです。この3つの神意識が一つの至高の意識を形成しています。

当時ミカは至高の意識でした。それでもアクセスできないパラレルワールドが存在しましたが、時を経るにつれてそれができるようになりました。

そのことは、時の流れの中で宇宙が進化していくことを意味します。しかし、当時のミカの時代には色々なパラレルワールドに到達するのに様々な限界があり、やがて自分が創造した魂に対して憂慮するような時代を迎えました。もっと広がりを必要としたために、彼の意識をもっと拡大していかなくてはなりませんでした。

どうしてでしょうか。当時、ミカの創造した魂たちが、闇の側に属するレプティリアン、インセクトソイデ、ドラコなどにコントロールされ始め、ミカは自らの偉大な計画に参加しなくてはならなくなったからです。

そのために立ち上げたのが「ミカ大聖団」です。

ミカに属する魂を、対峙するネガティブな種族から守り、時と共に魂のフラクタルを展開していくためです。魂の質を保つためにフラクタル構造を必要としたのです。地球が誕生するはるかなる前の時代のことです。

ミカ大聖団は、善良なヒューマノイド、レプティリアン、インセクトソイデといった、高いレベルで3つか4つの種族の完璧な魂を創造するためのフラクタル構造の創造にかかりました。

そのため、あなた方の魂は全てフラクタル構造を持ちます。ヒューマノイドだけでなく、レプティリアン、インセクトソイデもそうです。それから気の遠くなるような時が流れ、それらの種族が銀河系内外の様々な惑星や地球にも誕生するようになりました。

あなた方もその流れの中で誕生し、宇宙や地球で様々な転生を繰り返し、魂の冒険をしてきたのです。

ミカ大聖団のプロジェクトは、ネガティブなレプティリアン、インセクトソイデ、ヒューマノイド、ドラコ、ドラコニアン、ベガ人といった存在から、自分の子供たちである魂のフラクタル構造を守ることにありました。

このように宇宙は絶えず変化し、進化し続けています。今まで分からなかったことも発見されるようになってきました。エネルギーも同じです。現在、宇宙から地球に降り注いでいるエネルギーも、他の惑星でも同じですが、進化し霊的に高いエネルギーです。

今は確認できる時代です。

例えば、NASA。今まで見つからなかった惑星などが発見されたりしています。なぜでしょうか。その時までエネルギー的ブロックが存在し、科学者は発見できなかったのです。

宇宙は進化し、今まで入り込むことができなかった闇の世界にも、少しずつ光が差し込むようになり、霊的ブロックが徐々にはずれてきているからです。パラレルワールドなど様々な壁があり、光の船隊でさえ立ち入り、調査することができなかったものも変化しています。

宇宙ものの映画を見ることは、あなた方の過去を知る上でとても良いことです。スター・トレックも一つの例ですが、他にもたくさんあります。ミスター・スポックをご存じの方もいらっしゃるでしょう？　彼は論理的、合理的意識の存在です。そのため、彼よりも霊的に高い存在と様々な摩擦が起こり、問題を生じさせたりしています。彼はレプティリアン、インセクトソイデのメンタル、エモーショナル部分を持っているからです。

そのようにあなた方も、ヒューマノイドだけを受け継いでいるのではありません。過去、人類にはレプティリアンのように尻尾があったのです。あなた方の神々の多くはレプティリアン系です。レプティリアンが全部悪いわけでは全くありません。

ヒューマノイドも同じです。ヒューマノイドも皆が良い存在ではありません。連合側のヒューマノイドもいるし、非連合のヒューマノイドもいます。

今、意識を高める時代です。どうしてこの本を読んでいるのでしょうか。法則に触れる、もっと知るために一ページ、一ページめくっているのです。この文章を読んでいるあなた方は、細胞の記憶のレベルでは互いに縁のある人々です。

人類は一つの家族ですが、地球の人類はプロジェクトを進むに当たり道を間違えました。ミカは大変憂慮しています。人類が霊的に高く強い一つの魂を維持していくことを望んでいました。それはミカ大聖団のプロジェクトの一端です。

しかし、時の流れの中で、後に地球に来た神々、つまり遺伝子工学に強い地球外生命体の干渉により、彼らをしのぐことがないようにと、あなた方のDNAは退化させられました。

今、あなた方は強くなるために、自分の内側とワークする時です。法則は生やさしいものではありません。厳しく真剣なものです。スピリチュアリティで間違えれば、反対側に向かいます。光と闇があります。

私たちの仕事は、過去のエネルギーや、チャンスさえあれば人類を乗っ取ろう、憑依しようとしているレプティリアン、ドラゴン、ドラコ、インセクトソイデ、ゼータ人、グレイなどたくさんのネガティブグループのコントロールエネルギーを浄化することです。

魂は大変重要なものです。魂はあなた方の微細身、宇宙の体と関係しています。魂は宇宙のエネルギーで滋養されています。あなた方が宇宙の体を進化させていかなければ、魂は解放されません。重要な点です。

魂を滋養し強化する、魂をクリーニングし、魂が本来の輝きを回復する、それはあなた方の仕事です。そのためにあなた方は今地球にいるのです。

スマホを触ったりパソコンをするために地球に来たわけではありません。テクノロジーとスピリチュアリティとは全く異なるものです。あなた方が自分の霊的能力を発揮するようになれば、現在のテクノロジーを10万倍もしのぐことができるでしょう。

神聖な数学があるのをご存じでしょうか。それは偉大な神々の秘宝です。今の人類にはそのアクセスがありません。アクセスしたら、すぐに破壊へと利用するでしょう。

地球にはどれだけの魂が苦しんでいるかご存じでしょうか。何十億もの魂が助けを求めています。助けを求めている魂が高まるチャンスがあれば、人類のアセンションのプロセスを助けることになるでしょう。あなた方がそれらの魂を助けることができれば、彼らもアセンションのプロセスを助けるでしょう。

魂と同じくらい大切なことがあります。別の現実界、別の宇宙と繋がることです。それが魂の使命です。

例えば、『令和元年からの［地球・人類］レスキューオペレーション』の挿し絵の中にあるハボーナは超宇宙の外側の部分です。そこに高い存在たちの意識が存在しています。霊的に高い神聖な存在たちがいるところです。

人類にはそのような大きな神々の意識を受容する肉体的、エネルギー的な能力はありません。そのような神聖な場所に存在する光には1／1000秒も耐えられない、そういうものです。そのため光の存在、神々の世界は、全てヒエラルキーの形を取るのです。ハボーナ、シャンタルは超宇宙の外側にある大きな光のセンター、光のポータルで、あらゆる表現を越えたすさまじいエネルギーの世界です。

今日は断片的な形で宇宙に触れました。ロケットを飛ばして宇宙探査をするといった物理的次元ではなく、自分の起源がある宇宙との霊的繋がり、エネルギーの繋がりにもっと意識を向ける時代です。

Chapter3 宇宙から来た多様な人類の魂——地球の生命場に合わない人々、奇形の理由

地球での物事は、スピリチュアルエネルギーだけで決定されるものではありません。

あなた方もご存じのように、地球は北磁極から見れば、反時計回り、左回りで回転しています。したがって地球には左回りの動きによる電磁波があります。

しかし、地球のある部分では、同じ国内、県内でも、右回りに回っているところがあります。

それは、全体が左回転している中、ある地域を包含している電磁波ゾーンは右回転していること

を意味します。

あそこは何か霊的なものがあり、合わないとか言いますが、必ずしも霊的な問題だけではありません。

例えば、ある人が地球に来る前に生きていた惑星が右回りで回転していたとします。そのため地球に転生した時、その人の魂には当時の右回転の電磁場の記憶があります。

それにより左回りに自転している地球に生まれた時、苦しくなります。その人の魂は昔から右回転のエネルギーで育ってきました。それは左回転の電磁波エネルギーで育った周りの人々の魂とは異なることになります。

そのように電磁場の違いにより、人の生体電磁場が地球に適応できず、その存在を支えているエネルギーのバランスが崩れ、肉体、メンタル、マインド、エモーショナル、スピリチュアルレベルでズレを生じることがあります。

人を守る生体電磁波のエネルギーバランスが崩れれば、霊的エネルギーの影響を受け始め、アイデンティティの問題、霊的問題、マインド、エモーショナルなどの問題を引き起こし、社会に適応しづらくなります。魂が、肉体を持って生まれた場所の周波数、次元、電磁場のエネルギーに適応できないからです。

人は皆が理想的な場所に住んでいるとは限りません。上述した理由により、土地は他の人を受け入れても、その人にとっては受け入れがたいエネルギーであるかもしれません。

そのような場合、いくら霊能者や前世療法などを頼っても、良くなることはないでしょう。シンプルですが難しい問題です。

でも場所を変え、その人にとって理想的な場所、エネルギーが右回転している土地を見つけることができれば、その人は幸せを見いだすことでしょう。何の影響を受けることなく、仕事もできるようになり、普通の人になるでしょう。その土地の電磁場がその人に合うからです。

地球は全ての魂に合うように作られたわけではありません。地球にはたくさんの魂が共存していますが、魂の起源、つまり魂がどこで形成されたのかは皆違います。

地球に来る前の魂、「宇宙の魂」があります。魂がある惑星に誕生する場合、その惑星の電磁波場、重力場、エネルギーに魂を合わせる必要があります。その調整作業は、各惑星の高いレベルのオリシャーや神々が担当します。

しかし、宇宙から地球に来た魂の中には、すでに汚染されている者も少なくありません。魂が属していた種族が、ヒューマノイド、レプティリアン、インセクトソイデといった別の星の種族により、様々な意図をもって遺伝子レベルの操作、移植を受け、変質した宇宙のＤＮＡを持っていたりします。そのようなことが、宇宙の歴史の中で、何十万、何百万、何千万年、もしくはそれ以上前から、繰り返されてきました。

この宇宙の歴史の中で、多くの魂に過去の記憶、エネルギー、魂の意図に反して行われた遺伝子実験や操作などの記録がたくさん刻まれています。

かつて神々と呼ばれた存在は、人類を――正確には当時の人類は今の人類とは違いますが――彼らの科学実験の対象として使用しました。そのため、遺伝子、ＤＮＡレベルで欠陥を持つようになった魂も存在します。

現在、人類がウサギやモルモットなどを使用して実験しているのと同様、当時、人ではない宇宙の存在を利用し、様々な遺伝子テストを行ったのです。彼らは動物を使用したのではなく、現在人間となった存在、魂を実験に使用したのです。

あなた方は欠陥を持って誕生した人の魂のことを考えたことがあるでしょうか。欠陥を持った体に生まれた魂は、誕生前に、神々によって遺伝子実験に使用され、遺伝子的に操作されたので、欠陥を持つことになったのです。人体は、魂が放射する霊的、エネルギー的データに基づいて形成されます。そのため、その魂が体に入ると、地球に誕生した時、体の一部がなかったり、深刻な病気をもって生まれたりします。そういうケースも少なくないのです。

また魂のエネルギーがあまりにも進化し過ぎて精妙で、母なる地球に融合することができないケースもあります。それは神々、つまり遺伝子学者のミス、もしくはどう調整したら良いか分からなかったことによるものです。

そのように地球に誕生した魂には様々な種類があります。

クォンタムヒーリングにはたくさんのシンボルが存在しますが、どうしてでしょうか。肉体の元の体、多次元の微細身に対して遺伝子レベルで働きかけ、汚染されたDNA、魂、I AMレベルのクリーニングを行い、調整し、本来の宇宙の体との繋がりの回復を手伝うためです。

一方、大天使、天使から神聖なエネルギーを受け継いだ魂もあります。スーパーチルドレンです。近年、時代が進むにつれてインディゴチルドレン、ダイヤモンドチルドレン、ゴールドチルドレンなど、いろいろな名称が誕生しました。そういった子供たちは神々の一部です。

彼らのＤＮＡは、人類をコントロールしたいと望む存在や邪神によって汚されないように、正しい存在により守られてきました。地球のアセンションのプロセスに役立つように誕生できるようにするためです。

しかしながら、この地球のコントロールシステムの下で、そういう子供が地球のアセンションに役立つか役立たないかは、両親の霊性、両親や家族がどのように子供を育てるのかによります。彼らの知性は、一般の人の知性を大きく上回っています。そのため、学校や日常生活において、他の子供や両親などとの人間関係がうまくいかないことが多々あります。社会は彼らを理解できず、変わった子供、頭の変な子供と見なしたりします。でも彼らは、他の子供にはないスーパーインテリジェンスと無条件の愛を内側に秘めています。

現代社会には彼らのような子供を受け入れる器がありません。そういった子供がヨーロッパ、アジア、アフリカ、アメリカなどに誕生していますが、どの国にも社会的な理解がありません。そのため、子供の多くは、大天使や天使によって委任された使命を全うすることができないでいます。繊細で、大変な知性に恵まれているのですが、それだけに現在の社会に適応することはとても難しいのです。

地球のエネルギーは、唯物主義やそれをベースとしたマスコミ、人類が「常識」と呼ぶものによりとても汚染されています。社会にとって常識とは、自分も他と同じである、他に従う、他と同じように行動する、その一つのルール、システムに従い行動すべきであるということを意味します。

「常識」も人類のコントロールの一つです。でも彼らは常識が理解できません。無条件の愛の存在、エネルギーだからです。社会は彼らに対して愛を持つことも理解することもできず、彼らを常識でコントロールしようとするので、彼らの思考を圧迫します。

その結果、人類の救済や助ける目的で誕生した子供たちは失望し、彼らが予定していた仕事は遂行できないことになります。彼らの誕生を助けるために様々な手助けをしてきた神々も、大変悲しく思っています。それでは地球は良い方向へ変わるチャンスがありません。地球はどんどん退化しています。

今日は地球の電磁場に融合できない、異なった生命電磁場を持って誕生した魂についてお伝えしました。

地球の左回りの動きについていけない魂を持った人はたくさんいます。魂を利用され、汚され、欠陥を持つに至った魂が、様々な問題を抱えて生まれる子供たちもいます。地球のアセンションのために働き、無条件の愛を広げる使命を持って生まれた子供たちもいます。しかし、人類は彼らがその使命を果たすことができないような形で動いています。

その中で、少しずつ使命を遂行していく子供たちもいます。益々難しくなる地球のエネルギーを変えるためには、そのための使命を任って生まれてくる子供たちの力がもっと必要です。

大切なのは、今人として地上にいる魂が変わることです。

電磁場の相違のために苦しい思いをしている人たちがいます。彼らの魂の多くも良い仕事をしたいのですが、常に場所のエネルギーが彼らの進みを困難なものにしています。人として生まれたからには、地球や人類のために何かしたいと思っている魂も少なくないのです。

また、魂が過去の記憶、地球外の記憶を鮮明な形で持ったまま生まれることもあります。それにより、一般社会に適応するのが難しくなったりします。周りの人はそれが理解できず、逆に彼らを苦しめるような行動を取ることがあります。

宇宙での戦争、遺伝子実験、メンタルコントロールといった記憶が残っている場合もあります。そういう子供には理解と愛が必要ですが、一般社会にはそのようなものは存在していません。

このように地球には様々な人がいることを知ってください。多くの人が考えているように魂は画一的で単純なものではありません。

同じエネルギーで振動し、同じような条件で地球に来たのではありません。各魂は異なる世界に生まれ、体験し、それぞれのエネルギーを持ち、そのエネルギーで振動しています。

地球に合う人は良いのですが、合わない人は苦しむことになります。これも地球の法則です。他の惑星でも同じです。適応できるかできないかにより、うまく生きられる生きられないがあります。

あなた方の中にも、地球のエネルギーに合わない魂を持つ人もいるかもしれません。人間関係、社会や職場での苦しさ、辛さは、あなた方の宇宙での記憶、起源などによるものかもしれません。

地球に学びに来た魂もあります。しかし、多くの場合何も学ぶことなく、さらなるカルマやトラウマを積む結果になりました。これが魂の世界です。

このテーマは今まで誰にも触れられたことがなかったものです。このメッセージを通してさらに霊的知識を重ね、物事の全貌を知覚する力を育てて頂ければと思います。

Chapter4 2022~2023年までに起こり得ることを伝えます

今日は、これから2年ぐらいに起こりえることについてお伝えしたいと思います。つまり2022年頃、2023年にまたがるか、それよりも早いかもしれません。

まずアドバイスとして、大きな都会は離れた方がよいでしょう。可能な人は、とにかく大きな町から離れることです。

多くの人が集中する場所は、テクノロジー、思考形態、電磁波エネルギー、膨大な情報で最も汚染されているゾーンです。そういった要素は母なる地球、あなた方全員に良くない影響を及ぼしています。例外はありません。

そのようなゾーンでは地球外生命体は活動を強化し、母なる地球は大きくクリーニングしようと準備しています。そこには光と闇の戦いがあります。

地球に起こっていることは全て、あなた方人類の意識を反映したものです。人類に地球を守るという意識が本当にあれば、それは、環境汚染から地球を守るだけではなく、スピリチュアルな意味においても反映されるでしょう。

地球を愛する、地球の神々を愛する、自分のスピリットを軸として生きる、物質を共有しながらも自分のスピリットを大切にして生きる、あなた方の素質を眠らせ、スピリットや霊的世界との繋がりを遠ざける唯物主義やテクノロジーに囚われないで生きる、そういった生き方の選択にも繋がります。それは地球のスピリットを尊重することを意味します。

しかし、今の人類はテクノロジーとの繋がりを強化しながら進んでいます。テクノロジーはスピリチュアリティと正反対の方向へとあなた方を誘導しています。人類は唯物主義とテクノロジーによりコントロールされ、システムに従って進まなくてはならないという強迫観念を抱くようになります。

すでに、あなた方の脳のパルス、ニューロン、神経系統、思考形態、感情、エモーションはコントロールされ始めています。

2000年頃にはそのようなコントロールはありませんでした。今や4Gから5Gシステムに移行しようとする中、公にされていないシステムも陰で施工されつつあります。あなた方のテクノロジー依存を強化するために、科学者やエンジニアは日夜、様々なシステムを開発し続けています。

テクノロジーは、人としてのモラル、倫理観、他人に対する尊重、自分に対する尊重、自分のスピリットに対する尊重など、あなた方の生き方に対して大きな影響を与えています。自分のスピリットを尊重するとは何か、スピリットと自分とどう関係あるのか、分からない人も多いでしょう。

スピリットは物質的命のベースです。スピリットが物質、肉体に変化します。山々、川、湖、滝、海、花もそうです。スピリットが物質に変化します。お金も家もそうです。どんな物にも奥にはスピリットが存在します。スピリットが物質に変化します。物を形として見ているだけでは、あなた方はスピリットが何を意味するか理解できないでしょう。

物はスピリットが具現化したものです。あなた方も無から生まれたわけではありません。肉体を脱いで無になるわけでもありません。そしてスピリットなくして高まりはありません。

地球はプログラムを変えました。それは人類が悪い方向へ向けて歴史をどんどん変えているからです。つまり人類は苦しむために歴史を変えているのです。母なる地球はこれから様々なイベント、プログラムを展開していくことになるでしょう。

今世界は温暖化、気温上昇、海面上昇について騒いでいます。工場、自動車、テクノロジーによる環境汚染が引き起こす様々な病気もそうです。

現在のテクノロジーは、ご存じのように、情報を運ぶ電磁波を発生させます。こういった情報を中継するために、あなた方の頭上には人工衛星が存在しています。人工衛星なくして情報はありません。衛星は各ケータイアンテナに情報を送ります。アンテナから電柱に情報が送られ、あなた方の家に届けられます。

その全てのプロセスで発生する電磁波網は都会を覆い、郊外都市を覆っています。特にあなた方が「発展」しているという都会、観光地の状況は大変なものです。あなた方はその電磁波網の下で生きているわけですが、それでは母なる地球のエネルギーをストレートに受け取ることはできません。

情報の電磁波網は、今までお伝えしてきましたように、あなた方の人としての性質を変えるようにできています。モラル、倫理観、自他を尊重する心を持った人から、機械人間へと変えていきます。感情、エモーション、スピリットを奪うからです。スピリットは人として神々から与えられた最も素晴らしい部分です。

テクノロジーがもたらす電磁波網は大きな汚染を作り出しています。自然のバランスを壊し、あなた方の命、存在としてのバランスを崩しています。あなた方のメンタル、中枢神経系、細胞、スピリットを汚し、スピリットを持った人としての意識から、テクノロジーがあれば幸せという意識へとシフトさせていきます。ま、それも良いでしょう、今のうちは。

このまま電磁波、電波の影響を強く受けながら生きていれば、人としての行動は急激に変化していきます。自然とあなた方との繋がりは、以前とは違います。大自然の法則、自然の気エネルギー、自然界の中に存在するスピリットたちは、もうあなた方の家に入りません。

どうしてでしょう？　大きな壁、つまり情報の電磁波網がそれを阻止しているからです。電磁波網は気温の上昇も引き起こします。その網は見えませんが、エネルギーを生産します。情報という形で人をコントロールする電磁波エネルギーです。

そのエネルギーに包まれて生きていれば、自然、法則の世界の恵み、優しさ、素晴らしさに気付くことはありません。自然や法則、自分のスピリットから孤立して生きていくことになります。

あなた方も見ている通り、テレビは毎日ネガティブなニュース、理由なき犯罪、殺傷事件を報道しています。それは弱い人、繊細な人はコントロールされやすいことを教え、あなた方の未来は危険であることを示唆しています。日ごとに事件は増えていくことでしょう。原因は何でしょう？　テクノロジーとそれに対する依存です。

都会に住む人々は充実した公共交通機関があります。電車やバスに乗るやいなや、ほとんどの人が小さな電子機器を触っています。多くの人が朝起きてから寝るまで触っています。

パソコン、スマホ、ゲーム機器といった電子機器を使用する人が増えれば増えるほど、街は情報で飽和します。それは良いエネルギーをブロックし、家、職場、街中いたるところで電磁波エネルギーが働き出し、人ばかりでなく、動物や植物にも悪影響をもたらします。

このような条件で、将来何が起こるでしょう？　まず、スピリットとの繋がりを失った人々は、母なる地球の法則から遠いところにいることになります。法則から離れた生き方をすれば、自然やスピリチュアルな空間を汚していくことになります。光の存在や神々はそこから引き上げていくでしょう。彼らの居住空間を汚してしまったからです。物質レベルのみならず、霊的レベルでも汚れたからです。

どこへ引き上げたのでしょう？　人があまり行かない山々です。仕事を遂行するためです。

そのため都会では、以前あった光のセンター、人類や国のために働いていた神々は姿を消していきました。人類が家や道路、工場、さらなる依存を作り出すための大きなショッピングモールなどを作るために自然を破壊し、都会に存在していたエネルギーセンター、スピリチュアルセンターを壊してしまったからです。

このような条件で人類は何を期待できるでしょうか。母なる地球はあなた方に優しくし続けていくことができるでしょうか。だから、今、エネルギーの変化、浄化、気温の急激な変化があるのです。

地球は人類のために準備していたプログラムを、全面的に変更せざるを得なくなりました。宇宙サイドもそうです。それでは将来の日本、世界はどうなるでしょうか。これから数年先までいろいろなことが起こるでしょう。

母なる地球は、大地、海、動植物を汚染する電磁波エネルギーを変化させ、クリーンにするために、浄化、レスキューオペレーションを必要としています。地球の本質的なもの、つまり良いエネルギーをレスキュー（救済）し、汚れたものを破壊しなくてはなりません。

そのため遠くない将来に、地球のプレートを動かすために巨大地震が発生するでしょう。火山がある国々だけではありません。ヨーロッパ南部に存在する国々、環太平洋火山帯、スマトラ、ボルネオ諸島といったアジアの地震多発地帯なども含まれるでしょう。日本もそうです。

海水温も驚くほど上がるでしょう。あなた方が言うように、50年後に1度、2度とかいったものではありません。その大変化の時にさしかかろうとしています。

地球の浄化レベルだけではありません。人類のメンタル、スピリチュアル、思考形態のレベルでの浄化があります。今の生き方を続けていけば、多くの人が苦しくなるでしょう。この人生でクリーニングしなくてはならないカルマ、トラウマをきれいにしてこなかったからです。

それらがきれいにならなければ、さらに汚し続けることになります。今80のカルマレベルだとすると、100を越すのは難しくありません。間違った生き方は、さらなるカルマを作り続けるからです。

動物のように食べる、飲む、好きなものや思いつきで浪費し続ける。でも自分のスピリチュアリティや、命のベースである肉体に気をつけることにはお金を惜しみます。化学物質を摂取し続け、自分の肉体細胞、メンタルを汚し続けています。あなた方は自分の友達ではありません。自分をいじめています。日本だけではありません。

もう一つの問題があります。霊的問題がさらなるスピードをもって浮上してきます。気付かなくても、霊的部分があなた方のスピリットの中にぐっと浸透してきます。

そのため、これからもっと霊的問題が増えてくるでしょう。肉体的な問題、メンタルの問題、エモーショナルの問題、深刻な病気、大量のバクテリア、新しいウイルスの問題、パンデミック、強いインフルエンザや風邪など、いろいろあるでしょう。また、手足の動き、ロコモーション（運動力）の問題も出てくるでしょう。

どうしてロコモーションの問題なのでしょうか。テクノロジーによるものです。

毎日スマホをしていれば、スマホが放射する電磁波エネルギーで振動するようになり、次第に自分が電磁波になっていきます。体は神聖な生命エネルギー、自然な生体電磁波で振動する代わりに、人工的な電磁波で振動するようになります。

そうなれば、あなた方の細胞のメモリーは、先祖や神々から受け継いだピュアなメモリーから、電磁波によりコントロールされたメモリーへと変化していきます。肉や骨、血液を持った人間であっても半分電磁波、つまりロボット化することになります。

人は肉体を持っています。電磁波が入り込み、肉体がそれを共有するようになれば、肉体は弱くなります。あなた方は本来、ロボットではないからです。ロボットはご存じの通りメモリーを持ち、電磁波エネルギーで動きます。

あなた方は人です。でも人がそのテクノロジーに頼るようになれば、自分の生体エネルギーを失い、60％、つまり半分以上、人工的な電磁波エネルギーが占めるようになります。肉身を持った人から電磁波的な存在へと変わっていきます。ただ、あなた方にはロボットのメモリーはありません。でもこのまま進めば、いつか人工的なメモリーを持つようになるでしょう。

地球外生命体はそのチャンスを待っています。人類は依存を作り出す、霊的に低いテクノロジーを通して、彼らにチャンスを与えているからです。地球外生命体にとってそういう人々をクローン化するのは簡単です。チャンスを待ち、人をクローン化していきます。現実にそれは進行中です。

今まで幾度もお伝えしてきましたが、地球外生命体はあなた方のコピーを完璧に作ることができます。大変大きな危険です。肉体を持った機械、つまりロボット化された社会です。あなた方はAIの人形を見て楽しんでいますが、いつかあなた方がそうなってもおかしくないでしょう。

では地球はどうなるのでしょう？　よく聞いてください。スピリチュアリティを求めている人々は、集まるようになるでしょう。一方、テクノロジーを求めている人、つまり食べ物、物を探し、スマホ、ゲームなどに依存している人々がいます。そういうテクノロジーや物に依存している人々も集まるようになるでしょう。

物、テクノロジーを求める人は大半を占めるでしょう。90％はそうでしょう。残りの10％ほどは、自分の高まりを求め、スピリットの世界を深め続けていきたいと思うでしょう。そのように人類は2つに分かれていきます。

その中で、母なる地球はプロジェクトを準備しています。レスキューオペレーションを通して、アセンションに役立つ人類を救出しようとしています。目覚め、そしてアセンションを果たし、地球を助けるか地球を出るかの道があります。

テクノロジーを求めている人、スピリットや霊的法則を無視し何でもありきで生きている人は別の道へ進んでいきます。そのように、進む道も2つに分かれていきます。

それから次元を通して浄化がやってきます。母なる地球が全面的な変化、つまり最終的な変化を実行する時、地球と太陽はあなた方が耐えられないようなとてつもなく強烈なエネルギーを放射するので、大半は、気がおかしくなってしまうでしょう。

あなた方が使用しているテクノロジーは、前に向かって進んでいく上で大きな問題をもたらすでしょう。大洪水、巨大地震など、都会はさらに住むのが難しくなっていくでしょう。繰り返し洪水が来るところ、砂漠化が進むところもあるでしょう。

ヨーロッパ南部、地中海地方、例えば、スペイン南部、バレンシア地方とかも農地や住宅地が消えていくでしょう。フランスもそうです。日本も例外ではありません。

そうなれば農業、漁業も大きな危機を迎えるでしょう。海水温が高くなれば魚も死にます。その兆候が出ています。昨年、さけやサンマの収穫が激減しましたね。それは日本が沿岸を汚染していることを意味します。他国のせいにしたりしますが、あなた方が行う立派な町作りなども、海を汚しているのです。

母なる地球を救うためには、そのための国家レベルのプロジェクトが必要です。国が動かなければ企業も動かないので、国を挙げての協力体制ができません。地球を救うためには、物質レベルだけでなく、メンタル、スピリチュアルレベルでの人々の団結が必要です。ここに今の人類の大きな問題があります。

あなた方の海、川、自然はあなた方サイドからの愛が必要です。自然を愛することがなければ、食べて飲んで生存し続けていくことが難しくなっていくでしょう。

あなた方が今得られるものは、10年後ないかもしれません。今あるものを愛する、考え方、思考形態を変えて自分の惑星を愛することです。地球脱出計画を進めている人がいるようですが、地球で生きていけなくてどうして宇宙で生きていけるでしょうか。宇宙はそのようなあなた方を望んでいません。

もちろん、宇宙でも地球でも地球外生命体があなた方が訪れるのを待っている流刑地がありま す。あなた方の多くはそこへ行くことになるでしょう。肉体を失う前に、今の世界から追放されそこに連れて行かれるでしょう。日本だけではありません。世界中です。そのことは、人類は大変な危機に面していることを意味します。

これからの進みについて、たくさんの本やネット情報があります。でも彼らは本当のことを知っていません。津波とか地震とか言っていますが、物事の本質はそこではありません。本質的な問題は、地球外生命体や邪神があなた方の生き方を通して行おうとしているコントロールです。あなた方の人生に対して、テクノロジーが引き起こそうとしている苦しみとバランスの喪失、社会の愛の喪失、自他に対する尊重の欠如、そして最後に原子力発電所の問題があります。

原子力発電所があるところに大地震が来て再度爆発を引き起こせば、日本は終わりです。食べられるものがなくなります。日本全体がその影響を受けます。

あなた方国民が何もしなければ、国はお金と権力が欲しいだけなので、何も考えないし何もしないでしょう。それが、ずっとこのまま生きていけると思っている日本や原子力発電所を持つ国々の大きな問題です。そこから離れ、原子力エネルギーに終止符を打つために最善を尽くすべき時です。原子力エネルギーは、母なる地球に大変な害を与えています。

太古の昔、邪神たちは、光の文明を壊滅させました。それにもかかわらず、今も地球で光は機能し続けています。でも、あなた方の現在の考え方、生き方では光の存在とは繋がりません。光の存在は、地球が変わるように、目覚めやアセンションを目指す人を、一人でも多く必要としています。

しかしながら現実は、偉大な神々、神聖な意識が、自分の人生や家族に入るようにアクセスしようとする人はほとんどありません。人はその繋がりを拒んでいます。

今日は、これからあなた方人類を待っている大きな問題についてお伝えしました。90％の人々に起こることです。わずか10％の人類がそれを避けることができるでしょう。それはすでに頭上に来ています。母なる地球も宇宙も後戻りはありません。あなた方が日々作り出すもの、それは消えません。動き続けています。

法則はあなた方の考え方、あなた方が求めるものに従って機能します。あなた方は自分が作り出したものを受け取るだけです。それが霊的法則です。

あなた方は偶然、地球に生まれたのではないことを忘れないでください。いつか地球で肉体を脱ぐのも偶然ではありません。あなた方にはスピリットがあり、肉体があります。地球にもスピリットがあり、物質的部分、形があります。

スピリットは、人として、神の子として生きていくための基本的な部分です。今の生き方ではスピリットを忘れています。いつか肉体を脱いだ時、どこへ行くのかを忘れています。この大変汚れた社会のやり方、生き方では、どこへも行けないでしょう。

社会のシステムは益々、あなた方を汚そうとしています。本日お伝えしたこと、あなた方が間に合って変わらなければ、それがあなた方を待っているものです。

Part2

パンデミックに突入した地球

Chapter5
民族のカルマとコロナウイルス

コロナウイルスの脅威で、空港を閉鎖する国々が次々と増え、都市や国に緊急事態宣言を敷いているところもあります。2020年3月17日現在、中でもイタリアで犠牲者が爆発的に増えているのはなぜでしょうか。

それは「人を封じ込める」という行為によるイタリア人のカルマが重いからです。ローマ時代、人の隔離政策を初めて実施したのはイタリア人です。外から来る病人から、自分たちの身を守るために行ったものです。

病人を忌み嫌い屈辱的な扱いをしたという事実は、カルマとしてイタリア人の血に刻まれたのでした。そのローマ文明がヨーロッパ全体へと広がっていきました。ローマ時代は文化ばかりでなく、カルマレベルにおいても大きな重みを持っています。

彼らは自分たちと異にする文明、人種、民族、宗教を持った人々を虐待したため、ヨーロッパ、人類に対して大きなカルマを積むことになりました。

コロナウイルスはイタリア人のＤＮＡ、細胞に潜在する過去の感情、エモーションによって引き寄せられるのです。今の人々に罪はありません。しかし、その罪の意識はどこに残るでしょう？　血液のＤＮＡ、国の歴史に残ります。彼らは今、非情な行為や隔離政策により生み出した血の汚れを支払っているのです。

歴史は繰り返すと言いますが、かつて海の外からやってきた人々に病人が混じっていれば感染を恐れ、地を踏むのを禁じ、長い間海に漂流させたり、そこから逃れてくる人がいれば殺したりと、現在のクルーズ船はそこまでひどくありませんが、それと同じようなことをしました。

そういう意味において、イタリア人は重いカルマを積んだのでした。アメリカ人も科学やテクノロジーにおいて、霊的法則や人権を無視して研究を続けてきました。

アメリカの文化は新しく、ヨーロッパから来た種族により作られましたが、本物のアメリカ人はインディアンです。それにもかかわらず、インディアンに対して大変残虐な行為を働き、大きなカルマを生みました。その後アメリカでは科学が発達し、科学者は核実験を繰り返し、母なる地球を傷つけ、気象や自然界の法則を変化させました。人のＤＮＡにも着手し、野蛮な実験、研究を重ねてきました。そういったことは全てのアメリカ人に影響するのです。

そのためウイルスはアメリカ人の中にも広く入ろうとしているのです。ウイルスは何をもって動くのでしょうか？　意識です。彼らはプログラムされており、意識があります。重たく汚い過去のカルマ、トラウマがあれば、ウイルスはより簡単に入り、攻撃したり命を奪います。

スペインもそうです。スペインは中南米を植民地化したカルマがあります。大きなカルマです。良いことばかりではありません。スペイン帝国を築くためにインディオを虐殺したり服従させ、彼らの文化を消滅させようとしました。スペインはフィリピンでも同じことをしました。

他のヨーロッパ諸国もそうです。コロナウイルスがまだそこまで入っていないだけです。フランスもイギリスもそうです。植民地政策に積極的に取り組みました。ポルトガルもそうですが、そこまでのレベルに達しませんでした。カルマもそれに比例します。

ドイツもヒットラーを通して大きなカルマを背負いました。その歴史は、イタリアやスペインなどと同様、一つのパラレルワールドとして存在しています。

日本は、他のアジア諸国を制圧しようと様々なことをしてきたにもかかわらず、国民のレベルではそれほど大きなカルマを積むことはありませんでした。なぜでしょうか。

日本人はロジックでテクノロジー、ロボット化（機械化）が大好きな国民です。一般に日本人はあまり大きな感情やエモーションを使いません。感情やエモーションは最悪のカルマを作る元となるものです。最近の日本人は感情やエモーションをよく使いますが、それでもヨーロッパ人のものとは比較することはできません。

ヨーロッパの文明は非常に古く、征服、コントロールの歴史でした。日本にはそういったものがありません。20世紀に中国、韓国、フィリピンなどに侵入したことはありましたが、国民としてのカルマはそれほど大きなものには至りませんでした。

どうして、日本では他国に比べ感染の拡大が遅れているのでしょうか。日本人のDNAは今回のコロナウイルスを受け入れにくいからです。そのエネルギーに対して開かれていません。

そういうわけで感染は遅れていますが、今の日本人の精神は後退しています。そのためもっと広がる可能性はありますが、しかるべく気をつければ、他国のレベルまではいかないでしょう。

しかし、しかるべく対策を講じなければ、アメリカ、ヨーロッパ諸国などの影響により感染が広がる可能性があります。日本自体によるものではなく、諸外国により巻き込まれていくでしょう。日本自体は歴史のレベルでそれほど重いカルマはありません。

日本人のＤＮＡは地球へ来てから、起源の星からコントロールされているものの、重いカルマを生み出すような感情やエモーションがありません。そのため、ある意味では日本人は人が良くて善人ですが、一方冷たいところがあります。

これからの日本の最も重要な問題は、コロナウイルスではありません。最も危惧される問題は原子力エネルギーです。原子力エネルギーにとっての問題は何でしょうか。地震、津波です。これが日本にとって最大の問題です。

日本経済は、光と闇の戦いの中、世界の変化の影響を受けて山から転げ落ちていくでしょう。日本人はよほど高まらなければなりません。意識の高まり、行動を取ることが必要です。現在のコントロールシステムは崩壊しなくてはなりません。21世紀の今、すでに消滅していなければならないものです。

しかし、人類はこのシステムが存続するよう頑張り通しています。どうしてでしょう？　このシステムの下では、為政者は人をコントロールできるからです。為政者は今までしてきたように人々をコントロールし続けていきたいのです。

石油をベースとしたコントロールシステムがなくなれば、皆が同じ条件の下に置かれます。差がなくなり同じになります。本来、今の時代には、宇宙と地球が供給するエネルギーを、宇宙も地球も汚すことなく最大限に活用し、全ての人がエネルギーを安く使える、そのテクノロジーがこの惑星、地球で機能し、均等で公平な経済になるはずでした。でも、そのためのテクノロジーや発明は全て闇に葬られました。

しかしながら、経済で人類をコントロールし続けていくために、未だに石油が中心となっています。経済のコントロールがあれば、メンタルもエモーションもマインドもコントロールされます。

そのように日本人は気付かないところでコントロールされていても、今回のコロナウイルスによる行動規制のコントロールには慣れていません。ヨーロッパ諸国との歴史の違いによるものです。ヨーロッパ諸国には互いに戦い続けてきた歴史があります。

日本も国内で権力争いを繰り返してきましたが、ヨーロッパではもっとひどい戦いがありました。戦いは何をもたらすでしょうか。

凄惨な戦いの末、負けた者には悔しさ、失望、恐れ、憎しみが残り、勝利した者は、傲慢、権力、富が手に入ります。これが戦いです。負けた者にもカルマが残ります。どうしてでしょうか。勝った者に対して低い感情を持つからです。勝った者も、勝った自分は偉いという低い感情を持ちます。それも重たいカルマです。

カルマはＤＮＡに刻まれていき、歴史はＤＮＡを通して民族、個人の霊的部分に影響していくことになります。そういうシステムが働いています。

コロナウイルスは人類が今まで持ち続けてきた多くのコンセプトを壊していくでしょう。コロナウイルスは、昔のパンデミックほど強いものでないということに気付くでしょう。少なくとも今時点ではそうです。でも現在の政府は機能せず、どうしたら状況を脱出できるか分からないことに気付くでしょう。

自分は誰なのか。自由、人権を求めて、今まで人類は何をしてきたのか。緊急事態では自由も人権も全て奪われるのか。昔国王は人の自由や権利を取り上げてきたが、今同じような状況が繰り返されている。ある状況をコントロールするために、国や社会システムは国民をコントロールすべく強権を発動している。そのようなことに気付く人々も出てくるでしょう。

どうして強権的になるのでしょう？　それは指導者たちの間違いによるものです。人としての能力の欠如、国民に対する無条件の愛の欠如のために、状況を制御することができなかったからです。そのため最終的に国民の動きを阻止し、自由を取り上げ、特定の場所に国民を封じ込め、監視し、違反すれば、刑務所行きか大きな罰金刑を科しています。

それでは人としての原則、ヨーロッパの原則はどこにあるでしょうか。今まで自由を求めて戦いを繰り返してきたにもかかわらず、ヨーロッパは何も学んでこなかったことを意味します。

中国を見てください。中国についてお伝えしてきませんでした。恐ろしい国です。中国は国家システム、国の考えに反対する者は誰でも抹殺されます。自由や人権はありません。中国帝国は本当に危険なものです。恐ろしいほどのコントロール大国です。

民族的にも中国人と日本人は全く異なります。日本人には中国人が固執するような憎しみ、恨みといった国民感情はありません。同じアジア人でも考え方は両極端です。

どうして日本人は中国に侵入したのでしょうか。しなくてはならなかったからです。過去の報復のためです。霊的レベルで過去の報復を果たすために、中国に進出したことがありました。国民の潜在意識に残っていたのでしょう。そして、現在、中国は武力をもって日本をはじめ近隣諸国を威嚇し、圧力をかけています。

日本はアメリカに戦争をしかけましたが、それは常に戦い続けてきたヨーロッパに比べれば重さが違います。

時を経て歴史、霊的に刻まれた歴史は繰り返します。国が異なるだけです。歴史にまつわる情報は全ての人類に刻まれるからです。人類の考え方は一つです。全ての国は同じ思考形態を受け取りますが、各国の文化、エモーションやスピリチュアリティによって行動は異なります。

現在、各国でウイルスを理由に人々から自由を取り上げます。でも、今回のウイルスは科学者の責任です。生物兵器を作るために、ウイルスの研究をしていますが、セキュリティを忘れています。

コロナウイルス騒動は、医療、保険などの古いシステムを打ち破る一つのチャンスです。政治、経済、立法、行政システムを変化させるチャンスです。

現在、コントロールシステムは揺れています。中国も揺れています。国民が政府の言うことを聞かなくなってきています。日本のシステムも揺れています。ヨーロッパもしかり。まるで壁が左右に揺さぶられ、倒れそうで倒れない、それを支えている土台はまだまだ強い、そんな状況にあります。権力を維持するために、スピリチュアル、メンタル、マインド、感情レベルで頑張り通していきます。そのように物事が動いています。

コロナウイルスは、これからの人類の意識や思い、行動にもよりますが、現時点では、おそらく6月くらいまで続くでしょう。世界でも、5月末ぐらいには落ち着いてくるでしょう。でも、互いを尊重し我慢することができなくなり、やりたい放題に振る舞うようになれば、必ず再び増えるでしょう。たくさんの死者が出るでしょう。先ほどお伝えしましたが、特にカルマの強い国々では死者が増えるでしょう。

破産しそうになる国もあるかもしれませんが、お金がないので買い上げようとする国もないでしょう。お金があっても、投資しようとは思わないでしょう。今投資すれば多額のお金を失うでしょう。

株式が海の波のように動いている状況では誰も投資したいとは思わないでしょう。経済は波のように動き、政府も波のように動いています。そういった動きの中、そのような国々が破産しないように解決法を見いだしていくでしょう。

この大きな揺れの中、自分たちが従っているシステムは良いものか、保険制度は有効なものか、政治システムは役に立つものか、社会制度は有効か、これから将来このような災禍や天災が起こったら人類はどうなるのか、人々が考え始めるための一つのチャンスです。

ご存じの方もあるかと思いますが、科学者の中に60％の人類を削減するという計画がありますが、今ではないでしょう。どうして科学者は、そのような目的のために動いているのでしょうか。

人類が多ければ多いほど、考え方も多様性に富み、そうなれば、スピリチュアル、メンタル、マインド、物質的にもコントロールが難しく、邪魔になるからです。

もちろん、それは光の存在や神々が望んでいるものではありません。光の存在は目覚めた人を望んでいます。人類が消滅することは望んでいません。

光の存在は、母なる地球に住む人々が一人でも多くアセンションして欲しいと思っています。光を呼び込むことができる人が多ければ多いほど、こういったウイルス、科学者、それに投じるお金は減少していくでしょう。

ドイツのメルケル首相が、将来的に70％の人がコロナウイルスに感染し、抗体ができることにより感染しなくなり、乗り越えていくといったような発言をしていましたが、それは嘘です。それは黒龍の計画です。

60％、70％の人が感染すれば、多くの人が亡くなるでしょう。それは念頭に置いてください。為政者や社会システム、経済システムを通して、地球を闇の存在のコントロール下に置くために、邪魔な人数を削減したいのです。

人は一端感染したとしても免疫はできません。どうしてか説明しましょう。今の人類のDNAは、不安定でエネルギーが低く、汚れ過ぎています。そのため、このようなウイルスに耐えることは難しいのです。

しかし、時代に従って変容したDNAを持っていれば、ウイルスを攻撃し消滅させることも可能になるのです。あなた方のDNAを攻撃したくてもできません。反対に破壊されてしまいます。

周りで言っていることを鵜呑みにしないで下さい。これからは、あなた方自身が主役です。医者や為政者が中心ではありません。あなた方をコントロールしている社会システムが中心ではありません。あなた方が中心なのです。

あなた方国民がこの問題を解決しなくてはならないのです。政治家でも医者でも科学者でもありません。あなた方が自分で解決しなくてはならないのです。

どのようにして？　高まりを通してです。人類を攻撃し、アセンションを阻止するために実験室で作られたウイルスという災禍を打ち破り、前に向かって進むためには、ＤＮＡの変容、高まり、細胞の変容、高まりが必要です。

科学者はそのことをよく知っています。人類が目を開けば、人類をコントロールする目的は達成できないことを知っています。地球にはあまりにも多くの人類が住んでいます。だから消滅させなければなりません。多くの国々はそれを望んでいます。

ですから、兄弟よ、このコロナウイルスについてよく考えてください。国民がしかるべく意識を持ち、気をつければ、日本ではそれほど増えないでしょう。意識が大切です。大都市、特に東京は慎重にならなくてはなりません。

日本文化は、アマゾンのインディオと似ていて、このウイルスとは直接縁がないものです。民族のＤＮＡが異なる時、受ける影響はそれほど大きくないのです。大切なのは国外に出ないことです。海外に行けば同じように感染します。彼らのスピリチュアルゾーン、電磁波フィールドに入るからです。自分の領土にいてください。

そのように私たちは、今母なる地球に起こっている現象を見ています。

Chapter6
隔離された地球――レスキューオペレーションと人類の選択

あなた方の国々は人々を隔離し始めていますが、母なる地球も多次元宇宙から隔離されています。地球に近づく光の船隊は、光を求め、信念を持つ人々を助けるためにいます。光を求めていない人々のためではありません。光を求めていない人々にはチャンスはありません。

神の愛は邪悪な者まで届くと言いながら、どうしてチャンスは全員にないのかと思うでしょう。それに値するには、反省と思考形態、考え方の変化が必要です。

多くの人はなぜコロナウイルスは早く消滅しないのかと、思っているでしょう。でも、物事がすぐ良くなれば、感染の有無にかかわらず、あなた方は起こったことをすぐ忘れてしまうでしょう。物事はあなた方を瞬時に変えることはできません。すぐに終わればあなた方は何も変わらないでしょう。そこに人類の大きな問題があります。

コロナの問題から救われても、母なる地球に役立つために必要な信念や光を持っていなければ、どのようにしてアセンションに参加することができるでしょうか。自分の中心に光を持っていなければ、あなた方の肉体、メンタル、マインド、スピリチュアルレベルの構造を変化させる光、エネルギーを引き寄せることはできません。事態が良くなればすぐ忘れる、この信念のない生き方では何もできません。

光の船隊は信念を持ち、自分を変え、地球のレスキューオペレーションに参加したいと思っている人々を助けにやってきます。

先ほど言いましたように、あなた方がここ何千年、何百年もの間に作り出した重たいカルマやトラウマにより、地球は隔離状態に入りました。特にテクノロジー、科学、科学者、研究者、戦争、核エネルギー、多くの人々を殺傷した核兵器、それに関わってきた人は、権力を得るために多くの人々を抹殺し、地球、環境を破壊し、動植物を殺してきました。そして現在、石油産業は物質、エネルギーレベルだけでなく、スピリチュアルレベルでのバランスに重要なアマゾンの原始林を破壊しています。

そういう人類の行為は全て、人類全体に大きなカルマ、トラウマのエネルギーとなって残ります。全ての人類に責任があるわけでも、全ての人々がそれに参加したわけでもありませんが、全員が払わなければならないのです。あなた方は全員母なる地球の住民だからです。

母なる地球が隔離状態に入れば、本当に信念を持ち、自分の肉体、メンタル、スピリットを変えたいと望んでいる人々のみ、どんな問題、感染からも免れることができるでしょう。体もメンタルも生きる目的も違うからです。

私たちは、このコロナウイルスの問題が終われば、大半の人々は忘れてしまうことを知っています。

コロナウイルスとは何でしょうか。それはあなた方の一部です。権力、憎しみ、恨み、羨《うらや》み、自分の方が優れてありたいという思いによって作り出されたものです。ウイルスは、人類が今日まで生み出してきた重たい感情のメモリーを持ち、破壊、殺戮、攻撃するというプロジェクトを内包しています。

核兵器と同じです。核ミサイルのメモリーには、ウイルス同様、爆発するというプロジェクトが存在しています。実験室で作られたウイルスは、害を与えるという意図的な構造システムを持っています。

このウイルスはどういう状況で作られたのでしょうか。ヨーロッパ、アメリカ、アジア間の権力闘争があります。科学者も各国の権力強化のために仕事をしています。科学者の間でも誰が優秀か、戦争に備え誰がより危険度の高いウイルスを作ることができるか、その競争があります。

その中で今回のウイルスは、中国、アメリカ、ヨーロッパの科学者により開発されました。戦争を仕掛け、できる限り多くの人を抹消するためです。特にアフリカやアジアの途上国では簡単です。十分な水や薬、生活のために必要なインフラがないので、命を落とすのも早いでしょう。

でも本当の目的はローカルレベルで人を殺すことではなく、地球全体の人口を減らすことです。とはいえ、それは今回の目的ではありませんでした。彼らは中国、アメリカ、ヨーロッパのドローンやミサイルに搭載するために保存していたのです。ロシアもそうでしょう。

武器らしい武器を用いることなく、ミサイルやドローンに搭載し、広範囲にわたり多くの人々を抹消するためです。それが科学者の目的としていたものですが、うまくいきませんでした。

ラボラトリーにおいて、培養のプロセスで漏れてしまったのです。小さなミスにより拡散してしまいました。

ウイルスには人間の意識、メモリーがある一方、細胞、血液、自律神経などに入り込み、破壊する、殺すという悪魔的な意識があります。アメリカがアフガニスタン、イラン、イラクで用いた爆弾、クラスター爆弾を覚えているでしょうか。日本も人体をズタズタにするクラスター爆弾を製造しましたが、ウイルスも爆弾と同じ意識です。

ウイルスは空気に触れるともっと強くなります。あなた方はウイルスは手や鼻から感染すると言いますが、それだけではありません。ウイルスはオーラを通して感染します。ウイルスは時間と空間を移動します。

例えばヨーロッパへ行ったとします。感染している人と直接の接触はなかったかもしれません。しかし近くにいれば、1m2mのところにいたウイルスはあなた方の洋服やバッグにつくかもしれません。ウイルスには空間移動する能力があります。

人工的に作られたものでも空間と振動し、物理的な接触なく、場所から場所へと移動し、人のオーラからオーラへと入り込むことができます。そういう意味で、あなた方は弱い立場に立たされています。でも強いオーラを持っていれば、ウイルスは入ることはできません。波動によって弾き飛ばされるからです。

ウイルスは人により与えられた意識、危害を加えるという意識があり、人体の弱いところから入ります。手だけではありません。内臓、肺、血液、細胞。

感染している人はなぜ嗅覚を失うのでしょうか。ウイルスは体の液体部分に入ります。嗅覚は体の液体部分です。嗅覚は体の液体システムの中心である眉間つまり、視床下部、松果体、下垂体と繋がっています。それは体の液体システムを作り出しているところです。ホルモン、脊髄を流れる核酸、アミノ酸など様々なものと関わっています。そして鼻は先ほど言いましたように、松果体や下垂体と繋がっています。

ウイルスが液体部分に入れば、鼻にある臭いのコントロールシステムを遮断します。そのようにウイルスは細胞に入る前に、まず体の液体部分に入ります。ですから、話をする時マスクをしていなければ、唾液が飛んだ時、他の人に感染することになります。キスも同じです。気をつけなければ、パートナーに影響します。

そのようにウイルスは細胞感染だけでなく、分泌腺、ホルモン、液体部分、前額部、神経が集中している鼻や目などから入ります。彼らは体のいかなる部分からも入るように準備され、モニタリングされています。

どうして持病がある人はウイルスに対して弱いのでしょうか。特に高齢の人。免疫システムが弱くなっているだけでなく、オーラが破れているからです。彼らは最も入りやすいところ、破れたオーラから侵入します。

ウイルスは繁殖するためにエネルギーが必要です。発症まで2週間と言いますが、繁殖するには食べ物が必要です。体内に残留している化学物質、薬、たばこ、アルコール等、こういったものは彼らの栄養剤になります。

彼らは栄養補給しながら2週間存在し続けます。医者は2週間と言いますが、数カ月いるウイルスもいます。若くて免疫がしっかりしていれば、病気になることはないかもしれません。

でもウイルスが強ければ、若くても命を失うこともあります。10代、20代でも強くアクティブなウイルスには耐えられないことがあります。年令問わずウイルスが体中の免疫システムを停止させるケースもあります。コロナウイルスにはたくさんの種類があるのです。

地球は現在、隔離惑星となっています。コロナ禍の中、他人に対する恐れがあります。人を見ただけで離れなくてはと、逃げようとする人もいます。それは一種のパニックであり、人や社会をバラバラにします。人々は物理的な分離だけでなく、メンタル、スピリチュアルレベルでもバラバラになろうとしています。

今まで人がバラバラに生きるよう仕向けてきたのは何でしょうか。テクノロジー、物、ファンタジー、娯楽です。物だけを見つめ、あこがれ、心をわくわくさせ、頼って生きてきました。

それでは困難な状況に立たされた時、どうして周りの人、他人に対して愛を感じることができるでしょうか。それは難しいでしょう。今まで誰にも、自分にさえ愛を感じませんでした。それも人類が間違って生きてきたことを示す一つの証です。

エジプト、インカ、アステカ、マヤといった中南米地域やタイなどのアジア地域にも存在したピラミッド文明は、どうして消滅したのでしょうか。今あなた方に起こっているものと同じ原因によるものです。感染症と隔離です。

世界の文明の大部分は深刻な病気によって消滅しました。ウイルスと関係します。ウイルスは昔から存在します。

エジプトのファラオの時代にも存在しました。あなた方はエジプト史を研究していて、ファラオが足を折って死んだ、幼少の時亡くなった、年を取って重病で亡くなったとか言いますが、母なる地球の多くの文明は、深刻な病気が蔓延したことにより消滅していったのです。

ピラミッドに埋葬されている人々は感染症とは関係ありません。昔は地位のある人だけがきちんと棺に納められました。そのため彼らの遺骨や装飾品などが見つかっているのです。他の人々はどこに行ったのでしょうか。何千年もの間に骨は風化していき、砂の中に埋もれたりして消滅していきました。

中南米も同じです。マチュピチュもそうです。埋葬された地位のある人々の骨は発掘されたりしていますが、一般の人々は病気で死滅し、消滅していきました。でも彼らは太陽神を心から信仰していたので、消滅と同時に他次元へとシフトしていきました。

現在、マヤやインカ文明などは、より高い次元で存続しています。エジプト文明も同じです。他の次元で存続しています。彼らは肉体を失っても神々や法則に対して強い信仰があったので、他の次元にシフトし、母なる地球のために働き続けています。彼らの多くは聖白色同胞団に属しています。

なぜ、歴史では、彼らは深刻な感染症で消滅したと言わないのでしょうか。それではおもしろくないからです。人々が突如消滅したと言った方が興味深いでしょう？　天から光が現れて皆を焼き焦がし、消滅したと言う人もあるようですが、そのような事実はありません。

あなた方人類と同様、各人類には初めと終わりが存在します。現在の人類は、野蛮なことをし続ける限り、大変な終わりが待っているでしょう。だからレスキューオペレーションが存在し、これからも存在し続けるでしょう。

レスキューオペレーションは、必要な人々を解放し救出するためです。本当に必要な人だけです。人類は変わらないでしょう。このコロナウイルスの状況から解放されれば、同じかもっとひどい考え方をするでしょう。人を抑圧する社会システムは継続し続けるでしょう。為政者はさらにお金と権力を手に入れようとするでしょう。いつか姿を消すまで続くでしょう。母なる地球が、「もうここまで!」と言うまで続くでしょう。でもその時はやってきつつあります。

2020年以降は、『令和元年からの［地球・人類］レスキューオペレーション』でもお伝えしましたように、今までの中で最も良くない時代となるでしょう。でも、アセンションを遂げたい人には最良の時代になるでしょう。そのプロセスにはもちろん苦しみが存在します。亡くなる人もあります。罪もないのに苦しい思いをする人もいます。為政者は贅沢に暮らし、権力を行使し続けていくでしょう。

この文明の寿命はあまり残っていません。消滅するでしょう。今一度あなた方に言います。あなた方のエネルギー、肉体、メンタル、エモーショナル、マインド、スピリットを強化し、この段階を乗り越えることです。強いオーラを持ち、松果体、下垂体を中心とした体の液体システムのバランスを強化し、免疫のバランスを取ることが大切です。

あなた方には肉体があることを忘れてはいけません。スピリットだけではありません。体も大切にしてください。まだアセンションした体を持っているわけではありません。

物質的な法則も尊重しなくてはなりません。人として体に気をつけ、あとは光の存在に任せることです。日々ヒーリング、瞑想など自分のためにできることを実践し、考え方を変えることです。

自分で自分を助けなければ、光の存在は助けに来てくれません。それが法則です。存在はあなた方が動く時、動きます。

困難な時代です。肉体を持った人として気をつけ、どのようにこの時代を生きていくのかを知ることです。できることを実践し、肉体をクリーニングし、肉体、血液、ＤＮＡを強化し、ウイルスにかからないようにしてください。

ウイルスは時間、空間を移動します。時間を移動するとは、過去の流行病をスキャンするということです。

科学者が作り出すウイルスはとても危険なものです。ウイルスには大変な知恵があります。あなた方よりずっと知恵があります。彼らには目的があり、それを遂行しようとします。あなた方には目的がありません。あえて言えば、人類の目的は楽しむためにお金を使ったり、出かけたりすることです。

あなた方に進化するという明確な目的があるならば、母なる地球を考えてください。自分の内側、エネルギーを変えるために、自分を見つめてください。そうすれば、あなた方には目的があることになり、危機的な瞬間には光の船隊はあなた方を助けることができるでしょう。

今、神々は単独に助けに来ることはないでしょう。光の船に乗ってきます。以前のように意識だけで動くことはないでしょう。光の船の中で意識を使って旅をします。システムが変わったようです。光の船を使えばたくさんの人を助けることができるからです。

存在のエネルギーは非常に高く、存在そのもののエッセンスと繋がりそれを感じることは、あなた方にとって大変難しいものです。でも光の船はたくさんの人々とアクセスすることができます。

イベントはここで終わることはありません。これから始まるのです。たくさんの企業、大企業さえも倒産する日が来るでしょう。それは光と闇の戦いです。今までにないほどの明確な戦いです。あなた方人類の間に無条件の愛がないために起こる人類間の戦いでもあります。ここから大きな変化が始まるでしょう。このような状況下でも、人類はさらにテクノロジーを進化させ、それを社会に強要しようとするでしょう。

そうなれば人類は益々、法則と逆の方向へ進んでいきます。お金が人類を支配し続けるからです。無条件の愛ではありません。

母なる地球、法則はあなた方を試しています。あなた方がどこまで到達できるのか。このまま社会システムに従い進み続けていく人、光を求めていく人、どちらも良いでしょう。それはあなた方の選択です。

Chapter7
あなたを縛る集合意識 1

地球は存在により作られた周波数防御壁（＊注参照）だけでなく、地球の住民の意識が発生する電磁波エネルギーにより指輪のように囲まれています。個人をコントロールしている人類の集合意識のエネルギーだけではありません。非ヒューマンの存在、地球外生命体、ネガティブな存在などの意識も含まれます。

あなた方人類は、住民として、母なる地球を取り巻いている電磁波ベルトと共振しています。その集合意識はあなた方のエネルギーだけでなく、動物、植物、花などのエネルギーにも影響を与えています。

スピリチュアル、メンタル、マインド、肉体レベルで成長し、アセンションに向かうためには、地球を取り囲む電磁波ベルトと同じレベルで振動していてはいけません。政治、宗教、信仰、教義、教理など過去から受け継いできた考え方から解放されていることが必要です。それには自分の生体電磁場の波動を変える必要があります。

自然の電磁場（電磁波フィールド）とは何でしょうか。

あなた方が所属する宇宙、ローカル宇宙、もっと向こうにある超宇宙、そういう宇宙の多次元世界、多次元宇宙に存在する神々、内部地球、インナーサン、地球の気のエネルギー、地球を取り囲むプラーナのエネルギー、地球の引力、地球の火、水、土、時間、空間、クリスタル、ミネラルのエネルギー、地球の神々や存在の意識など、全ての霊的、物質的エネルギーが融合して一つの電磁場を作り出しています。それが自然の電磁場です。あなた方の科学が知らないものです。

あなた方が周りのエネルギー、地球を取り囲む電磁波ベルトのエネルギーで振動しないためには、先ほど言いましたように、自分の電磁波エネルギーを変えなくてはなりません。そのためにはどうしたらよいでしょうか。

日々の努力です。人には大小問わず感性が存在します。エネルギーを活用できる人は、日々そのエネルギーを活用しながら自制心を働かせ、今日は昨日より高まろうと努めることです。ただ生きているから生きるのではありません。エネルギーで病気を治す、これは高まりではありません。

高まりとは、乗り越えるために自分に許されているエネルギーを最大限に活用するところにあります。神意識と繋がり、今の自分を越えることです。それが高まりです。

エネルギーで病気を癒やす、それで病気は治るかもしれません。でも病気のもっと向こうにあるものを考えなければ、病気治しという普通の考え方を越えたところに存在する、高まりのエネルギーである霊的エネルギーに触れることはできないでしょう。

そのために年月を通した日々のワーク、自分の内側との取り組みのプロセスが必要です。

瞑想は自分の電磁場を変えるために重要な日課です。あなた方が自分の電磁場を変えることができた時、体の化学的構造、骨の構造、肉体的構造、オーラも変化します。頭頂から足まで貫くパイプはさらに開かれ、背骨を通る宇宙エネルギーとスシュムナーエネルギーは一層アクティブになるでしょう。全て自然の電磁波エネルギーです。

あなた方の体のエネルギーが変化するにつれて、人類をコントロールしている社会の集合意識の影響から、少しずつ抜け出していくでしょう。あなた方はコントロールの悪循環から脱出し始め、神々の電磁波エネルギー、霊的法則の中に入っていくようになります。

何かに対する執着、恐れ、もっと欲しいと思う欲望、自分ができるのはここまでという限界意識なども、あなた方の人生から少しずつ消えていくでしょう。それはあなた方の電磁波エネルギーを変えるための重要なファクターです。

どうして電磁波エネルギーを変えることがそれほど重要なのでしょうか。あなた方自身が集合意識、社会や人類から来るネガティブエネルギーから身を守る盾になるためです。

母なる地球を取り囲んでいる電磁波ベルトを通して、人類を圧倒している古いエネルギーがたくさんあります。

あなた方の頭、スピリットは過去の問題であるカルマ、トラウマ、昔の教義に縛られています。一方、あなた方の論理的な頭、左脳は未来のテクノロジーを探しています。つまり左脳と右脳の間に大きなギャップがあり、生体電磁場のバランスを崩しています。

それにもかかわらず、電磁波で飽和している社会の中で、一日中パソコンやスマートフォンに触れて仕事をしていても何も感じない、問題ない、症状もない、病気にならない人が多いのはなぜかと思うでしょう。

多くの人はリアクションがないからです。自分の生体電磁場の回路が外部に対して閉ざされているため、六感以上の感覚、直感といったビジョンを得るためのスピリチュアルな回路が閉ざされています。

そのため電磁波の影響を受けることも霊的問題もなく、一見健康そうに見えます。でも脳にアンバランスが存在します。ここはとても重要な点ですからよく聞いてください。

左右の脳のバランスが崩れているのです。左脳は論理、競争、エゴ、自分は良い、自分は正しい、自分は全部知っている、常に上から目線で物事を見る。右脳は反対です。無条件の愛、生きることを知る、聞くことを知る、許すことを知る。

左脳だけで生きている人は、人生の中で、それまでの結果が押し寄せてくる瞬間があるでしょう。自分の中にある電磁波、その時まで蓄積してきたテクノロジーの放射する電磁波や自然界の電磁波が目覚め動き出し、今まで感じなかったものを感じ始め、苦しくなかったものが苦しくなり始めるでしょう。電磁波の蓄積が臨界に達したからです。

一方、時代は変化しています。人が神聖な電磁波、宇宙や地球のエネルギーに従い変わらなければ、左右の脳のバランスは失われていくでしょう。

左右脳のバランスが崩れたコンセプト、いい加減な食生活、過度な労働時間という生き方では、腸、胃、肝臓、腎臓、血液など肉体的な問題や、メンタル、マインド、スピリチュアルなど頭の問題を抱えるようになるかもしれません。

また、ロコモーションの問題、突然脚の力を失い始めたり、筋肉が萎縮し始めたり、手足のしびれやけいれんを生じたりする可能性もあります。

アセンションに向かうためには、左右脳のバランスを取ることが大変重要です。そのためには、自分の波動を変化させ、自分の電磁場を強化し、社会を操作、コントロールしている地球を取り巻く電磁波ベルト、集合意識と繋がらない、それが必要です。

自分の電磁場を強化するということは、自分のエネルギーを強化し、あらゆるものの影響から自分の独立性を高めることを意味します。あなた方は新たな時代に向けて強くあることを求められています。

見てください、現状を。今日は2020年4月4日です。皆びくびくしています。初めのうちコロナウイルスを軽視していました。でも次第にパニックが広がり、今皆が怖がっています。それは物事が悪化すれば、精神的安定性は一瞬にして吹き飛んでしまうことを示しています。

でも自分を持ち、何が起こっても自分や法則を信じることができれば、この状態を維持することができるでしょう。そうすれば、集合意識とは無縁の体、メンタル、スピリットを持つことができるようになるでしょう。

それがあなた方にとって有害な、あらゆるネガティブエネルギーをブロックする、強い電磁波体を作るということです。これが目覚めの道、アセンションの道です。アセンションの道は高まりだけではありません。強さ、バイタリティ、健康が必要です。

アセンションしたい人は病気であってはなりません。頭も肉体も病んでいてはいけません。これからたくさんのイベントが待っています。病んでいれば道半ばに残ってしまいます。各イベントはお試しです。人類がどこまで乗り越えていけるかというお試しです。

あなた方の為政者が、どこまであなた方を指導する能力があるかというお試しです。彼らにはスピリチュアリティはありません。全て論理的思考だけで物事を見ています。ご覧の通り、危機的状況を解決する力がありません。あなた方の国だけではありません。どこも同じです。常に上から下に見ているからです。それが母なる地球に植え付けられている社会システムです。

来たるイベントに動じることがないよう、強い電磁波体を作るように努力してください。次々来るイベントは、どこまであなた方が自分や法則を信じているか試すでしょう。法則に例外はありません。

一つずつ段階を乗り越えて進み続けていくために大切なことは、「強くあること」です。強い電磁波体、強いメンタル、強いスピリットを作ることを忘れないでください。そうすればあなた方の電磁場を犯したり、侵入したり、コントロールするものは何もありません。あなた方自身が自分の電磁場の主です。

地球に残ることが必要な場合、アセンションに役立つ強い人類を作る、これは光のプロジェクトです。アセンションにとって本当に必要な人は、全ての事象から無縁な人です。

自分の気持ちだけでアセンションする！　そんなファンタジーは存在しません。日常の中で試さなくてはなりません。日常の中で感じなくてはなりません。理論は役に立ちません。

まだアセンションの途中にあれば、必要な間、別の惑星に連れていかれることになるでしょう。

地球のアセンションを手伝うために、いつか母なる地球に戻ることもあるかもしれません。だから他の人々のことは心配しないでください。

今回のコロナウイルスというイベントを通して、あなた方自身がイベントの主役であるということに気付いたことでしょう。コロナウイルスの主役は政府でも医者でも科学者でもありません。あなた方が生存し続けていくためには、彼らのコントロールが必要だという意識をあなた方に植え付けているだけです。

健全で強い体、メンタル、スピリットを作るために、全力を尽くして日々生きてください。そうでなければ、前に向かって進むためのチャンスを奪い去る集合意識の力に捕らえられてしまうでしょう。

＊注　周波数防御壁：宇宙意識と地球を遮断する地球を囲む電磁波シールド。１８５０万年ほど昔、宇宙からの侵略から地球を守るため、サナト・クマラにより、地球の周りに作られたもの。当時良い目的のために作られたのですが、その防御壁により、人類は宇宙と繋がるのが困難になり、大部分の人類は自分がどこから来たのか知ることもなく、宇宙から孤立した状態にあります。そのことは人類のアセンションのプロセスに影響を与えています。

Chapter8 スピリットが体から飛び出ている現代人とコロナウイルス

人のスピリットの座するところは、頭上にある第8、第9チャクラのあたりから肩胛骨にかけてのゾーンです。昔、本物のマスター、スピリチュアリストは、どこにスピリットが宿るのか正確に知っていました。スピリットは、クォンタムヒーリングや霊的研究の中で説明しているODU（オドゥ）に値するものです。

ODUとは何でしょうか。ODUについて説明するのは容易ではありません。地球にもODUが存在しています。あなた方にもそれぞれODUが存在しています。受け継いだ宇宙や地球の意識、それをODUと言います。その次にスピリットが来ます。

スピリットはODUより下にあります。ODUはグローバルなものです。宇宙では宇宙のODUを受け取り、地球に来れば地球のODUを受け取ります。従ってあなた方には主要なODUと副次的なODUがあります。宇宙のODUと地球のODUです。それをあなた方はパラレル現実界とかパラレルワールド、他の星系での人生、惑星での人生などと表現したりしています。

どうして私、光のメッセンジャーは、媒体を通し、光の存在の助けを借りて、このようなことを皆さんにお伝えしているのでしょうか。それは、これから大変重要な意味を持つからです。

現在、大半の人々は自分のスピリットがうまく体に収まっていません。スピリットがはまっていないのです。そのため法則と振動できないでいます。自分の宇宙のODUとも地球のODUとも振動していません。振動していなければ、霊的エネルギーは人の意識に届きません。それが今の人々の人生に大きな影響を与えています。

60年頃前、東京オリンピックの後、日本は急速に工業化に向かい、日本社会は大きく変化しました。物やテクノロジーのない貧しい社会から、今の中国と同様、先進諸国のテクノロジーのコピーから始まり、コピーを変化させ、新しいものの発明へと、発展させていきました。

1964年から現在に至るまでのこの変化は、あなた方に何を意味したでしょうか。物の時代に入り、スピリットを台なしにしました。自分がスピリットであることを忘れてしまいました。宇宙と地球との融合であるスピリットであることを忘れてしまいました。スピリットの次に魂がありますが、最近魂について口にする人が少なくなりましたね。魂は宇宙で生きてきたもの、地球で生きてきたものの集合です。

これからスピリットはさらに重要な意味を持ちます。

人は生きていくために、スピリットのエネルギーが必要です。間違った考え方、スピリチュアリティを欠いた唯物的な考え方により、バランスが崩れていると、スピリットは半分眠ったようになり、自己認識ができなくなります。麻酔薬を打って意識を失った状態、アルツハイマーと似た状態になります。

そうなれば、スピリットは本来の能力を失い、汚れ始め、体からずれ出ていき、人はスピリットの恩恵を受け取ることができなくなります。

結果として、人はスピリットの中で生きるのをやめ、物の中で生きていくようになり、最終的にはスピリットはあなた方の人生の中で働かなくなっていきます。

今まで間違った考え方によりスピリチュアリティが下がるとコメントする人はいましたが、現実はそれだけではありません。

それでも、魂にプラスアルファの部分があれば、肉体を失った時、失ったスピリットを回復するでしょう。しかし、肉体を失った後の霊的人生で、意識が変わらなければ、スピリットを回復するのは難しいでしょう。

あなた方がしたことは全て魂に残ります。I AMは、全てをチェックした後、宇宙の起源に従ってあなた方のエネルギーを調整します。そのため、あなた方は自分の思考パターンに応じて、大きなクリーニングのプロセスを経ることになります。それは、これから先、人類は、漏斗状の大変狭い道を通っていくことを意味します。

スピリットやスピリチュアリティを無視しても、スピリチュアリティを嘲笑する人さえありますが、肉体を失えば気付くでしょう。現世でしてきたこと全てに気付くでしょう。それは法則です。

あなた方の社会では、多くの人のスピリットが体に収まっていないのを目にします。スピリットで振動せず、唯物的な考え方で振動しています。

唯物的な考え方で振動するとは何を意味するでしょうか。本来あるべきスピリットの意識を失うことを意味します。それは脳を通してやってくるスピリットからの情報が、意識に届かないということです。

ご存じのように、脳は一つの臓器であり意識を持っています。過去の意識、現在の意識を持ち、考え、言葉、行動、人生を通して、人が脳に生み出すエネルギーに従い機能します。

脳は、誕生してから肉体を失うまでのあらゆる人生のデータを収納します。脳は記憶の部分に全ての情報を数字（デジット）の形で記録するのです。だから、人の脳にはスーパーコンピュータをしのぐ力が潜在していると言うのです。神科学によるスーパーコンピュータです。

スピリットが体に収まっていなければ、それは肉体レベルの脳に影響します。あなた方の主要な部分であるスピリットと脳の間のバランスが失われれば、その繋がりも失われます。それはどこに影響を与えるでしょうか。意識です。意識とは何でしょうか。メモリーです。

あなた方は今までクォンタムヒーリングの勉強の中で、細胞の記憶、つまり量子メモリーについて幾度も触れてきましたね。スピリットと脳の間にずれが生じていれば、脳のメモリーを失います。それは人生に何をもたらすでしょうか。お分かりの通り、アルツハイマー、パーキンソン、認知症です。

霊的法則が体の中で働いていません。脳とスピリットの間にずれが生じていれば、いくら本を読んでも霊的法則を把握することはできないでしょう。

だから人類にこのような問題が起こるのです。スピリット、即ち高いレベルのあなた方のODU、宇宙の意識と地球の意識とのバランスが崩れています。そのためODUは、宇宙と地球のパラレル現実界である宇宙と地球のデータを集積する能力を失います。

そうなれば、あなた方はパラレル現実界のデータに対するアクセスを失い、地球で機械のように生きていくようになります。働いたり、考えたり、判断したりする機械です。論理、つまり左脳だけが働き、それを越えたものは理解できなくなります。

そのような人々がどんどん増えています。昨日生まれたばかりのような子供もスマートフォンをいじっています。スピリットの力、脳の力、脳とスピリットの繋がりの力を失っていけば、どんな未来が子供たちを待っているのでしょう？　この法則との繋がりの力は、今この時代、大変重要なものです。

Ｃｏｖｉｄ19、あなた方がコロナウイルスと呼ぶものは、どうして世界中にもの凄い勢いで広がっていったのでしょうか。

テクノロジーを発達させてきた諸国の指導者は、スピリットがずれているからです。あなた方がこのような形で生き続けていれば、イルミナティやＳＧＳ（闇の秘密政府）、闇の地球外生命体が人類社会に入るチャンスを与え、あなた方に対するコントロールをさらに強化していくことになるでしょう。

法則の世界から見れば、コロナウイルスはお試し以外の何ものでもありません。コロナウイルスはあなた方に、人類はアセンションからとても遠いところにあることを教えています。どうしてでしょうか。

スピリットが収まっていないからです。スピリットで振動するメンタルや脳を持っていないからです。脳がスピリットの波動と共振していれば、考え方は健全でピュアな光のものです。これは母なる地球に存続し続けていくために重要な条件です。

コロナウイルスはポジティブなこともたらすだろうと言っていますが、そのためにはポジティブなことがあるように、あなた方自身が努力しなくてはなりません。光が闇の道を邪魔し始めるようになれば、ポジティブなことがあるでしょう。でも光がとても小さく少ししか照らさなければ、闇は日ごとに大きくなっていくでしょう。それではポジティブなことは存在しないでしょう。

変化はあるでしょう。あなた方次第です。あなた方の生き方によります。現在、社会には様々なところでパニックが存在しています。あなた方は何でも影響を受けやすいからです。

誰かが何かを言えばスーパーに走っていき、その商品は姿を消す。それは自分のスピリットが脳やメンタルにはまっていないからです。それでは自分の霊的繋がりが欠けていることになり、自分を信じることができません。そのためすぐパニックになり、他にも人がいることを考えることができず、全部買っていこうとするのです。

あなた方社会は、意識のメモリーの集合体です。イヤでもあなた方は互いに関わり合っています。それにもかかわらず、一般社会は常に自分だけを利するように誘導します。他の人は含まれません。

霊的法則の下では互いの尊重が存在します。自分が全部持っていけば他の人に残らないと考えます。それが自分のスピリットがはまり、頭とスピリットが繋がっている人、真のスピリチュアリストが考えることです。それが法則と共に生きる人です。

各人が自分のために生きる。他の人が生きようが生きまいがどうでもよい。それは自分の問題ではない。そのように現在の社会システムは、個人のエゴや都合に基づいて成り立っています。その社会システムは壊れません。あなた方自身が変えようと努力しなくては壊れません。

あなた方は石油、エネルギー、権力に基づいた社会システムを作り上げました。これからもそのシステムを持続させようと頑張っています。あなた方のパニックや恐れを利用して、社会システムを強化していこうとするでしょう。

社会システムがあなた方にとってポジティブなものに変わるためには、あなた方自身がそうなるように参加しなくてはなりません。政治、法律、企業がパンデミックの結果変わると期待するのであれば、それは違います。まずあなた方が動くことです。いつも口を酸っぱくして言いますが、他の人があなた方のために何かをするなんて思わない方がいいでしょう。

ずっと昔、スピリチュアリストやマスターたちは、将来、人類はテクノロジーやウイルスの培養など、様々な闇の罠に落ちることを知っていました。

ラボラトリーでウイルスを進化させようとしたのはなぜか、それは利用するため、誰かに危害を加えるためですが、自分が間違えれば、物事は自分にも跳ね返ってきます。あなた方は呼吸する肉体を持った存在です。内臓を持ち、ずれていようがはまっていようが、スピリットを持っています。光で振動したり闇で振動する脳を持っている人間です。

地球に住んでいる限り、あなた方はそういう法則の下に置かれています。コロナウイルスを作った人は蚊帳の外にいるなどと考えないことです。状況が本当に厳しくなった時、正しい倫理観を備えている人やスピリットがはまっている人、脳とスピリットのバランスが取れている人は、前に向かって進んでいけるでしょう。そうでない人々は別の方向へ行くでしょう。新しい時代に向かって進めず、暗いトンネル、時空の中に残るでしょう。

このことははるか昔、マスターたちが私たちに伝えてくれたことです。今の教えの土台となるものです。今の教えは、時には普通の人ができる以上のことを要求しますが、今の人にはそれに応える力がありません。テクノロジーや娯楽におぼれているからです。

過去の教えは自然や当時の法則に従って生きたマスターや修行者が伝えてくれたものです。彼らの心には、いつも平和と無条件の愛が存在していました。

そして現在、これほど汚れた地球に住んでいて、とりわけ唯物的思想の強い都会では、平和や無条件の愛を見いだすことなど不可能に近いでしょう。300年、400年、500年前と比べ、物事は大きく変わっています。

昔、スピリチュアリストや思想家は質素な生活を送り、物を必要と感じていませんでした。食さえも必要としない人々もいました。太陽のエネルギーで滋養するから食べる必要がないというものではありません。

マスターたちが食べずに生きていたのは、彼らが神意識の一部だからです。神々は宇宙の電磁波で滋養しています。神意識の一部であるような人も電磁波で生きています。

あなた方も本来、神の一部です。100年、200年前、母なる地球のエネルギーはずっと純粋でした。人々もずっと純粋でした。現在はエネルギーが高まり、500年1000年前よりもずっと法則をキャッチしやすくなっていると言いますが、現実的にはそれは本当ではありません。マスターたちは、あなた方より500年、1000年前に誕生したとしても、彼らは未来のエネルギーに触れ、未来のことが分かっていました。あなた方の知らない点です。彼らにとって1000年は何でもありませんでした。どうしてか分かるでしょうか。彼らは物と振動していなかったからです。

あなた方が時の流れに遅れる原因は何だと思いますか。物です。あなた方はいつも物を考えています。食べる、飲む、何を買うか。

彼らは何も考えませんでした。あなた方にとって一年は飛ぶようにして過ぎていきますが、彼らにとって一年はとてもとても長いものでした。一年の間にたくさんのことをすることができました。多くのことを考え、あなた方が10年、20年かかっても受け取れないほどの多くのメッセージを受け取りました。

現在と比べ、彼らが持っていた霊的パイプの質はとても高いものでした。ずっと大きく幅広く無条件の愛で振動し、母なる地球の臭いを持っていました。

しかし、時の流れの中で、マスターたちの文書、教えは破り捨てられたり、焼却され、残ったものは宗教へと変化していきました。多くの宗教はマスターたちが書き残した文献を利用し、自分たちの教えのようにしました。つまり教えを盗んだわけです。

では、昔のマスターと現在のマスターとの違いは何なのでしょうか。スピリットです。彼らは大変高いスピリットを持っていました。物がなかったので、気を取られるものは何もありませんでした。現在は物があるので、気を奪われます。

例えば、あなた方には食事する時間がありますね。12時に食べなければならない。だから、12時に食べられるように物事を終わらせなければならないと脳にセットします。

彼らはそうではありませんでした。時計さえありませんでした。お腹が空いた時食しました。食べなかったかもしれません。一日一食だったかもしれません。それが昔の人のスピリチュアル、肉体のリズムでした。マスターだけではありません。高い思考形態を持っていた人もそうでした。

現在、全てがプログラムされています。食べ物、遺伝子組み換え食品、全てプログラムされています。化学物質を入れる、それもプログラムされています。何のためでしょう？　あなた方を汚すためです。

それで調子が悪くなれば医者に行き、医薬品にお金を使います。一つのことが別のことに繋がるようになっています。現代社会は全てが連動し、それに従いお金がいつも動くようにできています。

あなた方はこういう生活、こういう繋がりにどっぷり浸り、その結果、スピリット、メンタル、脳、魂との繋がりにずれが生じました。それでは自分のカルマ、トラウマをきれいにすることはできません。魂は生まれた時の状態のままで変わりません。

人の作ったルール、社会システムに従って生きていくだけでは、魂をクリーニングすることはできません。魂を汚し続け、肉体を終えてアストラル界に移行する頃には、魂はさらなる汚れを背負っていくことになるでしょう。

できれば死後の世界へお金を持っていきたいと思っている人もいます。棺にお金を入れさせ、入れたお金を誰かに奪われまいと、地中深く埋葬するよう頼む人もあるくらいです。人のメンタル、特にお金に対する執着はすごいものです。

これは何をもたらすでしょう？　スピリットと魂を汚します。そうなればアストラル低次元界をさまよい続けることになるでしょう。お金や物に対する執着によるものです。

現在、多くの人々がテクノロジーに依存して生きています。肉体を失ってもテクノロジーの生み出す娯楽の世界を求め続けていれば、スピリットは低いアストラル界に留まることになります。お金がテクノロジーに代わっただけです。その時間と空間に囚われていきます。それは人類をコントロールするために、イルミナティやＳＧＳ（闇の秘密政府）、ネガティブな地球外生命体が望んでいることです。

ではコロナウイルスは何をもたらすでしょうか。コロナウイルスは長く続いている社会システムを壊し、人類が夢から目覚めるのを手伝うでしょう。今こうなったのは偶然ではありません。人類がこの問題を引き起こしたのです。誰も逃れることはできません。唯一の方法は、高まる、スピリットと頭、考え方をアジャストすることです。

ウイルスはお伝えしましたように、ラボラトリーで意識を持つように作られました。でもスピリットがきちんと体に収まっている人に対しては、恐れを持ちます。脳にスピリットがはまっている人の体が放つ電磁波エネルギーは、電磁波レベルでウイルスを拒絶します。そういう人が人々と接触しても感染することはないでしょう。霊的な免疫を持っているからです。

スピリットが体に収まっているということは、宇宙のODUで振動していることになります。宇宙のODUで振動するということは、高い光の存在のエネルギーと共振していることを意味します。

地球のODUで振動するとは、地球の神々のエネルギーで振動していることになります。そうなれば、ウイルスにとって大変アグレッシブな電磁場を生みだし、入ることはできません。アグレッシブとは、ちょうど鉄の甲冑のように侵入することを許さないということです。

そうなれば、コロナウイルスに対しても完璧にフリーな状態となります。法則により守られています。法則は破壊もしますが、守ることもします。自然を見てください。自然は報復のために何かをすることはありません。浄化のために行います。自然の力は皆さんもご存じでしょう？

一方、自然は命を与えます。命を養う食べ物を提供します。花や植物に命を吹き込みます。どうして自然は浄化を行うのでしょう。あなた方が汚したからです。

いつも計画が存在します。時にはその計画はうまくいかなくなります。今回政府の下で働いていた科学者たちは道を間違えました。それは彼らにも戻ってきます。イルミナティ、SGS（闇の秘密政府）、他のネガティブな生命体を利するとことをしていたとしても、やがて彼らも進んでいくことができなくなるでしょう。

こうした流れの中で、スピリットが体に収まり、バランスが取れている人は、前に向かって進んでいくことができるでしょう。法則はそのように進んでいくでしょう。

Chapter9
これから起こる事とアラミデス計画

地球の磁場、電磁場に入ると、すさまじく強烈なエネルギーの動きがあるのが分かります。そのため母なる地球は不安定になりつつあり、人類は危険な電磁場エネルギーの流れにより脅かされています。

あなた方人類が今までしてきたことの結果として、地上を包んでいたネガティブエネルギーが母なる地球の中に入り始めています。それは何を意味するでしょうか。

病気、戦争、地震、津波、権力闘争、宇宙間戦争、人権の制限、食糧不足、水不足、気温上昇、砂の侵入、浸食などがあるでしょう。地球は浸食、砂漠化により多くの肥沃な土地を失うでしょう。人類のコンセプト、スピリチュアリティ、メンタルが進化しなければ、これが来たる10年の間に待っていることです。

深刻な病気、ウイルスはそれだけでとどまりません。コロナウイルスはその始まりです。コロナ禍での状況は絶対的な権力を生みだし、ファシズム的な法律を作り、国民に権力を行使していこうとします。どちらの戦闘能力が上回るか、ミサイル、ドローンなど国家間の競争も高まるでしょう。

世界経済はすでに崩壊しています。経済再建のプロセスは存在しません。世界経済を支え続けていくための形、虚構経済が存在するだけです。架空のデータをベースに世界経済を支配するために、早急にデジタルマネーをスタートしようとしています。

将来グローバル経済は消滅する可能性があります。消滅すれば、貧困諸国はもっと貧しくなります。アメリカはさらに力をたくわえ、中国経済は時の流れの中で落ちていくでしょう。ロシア経済も天然ガスがうまく行かなければ、落ちていくでしょう。ヨーロッパ諸国の経済も致命的でしょう。日本経済もしかりです。必要のないところにお金をつぎ込み続けています。

原材料がなく、食料、鉄、アルミニウムといった鉱物など他国に頼る日本は、最も苦しむことになるでしょう。原材料を得たくても、払うお金がなくなる時が来るでしょう。

コロナ禍の下、経済レベル、やりたい放題の権力レベル、霊的レベルでブラックホールができるでしょう。多くの人々が霊的レベルで倒れていくでしょう。スピリットが立ちゆかなければ、メンタルは弱くなり、何もできなくなるでしょう。これらの変化、食料不足、物不足、病気などに耐えることができなくなるでしょう。

国は政治のミスを国民のせいにするでしょう。国は好きなようにお金を使い、お金がないのを国民の責任にするでしょう。国が積極的に行動を取らなかったために、様々なものを崩壊させてしまったのです。

その中で地球にはブラックホールが出現するでしょう。それは地球外生命体の強制収容所を意味します。霊的レベル、物質レベルがありますが、彼らのために動かない人々は連れていかれ、虐待を受けたり殺されたりするでしょう。人々は、人類コントロールの新しいプロジェクトのための実験に使用されるでしょう。

それを私たちは「ブラックホール」と呼んでいます。強制収容所とは呼びません。ブラックホールは光も権利もなく、自由や命を奪い、人類を実験台として利用するところです。そこには神の光が差し込まないからブラックホールと呼びます。神意識が入ることなく、今まで人類の意識をコントロールしてきた邪神の意識と共に、邪悪な地球外生命体の意識が存在するところです。

それ以外にもたくさんの現象が地球に起こるでしょう。消費だけで生産がなくなるでしょう。川や湖が枯渇していけば、水を求める戦いがあるでしょう。将来マーケットで水が高額で売買されるようになるかもしれません。お金が中心でなく、経済は水を中心に回るかもしれません。そのように物事が次第に変化していくでしょう。

現在アフリカでは、バッファローやシマウマが水を飲んでいる最中にワニが近づいてきたら、ワニを殺してしまいます。水が少ないからです。人類も同じです。弱い人は社会で生きる場所がありません。権力を持つ強い人だけが生きる権利があります。

お金はいつまで存在し続けるか分かりません。今存在しますが、将来はどうなるか誰にも分かりません。いつかお金がなくなり、物との交換になるかもしれません。物事は大きく変化しながら進んでいくでしょう。

ですから、今地球で起こっていることをしっかりと見ていかなくてはなりません。地球は宇宙の映し鏡です。宇宙は地球の映し鏡です。地球が汚れて難しい状況にあるならば、誰が宇宙から地球を助けに来るでしょう？　誰も自分の手を汚したくはありません。

人類自ら、神々と一緒に自らの腰を上げるしかありません。地球の神々も行動を取らなくてはなりません。人類が悪いと全て人類のせいにしているだけでは物事は進みません。法則側の存在、地球も人類を助けなくてはなりません。助けを求めている人々を助けなくてはなりません。

地球は３００年、４００年、５００年前に戻る可能性があります。人々は自由を失い、全てが権力者の強力なコントロールの下に置かれるという意味です。それは人類がスピリットを持った人として進化してこなかったからです。そのための努力を軽視してきたからです。

あなた方が権力をコントロールすることができなければ、テクノロジー、知識は何のために役立つのでしょうか。

地球が光で振動することを望むならば、あなた方一人一人が地球と宇宙との繋がりを強化し、前に向かって進んでいくことを決意することです。そのためのエネルギーワーク、つまり霊的ワークを継続することは、前に向かって進むために大変重要です。

全てが闇ではありません。光も存在しています。地球に光のゾーンを創造し、人類を救出するためのセンターを作るという、地球外から来た神々のプロジェクトがあります。アセンションを望む人類の受け入れゾーンを、目下、宇宙と地球の神々や光の存在との間で検討しています。

誰も侵入できない、数百キロメートルにわたる光のみのゾーン、光の放射ゾーンを創造します。そこは人々がアセンション、及び地球に残留するか出て行くかを決断するチャンスを与えるために、地球の危険な状況から救出し、育成するためのエリアです。

　ですから全てが悪い情報ばかりではありません。良い情報もあります。現在、宇宙では「アラミデス計画」に基づいて仕事をしています。アラミデス計画は、進化しアセンションに向かって進むことを求める人類を救出するためのものです。

　地球外の神々が宇宙船を使い、計画に必要な物資を少しずつ地球のどこかに移動させています。どこかは知りません。知っていても言うことはできません。深海の下、砂漠の下、山々の下、それは分かりません。

　地球と宇宙の神々、光の存在との協力の下、決定的な瞬間に備えて人々が存続できるように、光のシティを建設する、そのプロジェクトを検討中です。「アラミデス計画」この名前を覚えておいてください。地球のパラレルワールド、次元界における計画です。

　かつて他の文明でも同じようなことが起こりました。アガルタ、エルクス、テロスなど、存続し続けていくために内部地球に移りました。彼らはあなた方を迎える気はありません。あなた方人類が彼らのエーテルシティに入れば、汚し破壊するのを知っているからです。別の形で彼らは地球のために協力しようとしています。あなた方は知りませんが、彼らのしている仕事は大変重要なものです。

　アラミデス計画はアセンションを望むできるだけ多くの人を救出するためのプロジェクトです。ただ生きたい人のためではありません。アセンションしたい人のためです。ただ生きたい人では、これからの母なる地球や、母なる地球を助けたいと思っている人々の救出のために役に立ちません。考え方が間違っているからです。権力者と同じ考え方をしています。だから彼らは含まれていません。悪い人ではありませんが、それは別のことです。

アラミデス計画を通して大きな光のゾーン、光のシティを作ろうとしているのです。そこには地球の救出のために役立つ人々、または一旦宇宙に行き、しかるべき準備をしてから地球に戻る人々の一時的所在地、もしくは地球の条件に従い、地球が霊的進化のプロセスを通りアセンションを果たすまでの滞在地としてのシティです。

ここまで宇宙と地球の神々、光の存在は考えているのです。人類が野蛮なことばかりしていても、光はあなた方を無条件に助けることを考えています。

一方、人類は他の人を助けることを考えていません。他の人が暑かろうが寒かろうが、飢餓で苦しんでいようが、家がなかろうが、病気で死のうが、自分には関係ありません。大切なのは自分です。これは唯物主義、為政者、社会システムによって作られたメンタリティです。

アフリカ諸国でさえそうです。庶民の間に愛はあるかもしれませんが、為政者はどの国でも同じです。自分の国民を空腹から救おうとしません。それが世界人類の全体像です。

人類は母なる地球に住んでいるのですから、地球を救済するためには、何をしなければならないのか考えるのが普通です。それは自分たちを救うことになるのです。

誰がこのような状況を作り上げたのでしょうか。今まで地球に存在したあなた方人類全員です。あなた方は、善人悪人問わず、今まで地球に輪廻した全ての人類と繋がり存在しています。あなた方人類のDNA、文明には地球のメモリーが存在しています。これからネガティブな部分を打ち破り、光を求める強い種《たね》を作り出さなくてはなりません。そうすれば、地球のアセンションのプロセスを早めることができます。

あなた方はここで何とかの戦いがあった、あそこで〇〇将軍が勝利した、負けたとか、昔の歴史を楽しんでいます。それは歴史ではありません。権力をめぐるゲームです。そのような権力ゲームに興味を持ち、入り込めば、あなた方のスピリチュアリティを汚します。ゲームはたくさんの罪なき人々の命を奪い、多くの人々を苦しめたことを忘れてはいけません。

母なる地球にとって、そのような場所は霊的に真空の状態であり、好ましいものではありません。光でなく苦しみの場所です。何百年経っても、苦しみの意識はそこに存在し続けています。地球外生命体はあなた方をコントロールするために、苦しみやネガティブな思いのエネルギーを利用します。そのようなゾーンは世界中に存在しています。それが人類史です。

あなた方は征服、レコンキスタとか言って、まるで良いことのように歴史を受け止めていますが、それは間違っています。領土や権力を得るための征服、戦争は大変貧しい心です。法則にとって、命を奪う、人の権利を犯すことは深いカルマを意味します。後々そのカルマはあなた方全員に戻ってきます。あなた方は母なる地球における、人類全ての輪廻から生まれた種《たね》だからです。

あなた方は今日本に誕生しましたが、前はヨーロッパ、アメリカ、アフリカなど地球上の様々な国に生まれました。好むと好まざるとにかかわらず、様々な国の種《たね》を持っているのです。それは消えるものではありません。

時代はそういう過去のエネルギーを浮上させています。今の人生でその時代のエネルギーを受け取っても、それが何なのか、なぜなのか分からないでしょう。

どうして自分にこんな問題が起こったのか、どうして自分は病気になったのか、どうして急におかしくなったのか、なぜ憑依されたのかなどと思うでしょう。それは過去の種、血液、ＤＮＡの中に生きているメモリーによるものです。

早死にしたりするのも、そのメモリーによるものです。おそらく過去世でも早死にしたのでしょう。別の肉体に転生してもメモリーが働いていれば、その種がここまでと言えば、それで肉体人生は終了します。

でも、その肉体人生で良いことをすれば、光の世界に転生するでしょう。早死にすれば周りの人はかわいそうにと嘆き悲しむかもしれませんが、その人の転生先はずっと高いところかもしれません。

かわいそうなのはあなた方です。90歳まで生きても、多くの人は苦しみながら生きています。腰が痛い、体が痛い、苦しいなどと薬に依存して生きています。それは生きることでしょうか。それは苦しむことを意味します。一方、１００歳まで仕事して楽しみながら健康に生きている人もいます。

輪廻による種は、各人異なります。戦争によるカルマ、トラウマも無視できません。現世良い人であっても、過去戦争でたくさんの人の命を奪ったかもしれません。そのメモリーは消えないで残っています。

だから、今この瞬間、進化し続けていくためには、そのメモリーを消滅させていかなくてはなりません。集団的カルマも存続し、作用し続けています。

コロナウイルスを見てください。人類は大きなカルマを作り続けています。パニック、恐れ、不信感を生み出しているからです。自分の家族にさえです。それは家族のカルマ、トラウマになります。これらの情報はエネルギーとして家族のＤＮＡに浸透していきます。

町の人々の反応を恐れ、都会に住んでいる子供に家へ帰るなと言ったりしています。しかし、言葉一つ間違えれば、自分のＤＮＡ、血液を汚すことになります。それは家族全体のメモリーに残ります。

エゴが社会を支配しています。今この瞬間、恐れがあったとしても、無条件の愛は大変重要なものです。誰でも恐れがあります。だからと言って自分はポジティブで、自他を愛しているから自分には何も起こらないという過剰な自信も良くありません。無条件の愛があったとしても肉体的部分には気をつけなくてはなりません。

もちろん、スピリチュアルな部分、エモーショナル、マインド、メンタル、特に地球での人生において全てをコントロールするメンタルは非常に重要です。こういった一つ一つのことをよく整理し、理解して頂きたいと思います。

「アラミデス計画」、これを未来のためによく覚えておいてください。救われるためには宇宙に行かなければならないわけではありません。ここ地球でも救済があります。地球は良き地球外生命体との協力の中、あなた方人類にチャンスを与えています。地球外生命体と言いますが、他の惑星から見れば、あなた方も惑星外生命体となるのです。同じ惑星に住んでいないだけです。

今日お伝えしたことは、あなた方にとって興味深いものかどうか分かりませんが、人類のメンタルが少しでも目覚めに向かうお手伝いになればと思います。

今どんな状態にあるかを理解し、心の中に、安らぎ、平和、調和を維持するように努めてください。周りで何が起こっているか静かに観察しながら、自分のコントロールを失わないようにしてください。

自分のコントロールを失えば、地球の過去のメモリーを呼びさますエゴ、パニック、恐れに基づくネガティブな集合意識に繋がります。それは、さらなるカルマ、トラウマの引き金になります。ですから常に状況をコントロールできるように肉体、メンタルの強化に励んでください。

為政者や社会システムが言うこと、それは意味のない理論です。政治はコントロールするための哲学です。スピリチュアリティも中身も形さえもありません。人の権利を犯しているだけです。もちろん良いこともあるでしょう。中には真の政治家もいるでしょう。皆が悪いわけではありません。でもあなた方の国ではありません。

「スピリチュアルな政治」はあなた方の政治よりずっと良いものです。スピリチュアルな政治とは、各人の内なる声に忠実に、国民を助ける、国民が必要とするものに従って働くことです。そこには法則に従った政治があり、自分のエゴはありません。スピリチュアルな政治、あなた方の内なる声に忠実であってください。

各人がスピリチュアルな政治の中で生きてください。アラミデス計画に向かって進むために、法則に従って行動する術を学んでください。

Chapter10
現実を帯びるウイルス戦争

なぜ今コロナウイルスなのでしょうか。これから大きな社会的変化があるでしょう。あなた方の社会だけではありません。太陽系周辺の住民社会も同じです。

アメリカ、中国、ロシアの科学者は破壊するためのウイルスを培養しています。戦争になった場合、対抗する武器がない国でも最終手段としてウイルス戦争を展開することができます。

ウイルス戦争とは何でしょうか。ミサイル、ドローンなどの飛翔兵器を使用して大量のウイルスを送り込み、大量殺人を行います。ウイルスには殺戮というメモリーが挿入されています。それは世界の人口削減に繋がります。他にも目的がありますが、これは戦争になった場合のことです。

地球における政治の新しいプロジェクトは、人口が膨らみ食料危機が予測される中、できるだけ多くの人口を減らすことにあります。まずは貧しい人々から始まります。でも今回、アクシデントにより、金持ち貧乏問わず、全ての人々にコロナの影響はやってきました。

母なる地球には、これほど多くの人類を養い続けるための水、食料がありません。そのため飢餓で苦しんでいる人々がいる一方、食べて飲んで楽しんでいる人々がいる、このアンバランスが地球に存在します。このアンバランスを人口削減により、終わらせたいと考えています。

一方、ウイルスを研究している科学者と繋がっている地球外生命体のプロジェクトが存在します。人間、政治家、科学者、時には医者を利用する地球外生命体のプロジェクトとはどういうものでしょうか。

まず、人口を減らすことにあります。ご存じの通り、人が多ければ多いほど、より多様な思考形態が存在することになります。それは地球に侵入し目的を達成するには不都合です。

現在、多くの地球外生命体が、アメリカ、ロシア、中国、イスラエル、ヨーロッパの幾つかの国によってサポートを受けています。しかし、それに対抗する別の地球外生命体がいます。

特に、アメリカは自分たちと協力関係にある地球外生命体の敵となる地球外生命体を崩壊したいと思っています。そのように、すでに地球内で地球外生命体間の戦いが存在しています。アメリカ、ロシア、中国、イスラエルはそのことを知っており、アメリカにミサイル、ロケット、飛行機などの開発のために様々なテクノロジーを提供してきた特定の地球外生命体と協力関係にあります。

現在、人類と協力している地球外生命体に対抗している地球外生命体が出現し始めています。彼らは人類と協力することは望んでいません。人類を崩壊させたいと思っています。トランプが宇宙からの地球外生命体の侵入に備えて「宇宙軍」を創設すると表明したのもそのためです。

コロナウイルスは、アメリカ、ロシア、中国、イスラエルと協力している地球外生命体の下、それら各国の目的を達成すべく人類削減計画に基づき作られたものです。

あなた方は感染病というとすぐワクチンを発想しますが、コロナウイルスであれ、これから先出現する可能性のある新種のものは、ワクチンでは何ともならないでしょう。打開策はそこにありません。

ウイルスはアンチィウイルスを作ることでブレーキをかけることができます。ガス室というか何も出入りできない密閉した空間を作り、そこに入ればウイルスは死ぬというテクノロジーを開発する必要があります。

あなた方は光の船を見たことがあるでしょうか。病院は、光の船のように一つの密閉空間に仕立て、ウイルスが内包するテクノロジー、つまりメモリーを解除するものを作るのです。

あなた方は地球のバランスを崩壊させる武器に、莫大な資金を投入しているでしょう？　なぜその資金を人類救済のために使わないのでしょうか。それでは医療とは独立した保健衛生システムを構築することはできません。ウイルスは科学者によって作られました。ですから、今回のウイルス問題は、医療の領域ではないのです。

ウイルスを利用して製薬会社をもうけさせようとしていますが、これは専門違いです。製薬会社とは独立した科学者、物理学者が協力して、ウイルスの攻撃的性質を解除すると同時に、感染を阻止するテクノロジーを発明しなくてはなりません。

現在、全てが病院と製薬会社の下で動いています。それでは、たとえワクチンを開発したとしても、すぐ役に立たなくなるでしょう。ウイルスはもっと強くなっていくからです。致死率ももっと高くなるでしょう。ある期間抑えられても、存在し続けていくでしょう。

コロナウイルスは地球外生命体のプロジェクトだけではありません。地球の人間のプロジェクトでもあります。それこそ最悪の敵です。人間のプロジェクト、政治家のプロジェクトは、権力と経済を通して国民をコントロールすることにあります。地球外生命体はそこにチャンスを見いだし、上手に利用しながら、地球に入り込もうとしているのです。現在、２０２０年5月12日の時点で、物事はそのように進んでいます。

おそらく物事はここでは終わらないでしょう。ウイルスは出現し続けていくでしょう。そうなればあなた方はどのように戦うのでしょう？

ワクチンを発明したとしてもウイルスを撲滅することはできないでしょう。戦うからです。ウイルスは寡黙です。動きたいように動きます。見えないし、触れることもできないし、匂いもしません。攻撃目標となる拠点なき戦いです。どこにでもどんな隅っこにもいます。人類にはできないことです。

人類は兵器を持たなければ戦いに勝てません。彼らには兵器は必要ありません。あなた方が神知性を使うようになった時、彼らは負けるでしょう。神知性、それは戦いに勝つための唯一の手段です。

その霊的知性、直感に対して彼らは恐れを持っています。彼らはラボラトリーで殺戮を目的としたメモリーを挿入され作られましたが、彼らは知性を恐れています。人の知性が彼らのレベルに到達すれば、彼らは行動することができなくなります。あなた方のエネルギーが強くなるからです。

彼らは霊的に作られていません。彼らは殺すために作られた機械みたいなものです。あなた方が落ち着きを取り戻し、抑制するための何かを発明していけば、乗り越えることができるでしょう。

でも今の進みを続けていけば、もっと強いウイルスが出てくるでしょう。ワクチンで勝利するとは思わないでください。ワクチンで得られるものは人体をボロボロにすることです。大量の毒素を注入することになるからです。注入する化学物質は肉体を弱体化に導きます。その時助かったとしても、その次はどうでしょう？ 体が弱まれば、ウイルスが入ってきます。ワクチンの問題はそこにあります。

さらにコントロールの問題があります。あなた方は、アメリカは人をコントロールするスペシャリストだということを認識していません。ずっと前からそうです。彼らはコントロールするためのテクノロジーを地球外生命体から受け取りました。あなた方にないものをアメリカは持っています。彼らは協力し合う地球外生命体から、たくさんの情報と技術を得ました。日本にはその種のものがありません。

あなた方はアメリカに馳せつけ、技術やワクチンを譲渡するように頼みます。ワクチンの中には地球外生命体のテクニックが存在しています。それを使う人は皆監視されることになります。大変恐ろしいことです。このまま進めば、いつか地球は地球外生命体に占領されることになるでしょう。

来たる数年は大変重要な年となります。あなた方にとって肉体、メンタルを変え、自分のスピリットで振動することを学ぶための大切な期間です。ほかに解決法はありません。あなた方はウイルスを負かすための力もお金も十分な物資もありません。

あなた方が論理的に考えている限り、ウイルスには知性で負けるでしょう。今回もあなた方人類は、外出禁止令を出すなど国民を抑圧しました。その中でどれほどたくさんの人が命を落としたことでしょうか。これをまた繰り返すつもりでいるのでしょうか。

結果として、コロナウイルスはあなた方の中で存続し続けています。あなた方は数値ばかり見ていますが、ウイルスがいないということではありません。ウイルスはいます。ある期間、存続し続けるでしょう。

論理的な思考でもう大丈夫だろうと言っても、ウイルスの世界では論理は通用しません。論理や理屈は人が考え出すものです。それでは人類は負けることになります。ウイルスはあなた方より知恵があります。ウイルスと戦おうとしてはいけません。人間はウイルスより弱いものです。ウイルスと戦う力は人にはありません。

戦うのではなく抑えることを目指してください。あなた方が良い意味で共存すると考え、自制することを身につけていけば、ウイルスを抑えることができるようになるでしょう。

だから自分が感染しないように、他人に感染させないように必要なこと全てを行い、予防しながら進んでいくことです。あなた方の間に恐れや拒絶の意識がなくなり、社会に無条件の愛が存在するようになれば、ウイルスは自然に撤退していくでしょう。

ウイルス、地球外生命体など人類を攻撃しようとしている者の最大の敵は愛だからです。人類の間に無条件の愛や互いに歩み寄る心がなければ、人類や地球がアセンションを果たすことがないように、闇の力が入り込みます。そうであれば、あなた方も彼らと協力していることになります。

地球がアセンションする時、こういった全てのゴミは消滅していくでしょう。そうなるためにもあなた方の協力、参加が必要です。

これから各ステップを一つずつ無事に乗り越えていくためには、意識、スピリチュアリティを高め、マインド、メンタル、自制する力を強化することが、大変重要であるということを学んでください。

Part3

なぜウイルスは消えないのか!?

Chapter11
コロナ禍、デルフィンから学ぶもの

今日のメッセージはもっと早くお伝えすべきものだったかもしれませんが、今になってようやく許可が下りたものです。ご存じの通り、歴史、人類史、地球の歴史はとても古いものです。

人類史においても、石器時代から今日まで様々な変化がありました。石器時代、まだ火の使い方を知らなかった頃は、動物の生肉を食した時期もありました。しかし、火を使用するようになってから、何か神聖なもの、神聖な力、おそらく神々の世界にも触れるようになり、洞窟の壁に様々なものを描くようになりました。

当時の人は粗野で字もありませんでしたが、知性があり、自然の力とコンタクトを取ることができ、感知したものを絵という形で表現することができました。

石器時代から飛躍的な進化を遂げたメタルの時代には、人々は意識を進化させていき、アボリジー、インディオといった先住民族が現れました。先住民族は様々な大陸に存在し、神々に繋がっていた先祖から伝え聞いたものを現在の人類まで伝えてきました。

彼らにとって先祖は神々でした。先祖の向こうには、神聖な力が存在するのを知っていました。その神聖な力の中に、スピリチュアル、メンタル、マインドの力を強化する糧を見出し、前に向かって進んできました。

彼らが描いた絵は、さらにインスピレーションに満ちた複雑なものとなりました。生活様式も変わり、農業も確立し、植物を利用して薬やシャンプーを作り、髪や衣類を染めたりしました。そのように人類の文化は、ヨーロッパばかりでなくアフリカ、アメリカ、アジア、オセアニアなどでも大きな変化がありました。

最もスピリチュアルな側面を進化させていったのはアジアやオセアニアでした。彼らは自然や先祖との強い繋がりを持つことができるようになりました。世代を越えて先祖を大切にし、この21世紀に至っても、アボリジーやその血を受け継ぐ人々は、先祖との繋がりを守り続けています。彼らにとって先祖は、自然の力との繋がりを意味しているのです。

ここはとても大切なところです。よく聞いてください。彼らはいつも自然の力、神々、先祖を敬ってきました。先祖は彼らに教えを残しました。彼らは自分たちの子供に教えを伝えました。それは見えない世界に子孫を繋ぐ霊的文化です。その繋がりを通して先祖は、霊的世界において神聖な力のサポートの下、子孫を守るために働くことができたのです。彼らは自然を愛し、崇拝し、教えを子孫に伝え、今日までその繋がりを維持してきました。

こうして人類はある時代まで霊的部分を進化させてきました。先祖を信じ、先祖の力を信じ、神々や自然の中にある目に見えない力、火の力、水の力、動物を信じてきました。動物にも特別な力があることを知っていました。

例えば虎。虎には人にはない霊的なもの、感覚、直感力があります。獲物を狩るなど、ある行動に移る前に、どうやったら良いのか直感、イメージを意図するのです。誰にも教えられたわけではありません。法則、自然、自然の神々から学んだのです。それは、虎が初めて地球に出現してから現在まで受け継がれてきました。それを、行動として具体化するための直感、イマジネーションと言うのです。

他にも、いるか、鯨、昔話に出てくる人魚、これは実在するものですが、また日本ではカッパとかいった半分肉体、半分霊体のような生物が知られていますが、人々はそういった存在とも仲良く暮らしてきました。また自然には、滝や川、海などの守り神、小さな神々といった存在がいるのですが、彼らはそういう自然界の存在も知覚し、敬っていました。

そのように人類は誕生以来、自然界の力とコンタクトを取りながら生きてきました。人類は、いるか、鯨、自然界にいる存在や神々から良いものをたくさん受け継ぎ、多くの体験をしてきました。

地球外生命体もそうです。人類は随分昔からコンタクトを取っていました。日本人も江戸時代にもそれ以前にも、いろいろな体験をしていたのです。しかし、様々な言い伝えは次第に姿を消し、過去の体験は現代社会まで語り継がれることはありませんでした。

ご存じのように、地球における人類創造にあたり、最初に来た神々にはテクノロジーはありませんでした。あなた方はたくさんのことを動物から学び、直感力、想像力を磨き、自然界の力など様々なものとコンタクトを取っていました。

その次に地球に来た遺伝子操作にたけた神々は、自分たちをしのぐ可能性を人類に見い出したため、あなた方のDNAを変えてしまいました。当時あなた方は彼らと同じくらい優れた人種だったのです。

そのことはあなた方人類には、自分で気付いていないとても大きな能力が潜在していることを意味します。地球にはそういう宇宙的な能力を持つ動物がいます。いるか、くじら、くじら目に属する動物です。彼らは地球に存在しない音を通してコミュニケーションを取ります。あなた方は歴史を通して、潜在意識のレベルでその音を知っています。

でも、あなた方は唯物的な道一筋に物事を探求してきたので、直感力、霊的イメージ力を失ってしまいました。一般の物質的イメージ力ではありません。霊的イメージ力です。霊的イメージとは、イメージを通して実存するエネルギーの世界と繋がることです。

いるかは宇宙音による優れたコミュニケーション能力があります。非常にレベルが高いものです。人の耳にはチーンと聞こえる大変幅広い音を発声します。あなた方にお伝えしたいことの鍵がここにあります。

いるかは次元から次元へとコミュニケーションを取ることができます。その能力は本来人類も持っているはずのものです。ここをよく聞いてください。あなた方のDNAには次元から次元へとコミュニケーションを取り合う直感力があったのです。

しかし、物の進化、テクノロジー、戦争、権力闘争、宗教、社会システムにより、そういった能力を全て失ってしまいました。

時は流れ、現在デルフィンなんとかというスピリチュアリストが現れました。スピリチュアリストの中には、鯨とかデルフィン（いるか）を利用して自分は宇宙とコンタクトを取っていると言う人々がいますが、同じではありません。人間が持っている能力は、デルフィンが持っている能力と比較できないからです。

デルフィンも鯨も情報に満ちた実に美しい音を発声しますが、人類にはそれを理解する能力がありません。もし彼らの出す音を理解できるとすれば、超人です。あなた方の右脳は半分神だということになります。

デルフィンは地球にいても宇宙とコンタクトを維持しています。彼らは地球の海の中に住んでいても、宇宙を表現しているのです。デルフィンは人間の友達です。デルフィンの使命は人を助けることにあります。

一方、地球の様々なところで、日本を含めデルフィンを殺すことを仕事にしている人々がいます。どうしてデルフィンを殺すのでしょう？　文化だから？　食べるため？　どれも間違っています。

デルフィンも鯨も宇宙の能力、宇宙とのコミュニケーション能力を持つ、人類より優れた種族です。宇宙音を発生している動物を殺すものではありません。彼らは宇宙の一つの形です。宇宙とのコミュニケーションの一つです。あなた方も昔、その特質をＤＮＡに持っていたのです。でも神々と称した地球外生命体は、そのデルフィンと同じ特質をあなた方から取り上げてしまいました。

頭の良いスピリチュアリストたちは、何かを発明するためにデルフィンが持っている能力を利用しました。発明したものが良いものかそうでないものか、そこまでは関心ありません。そうしてデルフィンに由来した様々なテクニックが生まれたのです。

あなた方に次元から次元へ音を伝達する能力があれば、地球は平和な惑星であったことでしょう。今のようなテクノロジーも戦争も必要なかったでしょう。あなた方は宇宙音でコミュニケーションを取り合うことができたでしょう。

宇宙音とは何でしょうか？　神の愛です。法則です。バランス、調和です。見てください、デルフィンの世界を。愛に満ちた世界です。あなた方はデルフィンが誰かを殺したところを見たことがあるでしょうか。彼らは高い知性の持ち主です。彼らが人にすることを見てください。人の管理下に置かれながらも人を愛しています。

デルフィンの愛護団体は、水族館にいるデルフィンは幸せでないと言いますが、それは本当ではありません。デルフィンは人と共存する時、人を守り助けなくてはならないと感じるのです。デルフィンは、人が彼らを利用してお金を稼いでいるなどといったことは見ていません。そんなことには興味ありません。人類に対するデルフィンの役割は、人類を愛し守ることです。人類は何でも利用しようとしますが、彼らは違います。

彼らの中にある宇宙の神意識に目を向けてください。鯨もそうです。シャチもそうです。鯨目の動物たちは皆そういう力があるのです。小さな音でも次元の世界に浸透していきます。時間と空間を越えていきます。彼らは海水を貫く精妙で幅広い音を発生します。スーパーコンピュータでさえ同じ音を発生することはできないでしょう。

それは何を意味するのでしょうか。新たな時代に向かって進化していくためには、あなた方は右脳を目覚めさせる必要があるということです。そうすれば、神々や自然とコミュニケーションが取れるようになるでしょう。あなた方の間でも言語なしでコミュニケーションを取り合うことが可能になり、人類は互いをもっと愛し合うようになるでしょう。

今の人類の状況を見てください。エゴによりバラバラです。コロナ禍と言いますが、本来なら問題を乗り越えるために、人類全体が結束しているはずです。が、口実を見つけては人を分離させています。国、医療システム、病院、社会自体が人々を分離させています。

動物、デルフィンを見てください。いつも一緒にいます。あなた方は問題が発生すると、人々を分けようとします。人を分離させることにより人類の結束が失われます。人類の結束は、問題を乗り越えていくためになくてはならないものです。どのような形で結束するか、それに対して十分注意を払いながら行えばよいのです。

しかし、あなた方の社会、国、法律は、結束とは反対のこと、人々を見下し、懲罰、罰金を科し、地域、州や県、場所により分離させようとします。あなた方に高いコミュニケーション能力、直感がないからです。特に国、社会システムを支えている人々、宗教界です。

今人類は、次元から次元へと伝わる直感力が活性化する時代に入っています。互いにののしり攻撃し合う時代ではありません。あなた方は生きていくために互いを必要としています。結束なくては、人類レベルの問題を乗り越えていくことはできません。

どんなウイルスでも共存する術を知れば、攻撃することはなくなります。ウイルスは無条件の愛を恐れています。

あなた方が、神々から与えられた愛、デルフィンや鯨などが行うコミュニケーション、直感の下に結束すれば、神なる力によりウイルスは時間と空間の中に消滅していくでしょう。それは現在のウイルスから解放されるための最も賢い方法です。結束です。分裂ではありません。

分裂すれば神なる力を失います。好む、好まざるとかかわらず、人類は共存しなくてはなりません。過去を見る必要はありません。現在と未来に向かって、様々な課題を乗り越え、進化していくための唯一の方法は結束です。

Chapter12
地球をめぐる地球外生命体間の戦いと人類の計画

今まで私たちは機会があるたびに、人類が地球で展開しているAIシステム、デジタル通信に関わるあらゆるテクノロジーは地球外生命体の侵入を助けている、ということについて言及してきました。それは、肉体を持つ持たないにかかわらず、あなた方の魂の選択、霊的進化のプロセスに決定的な影響を与えるからです。

地球外生命体といっても、あなた方が思うように遠くの存在ではありません。良くも悪くも、あなた方人類と彼らの間には切っても切れない関係があります。今日はこの地球外生命体について少し掘り下げてお伝えしましょう。

地球外生命体と一言に言っても、実にたくさんのグループ、種族があり、多くの存在があなた方の近くにいます。あなた方が何をしているのか、どんな計画があるのかなど監視し、それを後に利用しようとしています。実際、彼らにとってあなた方のＡＩやロボットは必要ないのですが、目的達成を容易にする助けにはなります。

国民の弱点を利用して、国や国と運命を共にしている大企業がしていることは、いつか彼ら自身がその代償を支払うことになるでしょう。苦しみの惑星に連れていかれ、精算されるでしょう。

地球外生命体には友達はありません。

現在、今まで来た中でも最も恐ろしい存在がいます。戦いを望んでいます。これらの地球外生命体が来れば、もうその一部は来ていますが、為政者は抹消されることになります。肉体的病気、メンタルの病気、事故などで苦しめようとするでしょう。自分たちが望んだように動かなかったからです。

彼らにとって人類は、自分たちの通り道に落ちている小石のようなものです。彼らにスピリチュアリティはありません。人類がスタートしたコントロールのプロジェクトは完成することはないでしょう。完成するのは彼らでなければならないのです。

あなた方もあなた方の為政者や大企業も意味のない小石なので、蹴飛ばして道から取り除こうとするでしょう。あなた方が自分たちのプロジェクトを達成しようとすれば、あなた方を拾い上げ、苦しみの惑星に連れていくでしょう。そして為政者、大企業の幹部、あなた方の魂のクローンのコピーを作るでしょう。

どうしてあなた方一般の庶民まで含まれるのでしょうか。為政者と同じメンタル指数で振動しているからです。あなた方は同じメンタルで育てられました。同じ社会システムで育ちました。同じエゴ、エモーションで育ちました。だから例外ではないのです。同じ波動で振動している限り、連れていかれることになるでしょう。

ちょうど同じ家の親子です。為政者が親ならあなた方は子供です。だからあなた方もプロジェクトに参加したことになるのです。あなた方にはそのような意識もなく、善人かもしれません。でも結局はプロジェクトに参加しました。従って彼らにとって悪人なのです。

メンタリティが高く大胆不敵かつ巨大な力、エゴを持つ生命体にとって、あなた方は皆同じに見えます。そのため、あなた方も為政者や富を生み出した大企業家と共に連れていかれることになるでしょう。

それは「自分のしたことのつけは自分で払う」ことを意味します。それが悪の霊的世界です。その掟に従い皆連れていかれることになります。

では、アセンションしたい人はどうなるのでしょう。今までお伝えしてきましたように、そのような状況が起こる前に、光の船隊が必要な人々を連れていくことになるでしょう。そこから光の船隊が実際に動くことになるでしょう。

現在彼らは地球を周回し続け、地球の良い神々、光の存在と共に、どうしたら地球を守ることができるか、どうしたら状況のバランスを取り、邪悪なプロジェクトを阻止できるか、監視し研究しています。

武器を使用して阻止することはできません。武器の面では悪の地球外生命体の方がしのいでいます。彼らは軍事的には大変力のある反キリストの存在です。光により拒絶された者たちです。はるかなる昔には良い存在であったかもしれません。他にそれほど悪くない地球外生命体もあります。光と同盟を結んでいない、つまり光と共に行動しませんが、光をサポートします。彼らも地球の豊かさによって引き寄せられてきました。宇宙の光と闇の間のチェスゲームに参加し、報酬の一部にあずかりたいのです。彼らも地球などの惑星に近づき監視しています。

一方、光の船隊も彼らを観察しています。光と対抗しない非同盟の様々な種類の地球外生命体は、光の船隊を尊重し攻撃することはありません。なにがしかのスピリチュアリティを持っています。

彼らの中にもレプティリアン、インセクトソイデ、ヒューマノイドなど多様な種族が存在しています。彼らはアンテナやセンサーを張り、他の地球外生命体は何をしようとしているのか監視しています。

非同盟の存在にも高い知性があります。彼らは決して戦いに鼻を突っ込むようなことはしません。強い者同士で戦うのを待っています。どうしてでしょう?

戦えば強い者でもマインドの力を失うからです。強く邪悪な地球外生命体にはエモーションは存在していません。でも非同盟の存在は、ある程度エモーションを持っています。だから光の存在に対抗しようとしないのです。

そして強い者同士が戦い、戦闘能力が弱まったところで、非同盟の存在たちは地球に入り込もうとします。マインドを通して、邪悪な地球外生命体をコントロールするためです。非同盟の存在にはその力があります。

そして彼らが地球に近づけば、光の船隊も同じように地球に近づき始めます。それから起ることはとてもおもしろいものです。

光の船隊は非同盟の存在のエモーション、マインドの部分に対して、彼らの能力をシフトし始めます。すると非同盟の存在は、光の存在の神聖なエモーション、マインドを吸収し始め、今度は非同盟の存在が、邪悪な者たちをマインドレベルでコントロールし始めます。邪悪な者たちは、自分たちにはない高いレベルのマインドやテレパシーを恐れています。そのため非同盟の存在を恐れています。

非同盟の存在たちも強力な戦闘能力を持ち、地球や地球の周りの惑星に衛星を配備し、邪悪な者たちの動きはどうなのか、彼らの間の闘争はどうなっているのか監視します。

その頃には地球には政府も大企業もなく、地球は地球外生命体間の闘争下に置かれているでしょう。地球の人類は一部を除き、多くの人々は苦しみの惑星にいるでしょう。残った一部の人々は地球の強制収容所にいるかもしれません。（その前に人類には狭いトンネルを越えていくテストがあります。いよいよ、これからそのテストが始まろうとしています）

状況が落ち着いた頃、非同盟の存在は地球、内部地球へ降りていくでしょう。それまで光の船隊は待機し、内部地球の光の存在も動かないでしょう。少しずつ、少しずつ、非同盟の存在を通して、光の船隊はプロジェクトに従い動き出し、母なる地球を奪還し始めるでしょう。

それは邪悪な地球外生命体と非同盟の存在、光の船隊の間のマインド、メンタル、エモーショナルレベルの戦いです。そこでさらに高い光の船隊を呼ぶことになります。邪悪な生命体はそれを大変恐れています。霊的に高い光の存在は、時間も空間も自由に動くからです。彼らは一瞬にして出現し消えます。邪悪な存在にいくら武器やテクノロジーがあったとしても、彼らを捕らえることはできません。だから恐れているのです。

そのように邪悪な地球外生命体が互いに戦い弱体化し始めた時、非同盟の存在たちが地球に接近し、アシュター・シェランに属する偉大な光の船隊、そしてさらにパーフェクトな別の光の船隊が接近し、邪悪な存在たちは地球から出ていくことになるでしょう。少しずつ少しずつ地球から邪悪な者たちを追放していくでしょう。

現実を見てあなた方は、このような状況で地球は本当にアセンションできるのかと問うかもしれません。答えは、多分としか言えません。

では、現在の地球の状況を検証してみましょう。北朝鮮を除くアメリカ、中国、ロシア、イスラエルなどの国々は、地球外生命体とのコンタクトがあります。彼らは地球外生命体を呼び続けています。日本はその世界の奴隷となって動いています。

アメリカばかり見てきた日本は、国内を充実させる努力を怠ってきました。日本は資源もなく、食糧自給すらしていない国です。自給自足はお金にならず、大企業はもうからず、政府も潤うことがなく権力を失います。だから大企業と一緒に、テクノロジーを通して国民をコントロールする必要があるのです。

ロシアも中国もコントロールされているので問題ありません。アメリカも物質レベルでコントロールされています。日本は政治レベルで大変弱い国です。エゴが強く国民とかけ離れたメンタリティを持つ為政者が多く、国民の間にも為政者を望まない力があります。

だからこそテクノロジーによるコントロールシステムを植え付けたいのです。日本人が「便利ですね、いいですね」と、全てを夢の国のファンタジーのように受け入れていけば、罠に落ちていきます。

他の国はテクノロジーを導入するのに、ファンタジックに見せつける必要はありません。強制的に執行していくだけです。政治に力があるからです。しかし、そこには大きな危険が存在しています。地球外生命体はそこにいます。

アメリカには地球外生命体が住んでおり、空軍基地を見ればよく分かるでしょう。アメリカのハイテクには全て彼らの技術が導入されています。ロシア、中国も同じです。彼らの協力があるのでアメリカを恐れていません。アメリカは中国やロシアに対して宣戦布告する力はありません。負けると分かっています。

幾つかの国、あえて言えばイギリスやオーストラリアかもしれませんが、それらの国を除けば今のアメリカを支援する国はないでしょう。イランに対しても戦争はできないでしょう。中国やロシアを恐れているからです。アメリカには戦争をする力がありません。それが2020年5月末現在、地球で展開している光景です。

さて、先程のテーマに戻るとしましょう。邪悪な地球外生命体がいくら強くても、非同盟の存在が、光の船隊のエネルギーが彼らのマインド、メンタルフィールドに入るのを許している限り、良い意味において、非同盟の存在が邪悪な存在をコントロールできるように導くことができます。

そうなれば、地球外生命体間で戦いがある時、最も強い者が勝つという図式にはなりません。最も賢い者が勝つのです。光の船隊は大変賢いのです。

ここに一つ、大切なことがあります。光の船隊は人類がアセンションを望む時、介入することができます。地球と同じような惑星はたくさんあります。他の惑星がアセンションしても地球はしないかもしれません。光の船隊や神々は、人類が何もしないのに、自らの存在を危険にさらすようなことはしないでしょう。

地球以外の太陽系の惑星、太陽系のもっと向こうにある数々の惑星はアセンションを遂げるでしょう。多くの惑星のメンタル、スピリットは、あなた方よりずっと高いものです。あなた方は宇宙の片隅の小さな惑星の住人だということを忘れないでください。その小さな地球が進化し続けていくことができるか、アセンションを遂げることができるかは、あなた方次第です。

今コロナウイルスの問題で、各国政府は人々の自由を奪い、生活の糧を奪い、ゲームをしています。自分たちや大企業のトップは高給を享受し続け、明日のパンに困る人はいません。これが地球外生命体や人類の社会システムにより、昔から続いてきた自由意思のルールです。「自由意思のルール」は、それが発動されて以来、「権力のための権力、権力を得るための権力闘争のためのルール」として利用されてきました。

あなた方の社会システムは平等で対等なものではありません。あなた方がメンタル、エモーショナル、スピリチュアルレベルで自由であるためには、トップダウンに基づく社会システムを打ち破らなくてはなりません。いまだに、そのシステムの下で繰り広げられてきた歴史や文化を利用し、あなた方をコントロールし続けています。

歴史、あなた方が歴史的建造物と呼ぶものを守るために、どうして何十億何百億ものお金を使うのか分かるでしょうか。国家や組織に富をもたらし、国や地域をコントロールし続けていくためです。

その一つの例が熊本城です。熊本城修復にはたくさんの資金が集まりましたが、未だに当時の震災で仮設住宅に住んでいる人々がいます。熊本城再開の日に涙する人がいましたが、仮設の家に住み続けている人々のために誰が涙を流すでしょうか。政治の愛はどこにあるのでしょうか。社会システムの愛はどこにあるのでしょうか。

お城の救済に莫大なお金を費やしましたが、本来、倒壊させておけば良いものです。歴史は終わったのです。国民を助けるのが本来の姿です。デジタルテクノロジーを導入して人助けをと主張していますが、現実に困っている人々を無視して、何を助けるのでしょう?

デジタルテクノロジーが浸透していけば、あなた方は地球外生命体に未来を委ねていくことになります。身を委ねようとしている地球外生命体はあなた方を愛していません。良い地球外生命体はいますが、それは神々や光の存在です。彼らはあなた方をサポートしません。人類の生き様は日ごとに神聖な存在を遠ざけています。

彼らにはどうして人類が兄弟である人の苦しみが分からないのか、人を苦しめるのか理解できません。人類という同じ種《しゅ》である人々に、対立するような感情やエモーションを持てるのか理解できません。

現在、時代の高まりに従い、動物でさえ進化しつつあります。メンタル、マインドの高まりを体験しつつあります。動物たちは種を越えて、例えば犬と猫、猫とフクロウ、野生動物など、本能的に敵対関係にあった者たちが共存し始めています。彼らの餌になるべき種の子供に自分のミルクを与えている動物もいます。動物は人類に、愛には国境はないことを教えているのです。

動物たちは、自らの行為を通して、人類にスピリチュアリティが足りないこと、無条件の愛がないこと、心の結束がないこと、そして人類が進化していないことを教えています。

たとえ社会システムがコントロールのために存在していても、あなた方の間に差別意識がなく、マインド、メンタルの結束があれば、現在の社会システムは崩壊していくでしょう。

動物は自然の愛と繋がり、愛には血も種も関係ないと教えているのです。動物たちは素直に愛を表現し、別の動物たちを受け入れ助けています。今の人類には、その愛もエモーションも隣人を助ける感情もありません。反対に隣人から最大限に取り上げようとしています。他人が餓死しようが、病気で苦しんでいようが、知ったことではないというエネルギーが人類社会を覆っています。ここに悪の地球外生命体が存在します。人類自ら彼らを呼び込んでいるのです。

あなた方は今大きな危険を目の前にしています。それは巨大地震、巨大津波、コロナウイルスの再来、もしくは別のウイルスかもしれません。あなた方の無責任な考えや行動、社会システムの愛のなさ、為政者の傲慢さがあります。そのため、ある期間コロナウイルスと共にいることになるでしょう。それは、ここで人類が変わらなければ、問題と共存し続けなくてはならないことを教えています。

あなた方は物事を逆に捉えています。互いを遠ざけようとしています。あなた方の国だけではありません。ヨーロッパ、アメリカでもこの問題を利用して人々を心理的に圧迫し、メンタルをコントロールしています。

人々が医療従事者に拍手喝采したりして、何て感動的シーンでしょう！　と思う人もいるかもしれませんが、それは別のことです。物事が長く続けば人は疲れ、それも終わります。初めのうちは美談もあるかもしれませんが、状況が長引くにつれて、人々はイライラし始め、互いを敬遠するようになるでしょう。

人のメンタルは疲れます。どうしてでしょうか。スピリチュアリティが根底にないからです。スピリチュアリティがあれば、自他を愛し、耐えることを知るでしょう。それが法則です。人を自分と同じように愛すること。自分にしてほしくないことは人にしないこと。

でもあなた方は自分にしないことを隣人にします。自分は特別だからです。ウイルスはあなた方に無条件の愛をもって生きることを教えるために出現しました。メンタル、マインド、エモーショナル、スピリチュアルレベルで高まる必要があることを教えています。人類の結束は、ウイルスが自然に消滅していくために要となる鍵です。

ウイルスにはエモーショナルの側面がありません。そのためエモーショナルな側面、無条件の愛に弱いのです。どうしてか分かるでしょうか。

あなた方が霊的、マインド、メンタル、エモーショナルレベルにおいて進化していれば、細胞やオーラは閉じるのです。そのためウイルスが入る隙を与えることはありません。オーラの周りに生体電磁波網が作られるからです。

どうして自然界の存在や神々、光の存在と繋がることが必要だと言うのでしょうか。彼らには強い無条件の愛があります。無条件の愛があなた方の細胞やオーラをコンパクトにするのでウイルスは入りません。

しかしそれは自然に会得しなければならないものです。メンタル、マインド、肉体、エモーショナル、スピリチュアルが一つになれば、ウイルスは消滅するでしょう。そのバランスが崩れていて隙間があれば入ってきます。多くの人はオーラに亀裂があり、そこから入ってきます。

どんなに恐ろしい病気であっても、スピリチュアル、メンタル、マインド、エモーショナル、肉体レベルでバランスがあるよう自己コントロールすることができれば、入ることはできません。侵入不可能な電磁場を自然に作っているからです。

ウイルスはそういう電磁場を嫌います。そこには必要とする食べ物がありません。彼らを滋養するネガティブな思いのエネルギーがないからです。ここにコロナウイルスが消滅するための秘密があります。どんなにワクチンを発明しても、あなた方のメンタリティが変わらなければ、いつかそのワクチンも彼らの餌と化していくでしょう。

あなた方のプロジェクトは、国民の意識の弱さにつけ入り、これからもっとコントロールしていこうとするでしょう。さらなる軍事計画、コントロールマトリックスを強化するための計画など、人類をコントロールしようとしている人間たちの頭には様々な思惑があります。

地震は人類のネガティブなプロジェクトにブレーキをかけるのに役立つでしょうが、ウイルスに対しては役立ちません。さらにひどくなるでしょう。

しかし、自然界の動きは法則の世界、神々や光の存在が考えることであり、あなた方が考えることではありません。あなた方の中には人類を懲らしめる必要があると思う人もいるかもしれませんが、それは自分たちをも懲らしめることになります。国に影響があれば、皆にやってきます。

あなた方がすべきことは、無条件の愛と平和が地球にあるように願うことです。無条件の愛の中、敵であれ友達であれ、ポジティブに考えることです。全ての人々に平和と調和のエネルギーが届くように祈ることです。

それが高まり、アセンションに向かって、本当に法則に従って進もうとしている人の生き方です。争いや戦いは良くありません。どんな人も尊重し、光の道を進み続けていくことです。そうであれば地球はアセンションを果たすでしょう。でもあなた方の間に分裂があれば、そこに地球外生命体が入り込みます。気をつけて下さい。彼らに入る隙を与えないよう、分裂しないようにしてください。

Chapter13 使命を終えつつある龍神と巨大なドラゴン戦艦の接近

日本は龍体をしていると言われてきましたが、今まで日本列島はたくさんの龍神によって守られてきました。今その状況が大きく変わろうとしています。

北海道の黄金龍はとても疲れ弱まっています。そのため、そのゾーン一帯をロシアや中国などからの霊的侵入から守るのを助けることができません。南方からの霊的侵入を防いできた黒龍も不調です。ホワイト、レッド、イエローなどマルチカラーの龍神も愛知、三重、岐阜など日本の真ん中を守ってきたのですが不調です。

人々はいまだにドラゴン、つまり龍神について語り続けていますが、このように龍神は勢いを失っているのです。日本の龍神、中国の龍神も彼らのプロジェクトは終了したのです。

中国の進みを見てください。中国はテクノロジーを利用し、政治、経済によるコントロールマトリックスを強化し、国民にとって大変過酷で困難な道を選択しました。中国は自分で自分の首を締め付け、大きな穴に落ち込もうとしています。それまであまり時間はかからないでしょう。

日本には大きな地球外生命体のドラゴンが入ろうとしていますが、このまま進めば2年はかからないでしょう。その姿がすでに日本に現れています。それは何を意味するでしょうか。日本人の信仰が消えてしまったこと、日本人のスピリチュアリティが薄まった、失われたことを意味します。

　そのため日本人を支えていた龍神たちは力を失い、日本を守り続けることができなくなっています。龍神には様々な使命がありましたが、これも終わろうとしています。もうこれ以上、人類のプロジェクトを支えることができなくなっています。龍神も過去のものになろうとしています。

　あなた方は現在、未来に向かって進んでいかなくてはなりません。メンタル、マインド、スピリチュアル、あらゆるレベルで今の時間を生きていかなくてはなりません。今の時代はあなた方が思うほど容易なものではありません。

　これからの時代はとても困難なものになるでしょう。このまま何もしなければ、この大きな地球外生命体のドラゴンが、北から南まで日本全体を覆うことになるでしょう。それは何をもたらすでしょう？　日本の大きな衰退です。

　彼らは地球外生命体のテクノロジーをもたらすでしょう。人間によって作られたものではありません。スーパーシティを作ったり、中央政府が国民の動きをコントロールするという人間のプロジェクトは実現しないでしょう。

　地球外生命体がそれを阻もうとするからです。あなた方人類には政治、企業レベルで推進しているプロジェクトがありますが、この場合悪魔的なプロジェクトですが、それを実現するためのメンタル、マインド、スピリチュアルな力がありません。

　あなた方にもっとスピリチュアリティがあり、もっと正しく調和したメンタルやマインドがあったならば、人類に貢献する別のプロジェクトを立ち上げ、実現する力があったでしょう。これこそ当初人類のプロジェクトとして予測されていたものです。

しかし、人類は異なるプロジェクトを選択し、この時まで来てしまいました。その結果、政治、社会、人類が遂行するはずだった元々のプロジェクトは劇的に変化してしまいました。

この大きなドラゴンはシティであり船艦です。それによりアメリカの一部、ロシアはそれほどでもありませんが、中国、ヨーロッパ諸国など、コントロールマトリックスを強化するドラゴンに覆い尽くされることになるでしょう。

それは人類が数千年前の過去に戻ることを意味します。遺伝子操作に優れた神々が、テクノロジーや科学によって地球を支配していた時代に戻ろうとしています。それは地球が大変難しい時代に入ることを意味しています。

あなた方がテクノロジー、ＡＩやロボット化は良いものだと考えるようになるにつれて、人ではなく地球外生命体により囚われていくようになるでしょう。彼らを呼んでいるからです。

彼らには地球に来るプロジェクトがありました。あなた方人類のプロジェクトは彼らにとって爪の垢のようなものです。彼らの侵入の便宜を図るような人類のテクノロジーも、実際は必要ではないのです。たとえあなた方にテクノロジーがなくても、同じように侵入できるでしょう。今行っているように、地球に来る前からあなた方を操作することができます。

彼らは地球の全住民のデータを持っています。あなた方は互いを見張るために監視カメラを必要としていますが、彼らにはそのようなものは必要ありません。邪悪な存在ですが、知恵があります。

このドラゴンの形をした宇宙船艦は、全世界をコントロールするための機械です。この船艦を通してテクノロジーという意味において、本物の地球外生命体の到来が始まります。母なる地球、特に日本、アメリカ、中国などにやってきます。そこから本当の人類の衰退、社会的混乱、食糧危機、洪水、巨大地震が始まります。

どうしてこのような現象が加速するのでしょうか。地球は神聖な法則、宇宙存在の意向に従い、自分の掃除をしたいからです。

では、どうして邪悪な地球外生命体は、地球が大浄化しようとしているデリケートな時に来ようとするのでしょうか。地球の浄化が進めば人類はパニックになります。彼らは人類がメンタル、マインド、スピリチュアル面で弱くなっている時を利用して、支配しようとするでしょう。

彼らは半分倒壊した地球の方が都合が良いのです。人口が少ないほどコントロールしやすくなるからです。津波や地震などの自然現象で人口が減少すれば、彼らに人を殺す必要はありません。もちろん、地球も宇宙も彼らに便宜を図るためにそうするわけではありません。クリーニングし、地球がアセンションのプロセスに入るために行うのです。

では、どうしたらこのようなドラゴン、つまり強力なレプティリアンを地球から追放することができるのでしょうか。方法は一つしかありません。あなた方の意識です。スピリチュアリティ、信念、高いメンタル、高いマインドです。そうでなければ地球は崩壊に向かうでしょう。

ここに光の船隊がゲームに参加します。光の船隊も非常に知恵があります。彼らもカオスを利用して入り込もうとするでしょう。

邪悪な地球外生命体は宇宙の神意識と繋がりません。そういったものは知りません。でもそれに対抗しています。

彼らの脳には、メモリーやデジット、つまりプロジェクトを遂行するために記録されているものがありますが、神意識はメモリーを破壊できることを知りません。そのように、光の存在や船隊は、戦うことなく彼らを崩壊に導くことができるのです。が、そのためにはあなた方の参加が必要なのです。

ここをよく聞いてください。光の存在は、電磁波フィールドを活性化して光の電磁場を創造し、プログラムやメモリー、地球外生命体の体でさえ破壊することができます。彼ら地球外生命体の体はメタルでできています。肉体ではありません。典型的なロボットです。ここに彼らの弱点があります。

彼らの中には、あなた方人類とは構成要素は異なりますが、メタルでない物質からできている生命体も存在します。彼らは全く別の世界に住んでいます。慣性もない、全く異なったエネルギーの世界です。光の存在が望めば、それも爆発させることができます。

どうして光の存在は今まで何もしなかったのでしょうか。光の存在は創造の世界、つまり光のヒエラルキーのトップの司令下に置かれています。トップの司令なしには、誰も何もすることはありません。司令を出すトップとは創造の源です。何でも統治できコントロールできますが、あなた方人類が許さない限り、何の行動も起こしません。

あなた方一人一人には神意識があります。しかし、スピリチュアリティの抜けた信念のない生き方では、地球をコントロールするためにアセンションを阻止している邪悪な地球外生命体に道を開くことになります。

光の存在はあなた方が動き、彼らが地球に入ることができる瞬間を待ちに待っているのです。光の存在は邪悪な存在と戦争はしません。直接対決すれば負けてしまいます。でも邪悪な存在が恐れる光の電磁波フィールドを創造することができます。光のフィールドに入れば苦しみ死んでしまうでしょう。

繰り返しますが、光の存在が行動するには、あなた方の参加が第一条件です。なぜか分かるでしょうか。もし勝手にそのようなことをすれば、光の存在や船隊はあなた方のカルマを引き受けることになるからです。理解できるでしょうか。

あなた方人類には大きなカルマがあります。地球に最初の人類が出現してから今まで、長い年月を通して積み重ねてきたカルマです。そこに神々、光の船隊が干渉すれば、人類が今日まで作ってきたカルマ全体を引き受けることになるのです。彼らはあなた方の代わりにカルマをきれいにすることは望んでいません。どうしてでしょうか。

もしそうすれば、創造の神々の世界のバランスが崩れ、バラバラになってしまうからです。そうなれば悪の地球外生命体が入り込んできます。悪の存在もとても賢いのです。彼らも状況を読み取り、観察し、アクションを取る能力があります。そのため光の存在はそのようなことをしません。ただ、あなた方の高まりを待っています。

あなた方が高まれば、光の存在はマインド、メンタル、スピリチュアル次元のエネルギーの動きを察知し、そこから入り込み、情報を発信し始めます。光で振動する情報は、地球外生命体にとって有害な電磁場を創造するのを助けます。

今日初めてこのことをお伝えしています。これは私たちの友人、コマンダー・アシュター・シェランから直接伝え聞いたものです。

あなた方は、愛、調和、平和のエネルギーで振動し、信念、スピリチュアリティ、マインド、メンタル、神経組織の調和した集合意識の電磁場を創造しなくてはなりません。あなた方にそれができた時、光の存在の電磁場は広がるでしょう。そうなれば、それを恐れている地球外生命体は追放されることになります。

光の船隊は常に観察しています。邪悪な存在たちを監視しているだけではありません。あなた方のメンタル、マインド、スピリチュアルの状態を見ているのです。

あなた方が十分な光の電磁場を放射しなければ、神々、光の船隊、宇宙のクリエーターたちは地球に入ることができません。あなた方のカルマのるつぼに陥ることはできません。

もしあなた方にエネルギーを見る力があれば、人類のカルマ、そのエネルギーがどれほど大きいものか分かるでしょう。惑星地球の奥深くから沸き上がってきます。それはあなた方が何百、何十万年の生き様の中で生み出してきたものです。

人類のカルマに加え、神々のカルマもあります。宗教を通して働いてきた昔の神々です。彼らを通して、あなた方はさらなるカルマを生み出してきました。ピラミッド文明で働いた神々も多くのカルマを作りました。霊的に高い文明でさえ闇と光があり、闇の部分では多くのカルマを生み出しました。

今、地球で大きな光と闇の動きがあります。これら全てをもってどうするのでしょうか。どうしたら巨大なドラゴンの地球への侵入を避けることができるでしょうか。まだ時間があります。おそらく２０２２年頃には侵入の可能性があります。その計画があります。すでにあなた方の近くに来ています。あなた方の弱さを利用して、どのようにどこから入るか、何をするかを調査しています。

スーパーシティ、すでに中国は実施しつつありますが、あなた方の国もそのプロジェクトに取りかかろうとしています。ロシアにもアメリカにもまだないものです。

それは彼らを引き寄せます。彼らはあなた方を支配するにあたりスーパーシティなど必要とはしないのですが、状況をしっかり吟味しているところです。状況を観察し、研究しています。でもあなた方人類は何もしていません。

このような状況で、起こり得ることは何でしょうか。地球は大変、大変難しい局面を迎えるでしょう。

一年もしくはそれ以内に貧困と巨大な富、コントロールに向けた大きな社会的動きを見るでしょう。でもそれは長続きしないでしょう。

テクノロジーの世界、富の世界、食べて飲んで楽しむといった過度な浪費世界で振動している人々は、いつか、自分がしてきたことは何の役にも立たないことに気付くでしょう。でもその時には遅いのです。

国はあなた方をコントロールするために、その浪費癖を利用しているのです。テクノロジーはあなた方をコントロールする手段です。食べ物、飲み物、娯楽もあなた方をコントロールする方法です。

その罠に落ちないように気をつけてください。食べること、飲むこと、楽しむことが悪いというわけではありません。でも限界があります。国はあなた方に対して、物を通して奴隷化を強化するために、そういう状況を利用するのです。

地球外生命体は地球に入り込むために、そういう側面、人として、光の存在として、創造の子供としての人類の衰退を利用すべく待っているのです。この衰退こそ最も大きな問題です。

来たる数年のうち、人類はどうなるのでしょうか。狭い道があります。トンネルと言った方がよいでしょう。努力する人は褒美を得るでしょう。狭いトンネルを通り抜けることができるでしょう。こういった全てのコントロールの状況から解放され、アセンションの可能性を得るか、アセンションするために光の存在により救出されるでしょう。光の存在は準備されている人々が、条件が整うまで地球の別の次元で待機するよう、霊的な通路を開くでしょう。

このまま進めば、地球は地球外生命体の管轄下に置かれることになり、地球は収容所のようになるでしょう。それは人類が地球外生命体の囚人になることを意味します。あなた方には行くところがありません。大きな問題です。

道は次第に厳しくなるでしょう。社会の中でたくさんの理不尽な変化があるのを見るでしょう。

他の世界のことのように見えますが、現実化してくるでしょう。まだ詳細についてお伝えすることは許されていません。

例えるなら、これから乱気流の中に入ることになるでしょう。マインド、メンタル、スピリチュアリティを高め、信念を持つことに集中してください。それがこれからやってくる強烈な問題に対してあなた方を助けるでしょう。

コロナウイルスの問題はまだ小さなものです。これからさらに厳しいものがやってくるでしょう。乗り越えていくことができなければ、命を失うことになるでしょう。これからの一連の状況を乗り越えていける人は、新しい時代に向けて道が開けるでしょう。

私たちがお伝えしていることは、あなた方にとってまるでファンタジーのように思えるかもしれません。ファンタジーではありません。ファンタジーはあなた方が作り出すものです。法則を信じていないからです。

朝起きて仕事に行く、このリズムを失った人々がいます。仕事を失い、お金がなくなり、家賃が払えない、食べ物を買うお金がない、人生が今までと一変した人々がいます。これから先、多くの人がこの状況を共有するようになるでしょう。今少数の人に起こっていることが近い将来、多くの人に起こるようになるでしょう。

株価が上がっています。アメリカがお金をつぎ込んでいるからです。一方、お金は底をついています。どこでお金を生み出しているのでしょうか。企業が次々と倒産しています。製薬会社は豊かになっています。これは政治家が作ったルールです。

このような状況の下、世界経済は大きく落ち込んでいます。日本もグローバル経済を選択したので、世界経済の落ち込みの影響を大きく受けています。日本も前に向かって進むにあたり困難な状況を選択しました。

狭い道があります。心に安らぎを得ることが必要です。どうしたら安らぎを得ることができるでしょうか。瞑想です。自分は呼吸法ができないので瞑想は苦手だと言う人がいますが、普通に呼吸しても瞑想に入れます。

ヒーリングエネルギーは自分のエネルギーに直接働きかけるものです。ヒーリングエネルギーと繋がるチャンスを得た方は、自己ヒーリングをしない理由を作らないでください。日常の実践は治癒を行うためだけではありません。自らのエネルギーを高めるためです。光の存在の意識と繋がるためです。

どんなに小さなものであっても光の電磁場を生み出し、光の存在が地球に入れるようにするためです。政治レベルのみならず、さらに恐ろしい地球外生命体の悪魔的なプロジェクトを阻止するためです。

これから始まる難しい時代、人類が光の時代と反対の闇の時代に向かおうとしている今、しっかりと準備してください。少しでも光のスペースを創造すべく、各人ベストを尽くしてください。アセンションの瞬間が来た時、少なくとも行くべき場所、避難できる場所があるようにするためです。

地球外生命体に連れていかれた魂は、永久に囚われのままとなるでしょう。気をつけてください。光の柱、光の存在の出現など、様々な光の現象があるようですが、そのようなホログラフィ、偽りの現象に惑わされないように注意してください。邪悪な生命体には闇を光に見せる高いテクノロジーがあることを忘れないでください。

今日は地球がどんなプロセスにあるか、これからどんなプロセスに入ろうとしているのか、人類のスピリチュア、マインド、メンタルに対して、政治を通して行使されるコントロールなどを理解するために、様々なことをお伝えしました。

ただひたすらアセンションを考えて努力してください。他に道はないのです。地球があなた方を愛し、これから来ようとしているイベントを少しでも緩和するためには、あなた方も努力しなくてはなりません。

Part4

〈終わりの始まり〉がスタートする

Chapter14

シナンダ・モロンガ、現在と未来を語る――「終わりの始まり」のスタート

今日、私シナンダ・モロンガはこの媒体を通して初めてお話しします。私はこの媒体と宇宙では大変縁がある者です。

＊

これから「終わりの始まり」がスタートします。これが何を意味するのか、あなた方自身がこれからの進みの中で、理解していくでしょう。

人類が作ろうとしている法律、社会システム、テクノロジーは失敗するでしょう。目的に向かって計画を練ることができないでしょう。人類の目的は全て倒壊していくでしょう。

今の人類は、長続きするアイデアの土台を建設するために必要なメンタル、エモーショナル、スピリチュアル指数を持ち合わせていないからです。そのため何をやってもすぐ駄目になるでしょう。

人々の間で、政治、経済、社会、宗教レベルで、自然、宇宙のレベルで、大きな変化が始まっ

ています。人類の社会システムにもヒビが入り始めています。

国民をコントロールしようとしている力は、嘘の道、国民洗脳の道を強化しようとしています。一方、真実が社会システムに触れ始めています。その時が来たからです。いつかその時が来なくてはなりませんでした。最もコントロールの強いファシズムの国々でさえ真実がやってくるでしょう。そのため、彼らの中にひび割れが生じていくでしょう。

このような状況の中、あなた方は大変危険なウイルスと時を過ごしています。当初、光の存在の間では、コロナウイルスは社会にメリット、目覚めに繋がる何かをもたらすだろうとコメントしていました。しかしながら人類は、問題から抜け出るためにコロナウイルスを口実に、人々の縛りを強化しようとしています。オンラインシステム、テレワークなどを推進し、人々を互いから遠ざけようとしています。

人類は昔から存続していくためにコミュニケーションを必要としていました。コミュニケーションは個と個の間の重要なエネルギー交換です。これは霊的、物質レベルで社会の土台となるものです。

テクノロジーをベースとした社会システムを目指す動きは、コロナウイルスを理由に人々を分離させることに目的があります。感染から人を守るためと言いますが、実際は人を守るためか、人を分離するためか、疑問が残ります。

人類はコロナウイルスと戦うのではなく、頭を使い、戦わないで勝つという発想の転換が必要です。戦いは、ウイルスにせよ、バクテリアにせよ、兵器を使用する戦争にせよ、頭で勝つものです。論理的な頭ではありません。頭の霊的部分を使うのです。

あなた方にテレパシーの力、メンタル、エモーショナル、マインドの力があれば、ウイルスはあなた方の体に入らないでしょう。どうしてでしょうか。

ウイルスはあなた方の科学者のエゴの産物です。自然のウイルスではありません。人工的に作られたウイルスは利口で、攻撃し破壊するために準備されています。

でもあなた方の頭が霊的レベル、テレパシーレベル、意識、潜在意識レベルでもっと高ければ、ウイルスは入らないでしょう。短期間で消滅するでしょう。

しかし、誰もそういった自分の中にあるものに目を向けることなく、ウイルスと戦おうと、自分の外の世界に解決法を見つけようとしています。それではあなた方はどんな状況にも弱くなります。宇宙からもウイルスが侵入すると言われていますが、邪悪な地球外生命体がウイルスを地球に送りつけてきたらどうなるでしょう？　あなた方は消滅してしまうでしょう。

あなた方の保健衛生システム、医療システムですが、それは時代に適合していません。医療システムはアメリカ、ヨーロッパ、アジアなど、どの国でも時代が求めるものよりも100年遅れています。

大きな製薬会社が多大な収益を上げる、このことはあなた方にとって常識であり、今までそれをベースとした古い医療システムにしがみついてきました。

日本ばかりではありません。アメリカ、ドイツ、イギリス、フランスなど、どの国でも同じです。莫大な資金を製薬産業に投じてきました。多くの製薬会社は裕福です。どうしてそうなるのでしょう？　各国の政権を支えるためです。

システムが間違っているため、あなた方の医療は本来の進みより100年遅れているのです。それほど遅れた医療で、人類の弱点をよく理解し、ラボラトリーで研究を重ねながら作られたウイルスに簡単に対処できるでしょうか。コロナウイルスはマイクロロボットのようなものです。それでも地球外生命体が現在所有するウイルスと比較すれば何でもありません。まだまだアナログタイプです。

地球外生命体は人類を絶滅させることができるウイルスを所有していますが、他の生命体や光の存在が対抗するので、それはできないでいます。

一方人類の科学者は、ウイルスを社会にばらまくことに対して恐れを抱いていません。彼らには自分たちを守る手段があるからです。彼らは不安定、分裂、お金と権力、不正が社会を支配していることをよく理解しています。彼らはそのシステムを崩壊させ、新しいコントロールシステムを導入したいと考えています。良いことのためではありません。

コロナウイルスであなた方は何も変わっていません。互いの分離が加速しているだけです。恐れにより拒絶する動きがあります。学校に行きたがらない子供もあります。家にいる方がラクチンだと思っている子供もいます。

それはあなた方の社会は、これから起こり得る問題と向き合う準備ができていないことを意味します。それでは人類は、自分たちの目的達成に向かって進むことはできないでしょう。

地球におけるお金を生み出すシステム、医療システム、人々を楽しませ経済を動かす観光、ホテル、レストラン、カフェといった産業について、「果たしてそれは人類のために本当に良い形か」と言った人がいました。

人類が展開してきた観光のあり方は、今の時代のエネルギーにとって意味を持たず、あなた方の考え方、スピリチュアリティ、メンタル、マインド、テレパシー能力を高めるものではありません。

今までと同じものを同じような形で回復させる、それでは今落ちた穴に再び落ちることになります。強い者が弱い者を押しつぶし、消費とファンタジーの意識を刺激し、地球を汚すなど、同じ間違いを繰り返すことになります。そのため、あなた方が望むようなことは次第に法則が許さなくなっていくでしょう。

だから「終わりの始まり」と言ったのです。

コロナウイルスは、あなた方が存続してほしいと望む社会システムを破壊すべく活動し続けていくでしょう。コロナウイルスは破壊と同時に、コントロールの役割も果たしていくでしょう。

地球はアセンションを遂げるために、同じシステムを続けていくことはできません。全てのシステムを変えなくてはならないのです。このシステムが続くならば、今まで私たち光の存在が様々なチャンネルを通して世界中に伝えてきたことは嘘になります。

観光を通して為政者たちは、どれほどのお金を自分のポケットに入れてきたことでしょうか。お金は権力を膨らませます。お金は宗教界に流れ込み、宗教は人々のマインドやメンタルをコントロールします。お金は医療にも流れ込み、医療はあなた方の血液、ＤＮＡ、体を汚し、アセンションしない体へと組み変えていきます。

もういい加減にその仕組みに目覚めて下さい。あらゆるコントロール、あらゆる虚偽から、真実に目覚めてください。残された時間はもうないのです。法則はあなた方が考えるようなものではありません。

コロナウイルスは破壊するために来ましたが、苦しみや困難を通して人が変わり、エネルギーを高める一つの形を提供しています。

地球外生命体の世界でも大変困難な時代がありました。戦闘能力をあまり持たない、もしくは持っていない種族は、戦闘能力に優れた種族の侵入を受けた時、生き残りをかけて肉体的構造、習性を変えなくてはなりませんでした。

でも、人類は何も変えようとしていません。同じ生き方にしがみついています。あなた方が古いコントロールシステムに固執し続けるならば、地球はやがてカオスになるでしょう。

あなた方がコロナウイルスと戦い、打ち負かすことを望むならば、強くて高いメンタルを持たなくてはなりません。そうでなければ、ウイルスがあらゆる意味において、あなた方を打ち負かすでしょう。

ウイルスを引き金に政府の間に、政党間にひび割れが生じ始めています。それはいつか爆発するでしょう。興味深い現象です。そうなれば権力は朽ちていくでしょう。

アメリカ、ヨーロッパ、アジア諸国ではすでに起こっています。あなた方の国でも起こるでしょう。北朝鮮でも起こっています。パニックになり物を破壊し始めています。カオスが始まろうとしています。

そのような中、日本は防衛システム、戦闘機を配備しようと躍起になっています。そんなものは全く必要ありません。人類は平和を必要とする世界に入ろうとしているのです。人殺しをするために武器を必要とする世界ではありません。誰を殺すのでしょう？

イージス弾道ミサイル防御システムは、莫大な電磁波を発生し、住民に肉体、メンタル、マインドの病気を引き起こすでしょう。それであなた方は幸福でしょうか。日本には諸外国で大量発生しているバッタを殺す力もないのに、中国、ロシア、北朝鮮が持つ短距離、中距離、長距離弾道弾と対抗する能力があるのでしょうか。日本がしていることは、あなた方の主人、アメリカにお金を貢ぎ、母国と国民を汚染する、それが唯一存在している事実です。

自分の意識、スピリチュアリティを高め、体を変えることです。地球が実際アセンションできるようになるまで、これからもっと危険で厳しいイベントが来るでしょう。でも、あなた方は時間と空間の中に進化していくことができるのです。やがて宇宙からも〈美しいもの〉が来るでしょう。太陽フレアです。

今、なぜ地震についてよく取り上げられるのでしょうか。太陽系に大きなアンバランスが生じています。太陽は熱を通して大量の電磁波エネルギーを発生し始めています。それは地球内部の地層に影響を与え、火山に触れ、地核を動かします。いつ大地震が発生してもおかしくありません。

あなた方の科学者の多くが観察しているのは、地球の動きです。宇宙、とりわけ太陽からの影響、諸惑星の変化、諸惑星の動きが発生する電磁波的変化をあまり研究していません。

地球に起こっているエネルギー変化、太陽フレア、諸惑星のシステムの電磁波的動き、彗星の動き、地球に到達する大量のエネルギーを放射している銀河の動きを勉強しなくてはなりません。大半の科学者はそれに意識を向けることなく、海と大地だけを見ています。

問題はどこから来るのでしょうか。上からです。下から来るわけではありません。だから下だけ見ているだけでは十分ではありません。太陽や宇宙全体から来る電磁波をキャッチするためのアンテナが必要です。そういった電磁波エネルギーが地球に入り、火山帯や海洋プレート、大陸プレートの活性化を引き起こしているのです。

それらのものを複合的に研究すれば、あなた方はいつ頃巨大地震が来るか、予測可能になるでしょう。非常に近づいています。日本列島には危険な場所が幾つかあります。8メートルの津波を予想しているようですが、おそらく15メートル、20メートルくらいにはなるでしょう。言われている以上のものです。

想像してみてください。15メートルといっても都会に入れば、高い建造物がたくさんあるので勢いを増し、20メートル、30メートルに上る可能性があります。逃げる暇などないでしょう。そういう状況が来るかもしれません。

あなた方が地球で作り出したもの、ネガティブエネルギーは母なる地球に影響し、母なる地球はこれ以上あなた方に我慢することはないでしょう。地球はできるだけ早く浄化を果たし変化を望んでいます。その変化は当初、母なる地球や宇宙が考えていたものより、ずっと劇的なものとなるでしょう。

本日は重要なことをいろいろお伝えしました。これから母なる地球や宇宙に反映していくでしょう。人として気をつけなくてはならないことがあります。自分を拠り所とし、集合意識に左右されない強いマインドを作ることです。

コントロールしようとする側が言うこと、社会システムが人々を説得しようとするものに従って進んでいけば、自分も同じ罠に落ちることになります。聞くということは従うことを意味しません。従えばあなた方も彼らと同じになります。

聞いて観察してください。そして自分たちにとって最善は何かということを、よく考えてください。

コロナウイルスに関しても、現実を反映していないたくさんの偽データがあります。経済を動かすために隠蔽しています。政府は莫大なお金をつぎ込んでいますが、経済回復は不可能でしょう。どの国もそうでしょう。

時の進みの中で地球には様々な現象が現れるでしょう。どうして今なのか、人類の現在のメンタルでは理解できないでしょう。今のシステムや考え方のもっと向こうにあるものを理解する力が必要です。

あなた方の家族の中にもあなた方に同意しない人たちもあるでしょう。今の社会システムを信じ、それに対して忠実であろうとするからです。たとえ社会システムに対して不満を抱いていたとしても、それに従おうとするでしょう。

6月17日現在、あなた方の国でも緊急事態宣言が解除されましたね。コロナは終わったと思っている人も少なくないでしょう。ゼロ、ゼロ、ゼロ、これは偽りです。外出してお金を使うように、あなた方をコントロールするためです。これからあなた方は、社会システム、政治システム、経済システムが回復するために協力するよう促されていくでしょう。原発事故の時と同じです。

でもそれは不可能でしょう。今までのように機能することは決してないでしょう。企業が倒産し続けていくのを見れば、少しずつ理解するでしょう。このまま2カ月3カ月4カ月とコロナが続けば、個人の店がどんどんつぶれていくでしょう。状況を観察してください。

これから目にする光景の中に、人類は自分たちのために最善の道を選択しているのかどうか、分かるでしょう。

Chapter15 ウイルスは漏れたのか漏らしたのかで意味が違う

もう一年の半分が過ぎようとしています。日本では3月末からコロナウイルスの問題が発生しました。問題と言いますが、ポジティブな見方をすれば、問題とは言えないかもしれません。ネガティブな見方をすれば問題でしょう。

多くの人が公表されることを信じています。マスメディア、為政者、経済を信じています。社会社システムは変わらない、全てうまくいく、仕事してお金を稼ぎ、今までと同じように人生は続くと考えています。コロナウイルスは居残るために来た訪問者であることを理解していません。

コロナウイルスは何をもたらすために来たのか、今までお伝えしてきた通りです。コロナウイルスはラボラトリーからあるミスにより漏れてしまったと、基本的に受け止められています。しかし、さらに上からの情報によると、それは意図的になされたものです。アメリカが中国で、中国がアメリカで解き放ったとのことです。

ここをよく聞いてください。〈漏れた〉のと〈漏らした〉のでは意味が全く違います。ウイルスがミスによって漏れたのならば、ウイルスは最大限の被害をもたらすために十分進化していなかったことを意味します。でも、ウイルスが意図的に漏れるように仕向けられたのであれば、ウイルスは闇のプロジェクトを実行するために必要なレベルまで準備されていたことになります。

闇のプロジェクトは闇のシステムの中でなされることです。地球の人類社会を支配しているシステムは全て闇のシステムです。一見良いように見えるものにも常に裏があります。

多くの人がコロナウイルスは消滅した、もう終わったと考えています。ピーク時のような数字もデータも出ていない、PCR検査しても感染者があまり出ていない、だからそう信じています。

それは虚偽です。データが欠けています。PCR検査も今のやり方では感染者全員のデータは出ません。ウイルスの拡散状態を確認するためには、少なくとも一日、10万人のPCR検査が必要です。

どうしてでしょうか。PCR検査は100%信用できるものでは全くありません。検査で陰性であっても、保菌者として家や職場、その他出かける先々でウイルスを共有したことが報告されています。保菌者と関わった様々な人が感染した可能性があります。それはPCRは失敗だったことを意味します。

ですからコロナウイルスを的確にキャッチする別のシステムが必要です。また、コロナウイルスで亡くなった人、感染していた人を断定するのは専門家のはずですが、公表されるものはそうではありません。国です。国は社会における専門家の力を利用し、データをコントロールして物事を処理しています。

都合の良いところで医師や専門家を利用し、都合の悪いところでは彼らの意見を聞こうとしません。自分たちがしたいように物事を進めていきます。国民は国が言うことに従い、コロナウイルスは減少していると信じています。

日本にコロナウイルスは潜在しています。知らないで感染している人は少なくありません。クラブやキャバレーだけで感染が広がっているわけではありません。それは物事を誰かのせいにする一つの形です。

もちろん夜の世界は、夜生きる人の世界です。人が集まり、アルコールを摂取し、危機感が薄れ、接触が増えれば感染は容易になります。でも風俗業についていている人々のせいばかりではありません。彼らは状況の一部であり、目に見える部分です。

一般の人々が持っていて見えない部分があります。人はそれには気付きません。では、感染の危険を知りながら、何故夜の世界へ出かけていくのでしょうか。がまんできないからです。行きたくない、だけど行きたいといった具合です。メンタルがしっかりしていなければ、闇の力に押されて、感染拡大に繋がる行動を取るようになります。

このような曖昧な状況を利用して、政府や東京のような大都市は、真実を隠そうとします。ちょっと前まで東京アラートとか言って、コロナウイルスの状況を示すためにライトを利用しました。橋に赤いライトを灯し、複雑な状況であると言いました。

その後感染者の数が上がっているにもかかわらず、突如青いライトに変化しました。それは住民を侮辱しているかのように見えます。にもかかわらず、住民はそれを鵜呑みにしています。遊びに出かけたいからです。現在、コロナウイルス感染者の数値が上がっているのに、どうして青いライトを信じることができるのでしょうか。

そして、政府は次々と緊急事態宣言を全国で解除しました。事態が落ち着かないうちに、緊急事態から解放宣言です。人々は埼玉県、神奈川県、千葉県、温泉で有名な群馬県などの他県へと移動し始めました。そうなれば、当然東京のウイルスは他県へと広がっていきます。そうなれば他県の感染者数も増えます。

あなた方と縁の深い名古屋市や愛知県についても同じことが言えます。実際の感染者数は公表値より3、4倍はあるでしょう。東京も公表値の数倍いるでしょう。

あなた方を偽っているのです。あなた方はすぐ油断してマスクなしで移動し、適切な距離も取っていません。居酒屋に行けば、マスクもなく何事もなかったかのように会話をしています。もう距離はありません。この光景を見てあなた方はどう考えるのでしょうか。

　あなた方はイルミナティについて話しますが、彼らの持っている力については知りません。イルミナティは地球外生命体の世界であり、あなた方が思うような人が作った組織ではありません。彼らは高い戦闘能力と知性を持っています。彼らの戦闘能力は、光の存在がいなければ、数秒で地球を破壊できるものです。彼らの核兵器はあなた方の１０００倍の力はあるでしょう。

　彼らは地球を掌握したいと望んでおり、あなた方はそれに協力しています。コロナウイルスは社会システム、経済の崩壊、人類の大量殺戮のために来ました。良い部分もありましたが、良くない部分もありました。良い部分とは、今までお伝えしてきましたように、社会システムの腐った部分を浮き彫りにしたことです。

　それにもかかわらず、人類は自分たちの社会システムを支持し続けています。ここまで見せられても国民は目を開こうとしません。驚きです。あなた方が目を開かなければ、第２波、第３波、第４波が来るでしょう。コロナウイルスはＣｏｖｉｄ19と呼んでいますが、それはウイルスが19回変化してきたことを意味します。

　以前お伝えしましたように、コロナウイルスは日本では日本人の起源、タウセチのＤＮＡを内包するという特質により、しかるべく気をつけていれば、６月中にクリアする可能性がありました。

　でも現実はそうなりませんでした。そうしようとしなかったからです。コロナウイルスが体内に入れば、免疫システムを攻撃します。コロナウイルスは、広がるにつれて強力になっていきます。コロナウイルスには、あるメモリーがあります。コロナウイルスは人工的に作られた半ロボットウイルスです。今まで日本人にはコロナウイルスに対して免疫がありました。

ここは重要なところですからよく聞いてください。コロナウイルスにはラボラトリーでプログラムされたメモリー（記憶装置）があります。そのため知識があり、あなた方のＤＮＡを記憶し、ＤＮＡを通してあなた方の起源の惑星のデータを作り始めます。そうしてあなた方の免疫システムを研究し、さらなる攻撃を仕掛けようとしています。危険なことです。

ウイルスはインフルエンザと変わらないと言っている人がいるようですが、何も知らない人です。ラボラトリーで操作、プログラムされたウイルスは人工知能を備えています。彼らは人体のあらゆる情報をコピーします。どこで生まれたのか、今までどこで転生してきたのか、そこまで彼らは知る能力があります。その上であなた方の生命システムに侵入し、あなた方の体を弱体化させていく、そういう可能性を秘めています。このことを忘れないでください。

だからコロナウイルスは去ってしまったなどと考えないでください。日本、中国、韓国などアジア諸国で、再び感染拡大が起こるまで、ある程度時間がかかるでしょう。日本などのアジア諸国は、欧米などとは異なった免疫システムがあります。今お伝えしましたように、ウイルスは現在、あなた方の免疫を弱体化させるために、データを研究しています。

ウイルスは利口になればなるほど強くなり、感染力も増します。でも全員は殺しません。後の研究のために残しておきます。時間の問題です。

イタリアで起こったことが現在アメリカで起こっています。スペイン、フランス、ベルギー、ドイツで起こったことが日本でも起こる可能性があります。あなた方の国がもっとしかるべき形で対処していたならば、ウイルスは沈静化していたでしょう。少なくともコントロールすることはできたでしょう。ウイルスを終わらせることとコントロールすることとは違います。

あなた方にはウイルスを終息させることはできません。あなた方には医療、科学レベルでウイルスと戦う能力がないからです。すでにお伝えしましたが、あなた方ができるのはウイルスと戦うのではなく、完全に遠ざけることです。あなた方が別のエネルギーで振動し始めた時、それが可能になります。

別のエネルギーで振動するとはどういうことでしょうか。気功師、真面目な宗教家、ヨギや瞑想家、ヒーラーなど代替医療に専従している人は、なぜそのような仕事をしているのでしょうか。あなた方もなぜ瞑想したり、自他のヒーリングをしたりするのでしょうか。どうしてその仕事に興味があるのでしょうか。理由があるはずです。

高い免疫を持つ、細胞のメモリーを変える、神聖なDNAへとシフトする、メンタル、マインド、スピリチュアル次元で体内システムを変える、体を動かす電気システムである交感神経、副交感神経など自律神経、中枢神経を変化させる、こういったものが目的でなければなりません。

そうであれば、ウイルスが侵入してもあなた方の体を攻撃するチャンスはないでしょう。彼らにとって適切なデータ、誰にでもあるメモリーが見つからないからです。スピリチュアルなワークを通してメモリーを変えたからです。ウイルスが読み取ることができない、したがってアクセスができない電磁波エネルギーを創造したからです。ここにあなた方の知らない秘密があります。

よその国でも多くのヒーラーが健康面やメンタルで苦しんでいます。メンタルも体も変化していないからです。ヒーリングを知らない人と同様、コロナウイルスに感染し亡くなる人もいます。コロナウイルスは体内に入り広がり、あなた方のＤＮＡや免疫情報を手に入れ、あなた方を攻撃します。弱い人は簡単ですし、強い人は難しいでしょう。

もう一つ重要なことがあります。10代、20代の若い人でコロナウイルスに感染し、陰性になった後も、高熱、痛みなど後遺症で苦しんでいる人々がいます。それでは治ったことになりません。

想像してみてください。ある国が主張しているように、皆が抗体を持つためにウイルスに感染したらどうなるでしょうか。肺などに後遺症が残り、多くの人が仕事もできなくなり生活していくことができなくなるでしょう。未来がなくなるでしょう。

コロナウイルスが入れば肺をボロボロにします。そのためコロナウイルスが消滅した後も自発的呼吸ができず、呼吸補助機がなくては生きていけなくなる人もいます。また、歩けるようになるために、2、3カ月のリハビリを必要とするケースもあります。コロナウイルスの影響で筋肉や関節が硬くなり、歩けなくなってしまったからです。このような後遺症については日本ではあまり知られていませんが、コロナウイルスの現実です。

日本では国民に対する隔離はありませんでした。ソフトな形で緊急事態宣言がなされただけでした。あなた方がヨーロッパで体験したような隔離政策があったならば、多くの人は耐えられなかったでしょう。98日間、外出禁止令、その監視システム、破れば刑務所行きです。

あなた方ならこの刑務所にいるような状態を我慢できたでしょうか。自殺者も出たでしょう。今の日本人には生きる力がないからです。物を見て、物で生き、物のために生きている国だからです。このようなソフトな緊急事態宣言でも多くの人がストレスを訴えました。

今の日本に深刻な災害が起これば、多くの人が亡くなるでしょう。特に若い人々には昔の人々のようなメンタルの強さ、高さがありません。一昔前の人々は戦争、大地震、大型台風など困難な時を乗り越えてきました。原爆で消滅した都市を再興しました。でも今の若い人、60代、70代の人も含め、その力があるでしょうか。

あなた方はコロナウイルスを非常にソフトな形で見ています。政府が大丈夫と言ったから大丈夫だと信じています。そんなものではありません。

国民がこれからの困難な時を乗り越えていきたいと思うならば、今どんな時代にあるのかを知り、どんな瞬間にあるのかを知り、各人が高まる努力をしなくてはなりません。

しかし、不幸なことにこの国では多くの人々がファンタジーの世界、ディズニーランドの世界、今はできませんが、海外旅行など娯楽の世界に生きています。まだ本当に困難な時は来ていません。

ですから、決して容易でない新しい時代に備えて自らを強化し、準備してください。努力なくしては進めない時代に入っていきます。

コロナウイルスは終わったと思わないでください。あなた方の中に潜在しています。コロナウイルスは日々強くなっていく力があります。時間の経過に従い、力、データ、メモリーを蓄えていく人工的なウイルスです。

あなた方は攻撃することはできません。唯一できることは用心し、気をつけ、マスクを装着し、距離を置き、手をよく洗い、肉体、メンタル、スピリットを強化することです。

そのようにしていけば、ウイルスは自然に消滅していくでしょう。自分たちが探しているものが見つからないからです。人の社会にまだ餌があると見なす限り、彼らは存続するでしょう。

Chapter16
恐れが支配する過去へ引き戻される人類――トランプの言う「宇宙軍」

今まで宇宙からの光線についてお伝えしたことはあまりありませんでした。あなた方の世界でも、赤、青、緑、黄、ゴールド、白など、各色はどんな意味を持ち、どんな効果があるかなど、いろいろ言及されているでしょう?

私たちは、プレアデスのアルシオネ、特にシリウスのセントラル・サン、アルファ・オメガから来る光線と深い関わりを持つ者です。あなた方はアルファ・オメガの144光線を、何も知らないで受けています。各光線には特徴と役割があります。各色を通して働く存在も異なります。サルビア、セージとか、焚いて使用する草とも繋がっています。クリスタルとも関係します。

アルファ・オメガの144光線の中には、さらに高い霊的部分があります。それは144光線の多次元的部分です。20次元、30次元、40次元といった存在の世界です。その下には天使、大天使の光線が存在しています。彼らは管轄している世界に対して、それぞれが担当している光を分配しています。

そのようにして、あるヒエラルキーから、より下のヒエラルキーへと光は伝えられて、やがて地球にも届きます。届いた光は、地球の神々、火、水、土などの神々の霊的レベルに応じた波動となります。アルファ・オメガの144光線をどこまで受容できるかは、各存在の霊的高さと関係します。

あなた方も霊的プランにおいて進化し始めるにつれて、自分のエネルギーに相応する光線と繋がり始めます。進化し続けていけば、より高い光線にアクセスするようになります。

パワースポットとは何を意味しているのでしょうか。その奥に神聖なテンプルがあることを意味します。その場所に光のポータルがあり、そこから50㎞、100㎞といった深さにある別の次元界に、神々が存在する光のテンプルが存在しているのです。各光のテンプルは、そこの神々の霊的レベルや性質に応じて、アルファ・オメガの光と繋がっています。

一般にエネルギーの高いパワースポットは大都市の近くにはありません。アクセスの困難な山々に存在します。アクセスが容易であれば、人はすぐにそのエネルギーを台なしにしてしまうでしょう。

例えば、富士山。富士山は全くのパワースポットのポータルです。富士山の真ん中には女神、神々、光の地球外生命体のテンプルが存在します。

一方、闇の地球外生命体が出入りしているところがあります。彼らは身を隠すために火山の断層を利用し、そこに基地を持っています。適当に出入りしているのではありません。異次元の出入り口を持っています。

人々はUFOが海上で消えた、山で消えたと言いますが、彼らは別次元にシフトするので、あなた方の視界から消えたように見えるだけです。

光の存在と同様、出入り口があります。しかし、光の存在は意識で移動できるので、移動のために必ずしも光の船は必要ありません。

また、アシュタター・シェランなど高い光の存在の船は、人の肉眼で見えるものではありません。アシュター・シェランの下で働く数千万の光の船体が、人類や別の地球外生命体に見えるようなものであれば、危険を冒すことになります。闇の存在は、非常に進化した戦闘技術があるからです。

ご存じのように、アメリカには地下基地があります。アメリカの最先端のテクノロジーは、全て闇の地球外生命体から移譲されたものです。アフガニスタンで使用されたドローン、戦闘機など、彼らのテクノロジーをもとに製造されたものです。

現在、アメリカは地球外生命体と戦争したいと思っています。アメリカと協力している地球外生命体にとって脅威となる地球外生命体を崩壊したいのです。

先日触れた、トランプが「宇宙軍を創設する」と言った意味はそこにあります。日本政府もそれに参加すると表明しました。

想像してみてください。日本はアメリカのように、地球外生命体とコンタクトを取っているわけではありません。地球外生命体のこともよく理解していません。では、アメリカはどうして日本の参加を望んでいるのでしょうか。お金です。でも参加すれば、日本も地球外生命体のターゲットとなります。

パワースポットについてお話ししましたが、一見パワースポットと地球外生命体は関係ないように見えますが、関係しているのです。邪悪な地球外生命体は、日本の大都市の近くに基地を保有しています。名古屋、大阪、東京、横浜などです。別次元にありますが、あなた方の近くにいます。このテーマについてかつてお話ししたと思いますが、そういう意味でのパワースポットもあるのです。ネガティブなパワースポットも大きな力があります。

これはあなた方にとって大きな問題です。あなた方の世界、神々にとっても大きな問題です。地球のアセンションにとっても問題です。

そして現在、コロナウイルス問題。ことはさらに複雑です。医療システムには、未来の医薬品を研究するための十分な財政支援がありません。人類が手にしている今の医薬品は典型的な毒物です。

どうしてもワクチンで対処したいと望むならば、それは副作用も副反応もない、人体のメカニズムにとって無害なものでなくてはなりません。そのためには、科学者に任せることが必要です。でも真実に従って行動する正しい科学者です。彼らはウイルスについてよく知っています。

しかし、そういう全く新しいタイプの薬を開発するには、時間と費用がかかります。一方、あなた方の国やアメリカのような国々では、何十兆、それ以上のお金を戦闘機など防衛費につぎ込んでいます。

日本は20年前、現在の1／10の経費を防衛費に当てていました。今はその1／10のお金を医療に当てています。そのように物事を進めています。さらに医療費を削減したいと考えています。だからPCRも広げたくありません。デジタル化、テレワーク、オンライン化を推進するためにもお金が必要だからです。

日本、アメリカ、ドイツ、フランス、イギリス、オーストラリアなど富裕国を通して世界のオンライン化を推進し、人々を別々にするという闇のプロジェクトがあります。

ちょっと想像してみてください。人が家から出なければ、子供は幼少時からオンライン教育を受けることになります。子供はデジタル教育で育つ社会になります。そうすれば、人の頭にはデジタルだけが入るようになります。これによって国は何をしようとしているか分かるでしょうか。あなた方の頭をデジタル化することです。過去の時代に戻すことです。日本の場合は封建制度に戻ります。

アメリカも同じです。黒人に対してアメリカで起こっている問題は、宇宙の歴史で起こったことです。黒人が力を持っていたオリオンのリゲルでは、同じことを他の人種に対して行ったのです。リゲルには高いテクノロジー文明がありましたが、邪悪で恐ろしいものでした。黒人が白色、赤色、黄色人種などを虐待しました。現在、投げたコインが戻ってきたのです。

私たちはこの時代、彼らにその責任があるなどと言っているわけではありません。現在、アメリカはアジアを含む複数の人種の集まりです。白人は黒人よりもっとアメリカ人である、アジア人よりもっとアメリカ人であるということにはなりません。白人のアメリカ人はネイティブではありません。純粋なアメリカ人はホピ族などのインディアンです。

現在、あなた方は権力闘争の時代、強い者が弱い者を制する時代を生きています。そのため過去の恐れがこの時代に戻ってきます。誰がこの恐れの感情を煽っているのでしょうか。地球外生命体です。

さて、何回か前のメッセージでお伝えしましたように、あなた方はロボット化した惑星から来たので、あなた方の生体電気システム、つまり中枢神経にはコロナウイルスが入りづらい仕組みが働いています。

私たちは日本では6月ぐらいまでにパンデミックは収束するでしょうと言いました。しかし、国民は収束とは正反対のことをしています。国も反対のことをしています。コロナウイルスを利用して陰で不正、収賄を行い、デジタル化、オンライン、スーパーシティを目指しています。

国民全員に約束した10万円でさえ、いまだに届いていない人もいます。それは国、行政が機能していないことを意味します。

日本ばかりでありません、イタリア、スペイン、イギリスもそうです。必要なお金が国民に行き渡った唯一の国はドイツです。唯一国民目線で救済を行った国です。でも、そのドイツでもコロナウイルスは増えています。フランスもスペインも再び増え始めています。日本もこれからもっと増えるでしょう。それは人類が2020年の春に突入したサイクルは、闘争に満ちて問題が多く、大変困難なことを意味します。

しかし、それをネガティブに捉えれば暗くなり、前に向かって進めなくなるでしょう。このようなことをお伝えするのは、現在日本や世界が歩んでいる現実のプロセスを理解して頂きたいからです。

若い人たちを見てください。彼らは他を尊重しません。どうして国は、若者が周りの人を尊重し、マスクを使用するよう強要しないのでしょうか。経済のためです。国を動かす者にとってそんなことは重要ではありません。ひたすら自分たちのプロジェクトを推進していくことだけを考えています。

アメリカを見て下さい。人としての常識を逸脱した指導者が、世界で最も武器を保有する国の大統領です。ヨーロッパは誰の司令の下に動いているのでしょうか。ドイツ、次にフランスです。それ以外のEU諸国は何もできません。従うだけです。

世界はそのように動いています。その世界に光を投じるために、あなた方一人一人が立ち上がらなくてはなりません。集合意識に左右されないように、自分の身体、メンタル、エモーショナルに気をつけなくてはなりません。

権力争いはさらなる存在を引き寄せます。「青い地球外生命体」と私たちが呼んでいるグループがいます。彼らも悪と戦うために地球に入り始めています。彼らは非同盟の存在です。光ではありませんが、現在の地球を支配しているシステムを崩壊させたいと思っています。どうしてでしょうか。地球を心配しているからです。

地球は強い太陽フレアの影響を受けるようになってきました。地球にとって有害な光線が強くなっています。それは地球の磁場を弱めます。そうなればいろいろなことが起こってきます。

日本は自給自足の国にならなければなりません。生存していくために60％以上の食料を輸入しています。唯一車の輸出に頼っていますが、車を作るための部品、原材料も、多く中国などの諸外国に頼っています。この先、お金があったとしても日本に食料を輸出する国がなくなるかもしれません。

どうしてでしょう？　日本は世界のリーダーになりたいと思っています。海外のリーダーは、日本のコロナウイルスの状況を疑い始めています。なぜこんなに感染者が少ないのかと。日本は少なく見せかけています。日本は世界に対してリーダーでありたいという傲慢な姿勢を貫いているので、海外は日本を横目で見始めています。でもそれに気付いていません。

これは封建主義から来る過去のプライドです。過去が蘇ってきます。日本にはもっと、もっと光が必要です。目覚めた人、調和、平和、結束が必要です。日本の神々は国の動き、国民の無関心な動きに対して大変憂慮しています。

私たちは「仕事する」ヒーラーを必要としています。仕事するというのはエネルギーを活用するという意味です。自分のためだけに使ってもいい、とにかくアクションを取るヒーラーが必要です。多くのヒーラーが眠っています。自分で目覚めなければ誰も起こしません。

神々や光が、各ヒーラーが繋がるエネルギーや存在を通してあなた方の世界に入り、この大変化と浄化のプロセスを助けることが急務です。完璧である必要はありません。

ヒーリング実践者、宗教家、気功のマスターなど、世界中のヒーラーは、母なる地球に平和、調和、光をもたらすように心を一つにしてほしい、ヒーラーでなくても誰であれ、母なる地球のために動いてほしい、それが人類に対して私たちが望むことです。

Chapter17 国家計画を後押しするコロナウイルスと地球外生命体

どの国でも若者はコロナウイルスの格好のターゲットになっています。多くの若者は何も考えていないからです。人生をファンタジーのように捉え、好きなように生きています。それではコロナウイルスは簡単に入っていきます。

彼らには生命エネルギーがあり、力、夢、エモーションがあります。でも、今の若者の夢やエモーションは、一昔前の若者のように現実的なものではありません。

彼らは知識だけの教育、人工的な食事で育てられました。昔のように、スピリットやメンタル、心が育てられていません。メンタル、スピリット、マインドの力が弱ければ感染しやすくなります。

コロナウイルスはその弱さを利用して侵入します。彼らは若者のエネルギーを欲しています。コロナウイルスは若者に対して何をするのでしょうか。若者のＤＮＡや細胞の仕組みをコピーし、若者のエネルギーを利用して新しいウイルスを進化させていきます。

今Ｃｏｖｉｄ19と呼んでいますが、実際Covid25かそれ以上かは分かりません。コロナウイルスは人体を利用し、さらに強く賢いウイルスを作っています。高齢の人はすぐ殺してしまいます。興味ないからです。若い人を好んでいます。なぜでしょうか。

地球外生命体にも若者のコピーを作るプロジェクトがあります。若い女性を利用してヒューマノイドの子供を作り、後にインセクトソイデやレプティリアンとかけ合わせることを考えています。目的は「完璧な種」を作ることです。

男性も同じように使われます。レプティリアン、インセクトソイデ、ヒューマノイドを混合し、完璧な種を目指します。後に彼らを地球に送り込み、レプティリアン、インセクトソイデ、ヒューマノイドの天国を作りたいと考えています。

地球は素晴らしい惑星ですが、二元性が強いため侵入しやすい惑星の一つだということを知っています。彼らは地球がアセンションしようとしているのを知っているので、何かが起こる前にアセンションのプロセスをブロックしようとしているのです。

一方、地球外生命体イルミナティがやってきます。今まで活動していた者たちと異なる種のレプティリアン、インセクトソイデ、ドラコなどです。イルミナティは、既存の地球外生命体と協力し合い、彼らにとって邪魔な人類の人口を減少させようとしています。

コロナウイルスの目的は現行のシステムを崩壊させ、新システムを作ることにあります。彼らは人類を崩壊させ、後に地球外生命体に明け渡すプロジェクトのために誕生しました。

つまり、コロナウイルスはレプティリアン、インセクトソイデ、ヒューマノイド、ドラコ、一度追放され再び戻りつつある神々と呼ばれていた地球外生命体などと関わっています。イルミナティとは異なる、地球に執着ある存在たちです。

では、あなた方の国は何をしているのでしょうか。何もしていません。国も自分たちのプロジェクトを遂行するためにこのチャンスを利用しています。従って、さらに人が亡くなるよう物事を黙認しています。彼らにはその意識はありませんが、そのように促されています。そのため国民が求めているPCR検査も進まず、医療従事者へのサポートも熱心ではありません。

コロナウイルスが国内に蔓延しているのを尻目に、デジタルマネー、オンライン、テレワークを強化し、人口都市、スーパーシティを建設しようと指揮棒を振り回しています。今直面している問題を忘れて、人類、市民を分裂させるべく、別の社会システムを作ろうとしています。これが現在の政治の目的です。

その意味において、あなた方の国はパイオニアです。コロナウイルスの問題を乗り越えてもいないのに、新しいことに着手しようとしています。国民のために使わなければならないお金を、国民に当てようとしません。カードシステムを中心に、肉体、メンタル、スピリットに有害な高周波電磁波によりコントロールされた人工的な国にする、これが彼らのプロジェクトです。

彼らの背後には闇の秘密政府が存在し、世界の主要国の政府を動かしています。為政者は自分たちがしていることの本当の意味をよく分かっていません。

コロナウイルスは人数をコントロールするために来たので、結果として国がすることを後押ししています。それにより世界中の為政者は大きな力を持ち始め、行き過ぎた権力を行使しています。日本では海外のように自由を奪うところまで至りませんでしたが、貧しい人々を無視し、国民のプライバシー情報全てにアクセスできるシステムを急ぐために、コロナウイルスを利用しています。

彼らには2つの社会、富裕層と権力者からなる社会と、貧民の社会を作るプロジェクトがあります。大都市は貧民を拒絶し遠ざけようとします。貧民は彼らにとって邪魔です。それが現在の国の目的です。コロナウイルスは人々を分ける口実を与えています。日本だけではありません。アメリカを見てください。

トランプの背後にはインセクトソイデがいますが、人がどれだけ死のうが無関心です。彼と、彼と同類の人々が残ればで良いのです。何が何でも選挙に勝ちたいと思っています。国民をウイルスから守ることをせず、どう選挙に勝とうとするのでしょう？　頭の中ではベルリンの壁のようにアメリカとメキシコを分けようとしています。

あなた方の国もそうです。コロナウイルスが人々を苦しめているこの時を利用して、あなた方から自由を奪い、権力を行使しようといろいろ画策しています。平和憲法を変えようとしているのもその一つです。

あなた方の憲法はその意味で弱点があります。日本の平和憲法は、国民の利益のために改正しなくてはなりません。まず、最高裁判所は国民の味方でなければなりません。

不正、収賄まみれの政治家には刑罰があるのが当然です。日本の政界は不正、収賄がひどくなる一方です。事実上自由に不正ができます。誰も罰を与えません。ですから憲法には、国のトップであろうが、不正を犯した者には懲罰を科す条項を挿入するべきです。

国は国民の口を封じ、権力を強化するために憲法改正を急いでいます。国民が口を開けば刑務所行きとなります。

それは闇の秘密政府の命令です。彼らはそのことを理解せずに協力しています。権力、権力を維持するための権力が欲しいだけです。国民に相談することなく自分たちのしたいことを実行していく、そのための絶対的権力を手に入れたいのです。それが憲法改正の真の意味です。

今までも国民に相談することなく、やりたい放題してきました。国民は娯楽がある限り黙っています。声を上げることはありません。

コロナ禍の今、国民は口をそろえて物を言う時です。あなた方のことを考える本物の為政者を舞台に上がらせる時です。でも国民は誰を選んでも同じだと、初めから諦めています。苦しい生活をしていても何もしません。若者も同じです。日本の若者は自分たちのための未来を追求しようとしません。

Ｃｏｖｉｄ19はラボラトリーで作られましたが、さらに強いタイプのウイルスを生み出す力があります。人類は別のウイルスを作り出す能力のあるウイルスと戦うことができるのでしょうか。

誰かがその背後にいて、誰かがこういった全てのプロセスをモニタリングしています。地球外生命体です。地球外生命体がＣｏｖｉｄ19をモニタリングしています。

現在、日本では何が進んでいるのでしょうか。日本人はＤＮＡの相違により今回のコロナウイルスによる被害はそれほど大きくならないはずでした。でもここをよく聞いてください。

目下、コロナウイルスは日本人のＤＮＡや細胞、神経システムをコピーし、研究しています。

日本人も免疫が効かないように、自分たちを変化させようとしてます。そのため、最初の時のようにいかなくなる可能性があります。

去る3月に国がしかるべく対応していれば、ウイルスを進化させることはなかったのですが、最初の対応をしくじったため、若者を通してコロナを温存し、進化させていくチャンスを与えてしまいました。Ｃｏｖｉｄはあなた方を手中に収めようとしています。時間の問題です。

あなた方の為政者はＣｏｖｉｄ19を扱う力がありません。ウイルスと正面から向き合う意志がなく、経済ばかり見ているからです。自治体の為政者、知事や市長も同じです。真剣に取り組んでいる人もいますが、多くは感染者が増えても、何も起こっていないかのように見ています。

今すぐアクションを取れば物事は変わるのです。でもしません。そのうち減少して消滅するだろうと考えているのかもしれませんが、そうはならないでしょう。コロナウイルスはしばし休んでいるだけです。

人のＤＮＡをコピーし、クローンを作り、あなた方のＤＮＡを変えようとしているコロナウイルスがあります。様々な種類があります。あなた方には20年かかる作業です。彼らの変化する能力、速さを見てください。

次第に、日本人は今までのように免疫を発揮することはできなくなるでしょう。彼らがあなた方のＤＮＡ、エネルギー、細胞のメカニズム、神経系をコピーし、クローンを作り始めれば、それも終わるでしょう。他国で起こったこと、起こっていることと同じようになる可能性があります。

どうしてそうなるのでしょうか。国民の責任という問題があります。あなた方はしばしば他人に対して自己責任という言葉を口にしますが、本来「自己責任」というのは、このような時使われる言葉でしょう。

国民は国の言うことを無視したり、丸飲みしたりしています。緊急事態宣言は解除された。全国どこへ行ってもいいと言われたから、急いで遊びに行く。

でも国が皆さん自殺してくださいと言ったら自殺するでしょうか。しないでしょう？　あなた方は自分が何をしたいかよく知っています。国が命令しても、あなた方にとって都合が良いことはしますが、そうでないことはしません。都合が良ければ、国の意図に従って行動します。

でも国の真意を考えようとしません。ここは大切なところですからよく聞いてください。国はお金を作るために国民を利用しているのです。国は今莫大なお金を必要としています。人々は娯楽を通して、かわいい、楽しいと感じるモノを通して、国が言うことに従って行動します。

それでは人は自分のアイデンティティがなくなります。本来、国があなた方に言った、命じたからではなく、あなた方自身が何をすべきかを決めて行動すべきものです。

誰が為政者を選んだのでしょうか。あなた方です。なぜあなた方は、為政者が命じる「目的がよく分からないこと」に従って、行動しなくてはならないのでしょうか。国民が為政者を選ぶのです。誰が最後の言葉を持つべきでしょうか。国民であるはずです。そうでしょう？

政治の力、社会の力、経済の力、決定力、それらは誰が持たなければならないのでしょうか。国ではありません。国民です。最後の言葉を持つのは国民です。

国を動かすお金はどこから来るのでしょうか。どこから社会を動かす力が来るのでしょうか。全て国民から来るのです。社会を動かしているのは誰でしょうか。国民です。あらゆる労働者が存在する社会、国民、これが国の原動力です。政府ではありません。

でも、この国では国民が決定しようとしません。面倒くさい、未来を考えたくないと、過去の封建的なエネルギーに甘んじています。それでは自分や自分のスピリチュアリティを、時間と空間に置き去りにすることになり、自分のアイデンティティは昔のままです。一方時代は変化しています。過去ではなく、時代に沿ったリーダーを必要としています。

若者を見てください。選挙に行きません。選挙に行っても誰に投票しているのでしょうか。強い党を支持しています。国民の利益を守らない党です。

このデリケートな状況で、国民には大きな助けが必要です。国民を守る誰かが必要です。でもどこにその助けがあるでしょうか。職を失った人々がいます。企業が倒産しています。でも国は真剣に助けようとしません。デジタル化のためのお金はあります。大企業を儲けさせるためです。国民は大企業が提供するものを買うように促されています。

このような生き方では、あなた方はコロナウイルスに対する免疫を失います。コントロールされているからです。不正にまみれ、国民の利益と反することをし続けているにもかかわらず、国民は国を信じ続けています。

国民を守るよう国に要請しなくてはなりません。まずコロナウイルスからです。新しい時代に向かってこの状況を乗り越えられるよう、国民を助けることを要請しなくてはなりません。これは国のなすべき義務です。

一方若者はコロナウイルスを恐れていません。恐れに対して挑戦しています。無責任な若者が大変多くなっています。それでは地球外生命体の餌となり、彼らにより利用されるでしょう。

若者の食生活、甘いもの、油もの、遺伝子組み換え食品、ナノテクノロジー、ケータイ依存、パソコン依存、ゲーム依存、この特徴を備えていれば、地球外生命体によるアクセスは簡単です。必要なもの全てを兼ねそろえています。

外見は美しくても血液や細胞が汚れています。地球外生命体はそういう若者を研究材料にします。テスト、コピー、クローン化され、遠くない将来、彼らの世界に連れていかれても不思議ではありません。彼らは地球にカオスを起こし征服する計画に、若者を利用したいと考えています。そのように地球では物事が進んでいます。あなた方が意識を変えようとしないからです。

Part5

近未来あなたに起こること

Chapter18
「進化とお返し」のプロセスに入った地球

現在地球は32度で回転しながら、非常に複雑でデリケートなプロセスを通りつつあります。人類にとって大変危険な状態ですが、あなた方の意識はそこにありません。

今まで因果応報の法則は物質界では、しかるべき形で働いていませんでした。これからは法則が働きます。地球は「進化とお返し」のプロセスに入っています。お返しとは、「人類から受け取ったものを返す」ことです。

まず、これから大都市は危険な状態に入ります。今日は地球のインナーサン、シャンバラ・アガルタに直接出かけて得た情報です。これから安全なところは活火山のない山岳地方です。

特に東京。東京湾の断層が動けば、東京湾は沈むでしょう。カジノプロジェクトも沿岸の高層マンションのプロジェクトも海に沈むでしょう。関東地方の3つの河川や今まで河川、湖、海などを埋め立てたところは大変危険です。

三浦半島で臭いがすると騒がれているようですが、それはこれからやってくるものの警告です。これは温泉の臭いではありません。コンクリートやセメントの下に埋められた海の腐った臭い、汚染の臭いです。

海を埋め立てて作られた関西、中部国際空港も海に沈む可能性があります。関東から九州にかけての太平洋沿岸も十分に気をつけてください。

今まで人類は地球に対して火遊びをしてきました。火遊びすればやけどします。リニアモーターカーは人類の最悪のプロジェクトの一つです。地核の表面を破壊し、弱体化させ、いつか沈むことになるでしょう。自然の力の前には、どんなセメントやコンクリートも耐えられないでしょう。

巨大フレア、これもこれから起こることです。これはあらゆるテクノロジーを崩壊させるでしょう。そうなればアナログに戻ります。より進化したアナログです。巨大な太陽フレアがあれば、コロナウイルスは消滅するでしょう。しかし、人も耐えられないでしょう。現在、多くの人類の中枢神経は退化し、コントロール機能がうまく働いていません。

地球全体では、中国は自分のプロジェクトにより自分の首を絞めるでしょう。ロシア、日本、ヨーロッパ、アメリカも同じです。地球は人が行ったもの全てをお返しするでしょう。本物の因果応報の法則が働き始めています。

現在の文明は臨界点に達しました。各国に君臨する権力者の進みでは大浄化しか方法がないでしょう。

これからさらに大量のエネルギーが降り注いできます。それにより人の中枢神経のバランスが崩れやすくなります。メンタル、マインドを強化し、攻撃的にならないよう、ネガティブなエネルギーを放射しないように気をつけてください。一人一人のお試しです。

光あるところでは、「自然のお返し」も和らぎます。光なきところでは、「お返し」が厳しくなります。本物のヒーラーを育てることです。全てが崩壊しても光が残ります。本物のヒーラーは、現象の向こうにある光を信じて進む人です。

意識の変化の時です。今までやってきたこと、積み重ねてきたこと、スピリチュアリティの基本は、いつか自分を守るでしょう。ヒーラーは、自分が許された光を通して、向こうにある別の世界との繋がりを創造し、メンタル、スピリット、意識を拡大しながら進み続けていくことです。

これからも世界はお金、経済のために何でも受け入れるでしょう。それはさらなるカオスを引き起こしていきます。コロナウイルスがこれ以上拡散しないように自他を尊重し、よりポジティブで、高い人類の集合意識を生み出すように一人一人が努力してください。

本当にそうなった時、コロナウイルスは自然に消滅していくでしょう。今回のコロナウイルスは個人、人類のお試しの始まりだということを忘れないでください。彼らは人類の生き方次第で進化し続けていきます。

Chapter19

コロナ禍で進行しているもの——人間イルミナティと地球外生命体イルミナティ

政府、医療機関、国民は、コロナウイルスは言われているほど大したことなく、若者は免疫が強いのでほとんど死に至ることはないとの見解に納得しています。

２０２０年7月現在、日本における感染者は2万数千人とか言っていますが、実際はそれよりずっと多いでしょう。いつものように隠しているだけです。コロナウイルスは日本中に広がっていますが、それは日本全体に網を張っていることを意味します。

コロナウイルスは、あなた方に侵入するために何が足りないか、あなた方のＤＮＡを研究しています。若者の無責任な行動を利用して社会全体に広がり、潜伏しています。彼らは人数を必要としています。だから今は若者を攻撃しません。もっと多くの人々を攻撃したいのです。

日本では他国に比べ、コロナウイルスは中々広がらない、その理由について日本人のＤＮＡの起源に触れたことがありますが、もう一つ興味深い現象があります。

日本人は昔から今日に至るまで、形こそ変化しましたが、封建的な世界に住み続けています。あなた方の精神、意識、スピリチュアリティ、エモーション、感情は、いまだに封建時代のエネルギーで振動しています。コントロールの固いエネルギーです。そのため日本社会は柔軟性に欠け、21世紀の今も独特な固さが根底に存在しています。

封建主義はメンタル、マインド、意識レベルで大変強いエネルギーです。

日本人は以前お伝えした起源の惑星、及び長年にわたる封建制度によるコントロールのエネルギーが刻まれているＤＮＡを持っています。今日本は国家権力を強化し、再び過去の歴史を繰り返そうとしていますが、皮肉にもそのコントロールのエネルギーにより、コロナウイルスは容易にあなた方のＤＮＡに入ることができないでいるのです。

欧米人にはこのタイプの封建的コントロールがなく、もっと自由でオープン、かつ柔軟性があるので、ウイルスも入りやすいのです。

現在、コロナウイルスはあちこちに飛び火している状態です。若者は医者が自分たちは症状が軽いと言っている、だから大丈夫と信じ、マスクもしないで大声で笑っていますが、何が起こりつつあるのか知らないのです。コロナウイルスは静かにあなた方のＤＮＡを研究し続けています。

医療の世界も封建時代のエネルギーで振動しています。言いたくても言えないことがたくさんあります。医師会から攻撃されたり、医師として仕事を続けられなくなったりするからです。

福島の時と同じです。医者は放射能の害を認めてきませんでした。職を失うからです。科学者は発言できます。医者でないからです。この国では医者が真実を言えば迫害されることが多々あります。医師として仕事を続けるためには沈黙しかありません。

それはコントロール以外の何ものでもありません。公の場で口をすべらす医者もいますが、翌日全く違った見解を伝えていたりします。意見を変えたり言い方を変えたりしています。思いがけなく口に出してしまったことに対して恐れを抱くからです。

政治家にもそういう人がいるでしょう？　皆コントロールされているからそうなるのです。あなた方の社会はそうなっています。問題を避け、身を守るために自分の意見を曲げたり変えたりします。

日本の若者は免疫が強いと言いますが、免疫の問題ではありません。免疫だけを見れば、一般に日本人は欧米人より弱いというのが私たちの見解です。

スピリチュアル、メンタル、マインド、肉体などのレベルにおいて、彼らは日本の若者よりずっと強化された柔軟性のあるＤＮＡを持っています。彼らは封建的なコントロールを受け継いでいないからです。

彼らは昔からいつも戦ってきました。戦いは悪いものです。しかし、良いものももたらしました。意識や精神の解放です。時には占領するために戦い、時には占領から解放されるために戦ってきました。常に自由と解放、自由な考えを求めて戦ってきました。

でも日本人には、自分たちの解放、自由になるために戦った歴史がありません。いつも封建制度に甘んじてきました。

コロナウイルスはそうそうこの国を離れることはないでしょう。あなた方の周りを回り続け、感染を広げていくでしょう。そして攻撃を始めるでしょう。

あなた方のＤＮＡのコピーを手に入れ、全ての準備が整った時、高齢者だろうが若者だろうが子供だろうが、攻撃するでしょう。その瞬間を待っているのです。

現在の日本は、為政者が国民に対して全権を握っています。国民が動かないからです。国民はオンライン、テレワークを望んでいます。楽だからです。

どうして楽なのでしょう？　コミュニケーションを望んでいないからです。コミュニケーションを取らない方が楽だと感じている人がたくさんいます。挨拶もしたくないと思っています。おはようございます。こんばんは。おやすみなさい。元気ですか。最近体調はどうですか。このような会話をしたくないのです。人のことに興味ないからです。

今日本で起こっていること、コロナウイルスの感染、洪水などの自然災害など、自分とは無関係のように振る舞っています。いつも同じことの繰り返しです。国民の間に結束、団結がないからです。

日本は国境を持たない国です。でもメンタル面で国境が存在しています。それは封建制度によって植え付けられたものです。

いまだにその過去と似たようなエネルギーが存在しています。何かが起こっても、何も起こらなかったかのように何も知りたくないという思いがあります。国境のない国にもかかわらず、よそ者嫌いという感情が存在しています。各県は、他県の苦しみには無関心でいます。それは国内に国境があることを意味しています。

かつての独裁者間の戦いの意識、その精神がまだあなた方のＤＮＡの中に存在しているため、よそ者嫌いという潜在意識があります。日本のスーパーコンピュータが世界一になっても、いまだによそ者嫌いが存在します。人のことを思いやるヒューマニズムが欠けているからです。

そのため封建的なエネルギーが、あなた方のＤＮＡ、メンタル、マインド、スピリットに存在するのです。封建主義は日本の諸悪の根源です。もちろん皆がそのエネルギーで振動しているわけではありません。若い人でもボランティア活動など、分け隔てなく心から人助けをしている人もいます。でもそれは一部です。

どうしてこのようなことに言及しているのでしょうか。この時代、霊的結束が大変重要だからです。物質、非物質の地球外生命体イルミナティが、人間レベルのイルミナティである為政者を通して、日本の地に侵入するのを防がなくてはなりません。そのためには、人々がマインド、メンタル、エモーショナルレベルで結束し、強いエネルギーを作ることが必要です。結束が国民の中に生まれないので、人間イルミナティはやりたい放題のことをしています。彼らは政治を通して、地球外生命体イルミナティがあなた方の土地に侵入すべく、様々なことをしようとするでしょう。

為政者である人間イルミナティは、その後自分たちを待っているものを知りません。彼らは地球外生命体イルミナティによって連れ去られ、消去されることになるでしょう。国民だけではありません。彼ら自身もそうなるのです。イルミナティのプロジェクトは人によってスタートしましたが、地球外生命体イルミナティによって完了するのです。

彼らはプレアデス、シリウスやオリオンの黒魔術集団など、恐ろしいほどのネガティブエネルギーを持った知性の高い存在です。光の世界から追放された存在で、できる限りアセンションが宇宙で起こらないよう支配するために、地球などの惑星に来ようとしています。

日本や欧米の政府は彼らに協力しているのです。

現在、物事は本来そうなるはずであるという形で進んでいません。為政者の間で、国民の中でも衝突や対立があり、分裂が存在します。人類は今までにないほどバラバラになってきています。

コロナウイルスでも自己責任を果たすためにマスクなどして気をつけている人々がいれば、マスクをつけるのは意味がないと何もしない人々がいます。マスクをつけない、何の注意も払わないで感染すれば、自分ばかりでなく他の人々に感染を広げることになります。でもそのことすら意識をしていません。

あなた方の国の法律は、努力している人々を守りません。何も考えない人、問題を引き起こすような人には優しくできています。お金、経済のためです。厳しくすれば多くの国民が彼らをサポートしないことを知っているからです。特に自他の感染に全く無関心の人々は、彼らをサポートしなくなるでしょう。

政府はそのサポートを必要としているので、状況を放置しています。各人が自分でコントロールすれば、次第にコロナも薄まりこのパンデミックを乗り越えていける、そう思っています。でもそれは本当ではありません。

日本の60~70%は自己コントロールができていません。ヨーロッパ諸国と比較しても自己コントロールができていません。日本人はあまり気をつけていません。それどころかコロナウイルスがさらに拡散するように問題を大きくしています。

あなた方の国がしていることを知ることが大切です。国民の血税を無駄に使っているどころか、存在しないバーチャルのお金を引き出し続け、湯水のように借金を膨らませ続けています。そのお金はどこに行くのでしょう？　あなた方のところでしょうか？

ロックダウン、これは日本経済が地に落ちることを意味します。政府はそれを恐れています。経済が崩壊に向かえば権力を失うからです。与党内部にも権力闘争があります。だから与党内の問題、与党を支持している大企業との問題はどうしても避けなくてはなりません。

このような状況の中で、あなた方は何をしなくてはならないでしょうか。自分の内側を見なくてはなりません。テレビを見ても役に立ちません。たとえ良い番組であっても、多くの国民が意に介さないからです。見ても無視しています。だから良い番組であっても、実際役に立っていないのです。

重要なのは、あなた方一人一人が自分の内側を変えることです。このように大変複雑な状況の中で、あなた方はどうしてこんなにのんびりしていられるのでしょう？　明日は明日の風が吹く、政府のしていることは自分の問題ではない。そうではありません。これは重要なことです。あなた方の未来に関わることです。

このまま行けば、現在起こっていることに興味のない人々は、自分の仕事を失うことになるでしょう。気がついた時、自分たちの代わりにロボットがコンピュータで仕事しているでしょう。あなた方が時の流れに任せて何もしなければ、その時が来るでしょう。日本全体をデジタル化すれば多くの人が職を失うでしょう。

Chapter20
今、この時、宇宙のコマンダーを愛する、その意味は

私は時の神コマンダー・ヤサミル、コマンダー・アシュターシェラン、コマンダー・トランク、コマンダー・アルコンなどのコマンダーを深く敬愛しています。宇宙のコマンダー、地球のコマ

ンダーは、地上と、宇宙、地球を繋ぐ多次元世界を統治している神々です。

あなた方人類は、コマンダーや光の存在と同様、自分のメンタル、意識、スピリット、肉体に、神聖なエネルギーの粒子を持っています。

それはあなた方はコマンダーの一部であり、コマンダーはあなた方の一部であることを意味します。コマンダーは全能の意識の土台となるものであり、創造の源から発せられた初発の光であるとも言えるでしょう。

偉大なる源は、コマンダー、大天使、天使、神々、デヴァ、オリシャー、エシューなど様々な自然界の存在、こういったもの全てを統合したものです。コマンダーは宇宙、次元、パラレルワールド、母なる地球を動かします。

地球で人類を創造した平和な神々の次に、人類をコントロールするために来た神々は、最初のイルミナティでした。今から300万年程昔のことです。その邪悪な地球外生命体は、人類の遺伝子操作を行い、神聖なＤＮＡを切断し、あらゆる神知性を取り上げましたが、それはあなた方のエネルギーの中にあった当時のコマンダーの神知性だったのです。彼らはあなた方の神聖なオリジナルＤＮＡを保存し続けています。

イルミナティは〈自分たちこそが全能なる者、至高の存在であり、全てを操作しコントロールできる能力を持っている〉と信じているグループです。長きにわたり、あなた方人類もそのイルミナティにより命令され、コントロールされてきたのです。

今この時代、あなた方のＤＮＡの中で昔機能していたエネルギーを引き寄せなければなりません。そのエネルギーを探さなくてはなりません。地球は人間イルミナティが、社会システム、経済、政治を通してあなた方をコントロールしようとする、難しい局面に入ったからです。

人間イルミナティは、自分たちは他者より優秀な存在で、人類をコントロールするのが使命だと信じています。現在、彼らは本物のイルミナティである危険な地球外生命体のために、知らずして地球への侵入経路を準備しているのです。

人間イルミナティの計画の一つに、食料危機に備え人類の一部を抹消することがあります。日本、アメリカ、ブラジルなど、地球の至るところで、人命よりも経済、つまり金儲け、権力維持中心で進んでいる現実には、このような背景が存在します。

来たる数年後には、水や食料の欠乏、水や食料をめぐる争いが表面化してくるでしょう。彼らは人類を削減し、残りの人類に農作物、水産物、鉱物資源が行き渡るようにしようとするでしょう。人類にはチップを準備し、脳や手に挿入し操作することを計画しています。

あなた方の人生から緑、植物、花など自然界が消滅し、デジタルの世界、人工的な世界のみが存在するようにしたいのです。車は道路を必要としません。全て飛行します。そのような世界を、あなた方の為政者や本物のイルミナティである地球外生命体は、自分たちの目的実現のため、創造したいとしています。

だから言うのです。光の存在を愛してください。彼らがあなた方により愛され好かれていると感じ、劇的な状況を呈した時には、あなた方を助けてくれるように。

このようなことは口にも出したくないのですが、お金、名声、権力に目がくらんでいる為政者を通して作られる危険をお知らせする義務を感じお伝えしました。

地球にいる人間イルミナティが作り出す社会システムによるコントロールが困難になるよう、光の勢力が仕事できるように、自分の意識、スピリチュアリティを高め、コマンダー、光の存在との繋がりを強化し続けてください。一人でも多くそのように努力する人が必要です。

宗教は役に立ちません。宗教は一つのシステムに閉じこめられています。スピリチュアリティを広げるためには自由が必要です。宗教には自由がありません。全部とは言いませんが。

多くの宗教には人間イルミナティに仕えるための条件付きの自由があります。彼らもお金の世界と繋がり、多くのスキャンダルにまみれています。祭壇やご神体にはイルミナティの神々が存在しています。神聖な法則を伝える神々ではありません。本物の神々は姿を消し、イルミナティが入りました。

歴史の一部ですが、これがすでに起こりつつある、これから起ころうとしていることです。複雑で困難な時代の歴史ですが、あなた方の高まり、日々の努力にとっていっそう重要な段階に入ります。常に、そしてどんな時にも光の世界を意識し、繋がり続けることです。

Chapter21
霊的文明の夜明け前に
——デジタル化、マイナンバーを急ぐわけ、国民の力を奪う電子マネー

母なる地球に起こっている変化の結果として、地球は微妙な状態の中を進んでいます。地球における変化について今まで様々な機会にお伝えしてきました。

今日2020年7月末現在、地球は第二の局面に入ったことをお伝えします。「地球の浄化とレスキューオペレーション計画」において、優しい状態の第一段階から、第二、第三、第四段階へと経るにつれて強烈さ、デリケートさを増していきます。現在、その第二段階に入っています。

この瞬間、太陽のエネルギーに意識を向ければ、私たちの父なる太陽はメッセージを送ってくれます。太陽ではたくさんの光の存在が働いています。太陽の熱は、霊的、物質レベルの双方において、大変力強く熱くなっています。それは自然の力、自然の法則、地球の力、地球の法則、宇宙の力、宇宙の法則、あらゆる面で大きな変化があることを意味します。そのため、あなた方人類は大変デリケートな過渡期を進んでいるのです。

今日も焼け付くような日差しですが、太陽は人類がしてきた野蛮なことをこれ以上許すことはできません。物質的太陽ではなく霊的太陽のことを言っています。太陽にはたくさんの光の存在がいます。闇の存在もいます。あなた方の知らない現実です。

太陽の光と闇の戦いは、地球に重力の変化、アステロイドの接近、津波、地震など異常現象を引き起こします。太陽の変化は、地球や地球に住むあなた方にも大きなインパクトを与えます。今平湯にいます。平湯地方一帯の神々、女神、たくさんの存在がここに集まっています。今日はあなた方の文明について、彼らから受け取ったばかりの情報をお伝えしたいと思います。

現在の文明は終焉を迎えつつあります。あなた方の文明は今まで論理的思考に基づいて機能してきました。これからその文明はバラバラになっていくでしょう。限界を超えたからです。

これから前に向かって進むために、母なる地球や宇宙は、あなた方にもっと高い別の文明を要求しています。

現代のファシズム政府の世界と、「現代のブルジョア」である大企業の世界はここで終わるでしょう。人類は別の経済、別の生き方を考えなければならなくなるでしょう。

今の経済を継続することはできません。地球を犠牲にして作り出してきたもの、新しいテクノロジーは役に立たなくなるでしょう。神聖なプロジェクトに反するからです。地球が望む神聖なプロジェクトは、あなた方の法則に反した進みは受け入れないでしょう。そのため、人類のあらゆるプロジェクトは失敗するでしょう。

あなた方は物質的なお金、現金を終わらせ、電子マネーの時代に移行したいと考えています。それは非現実的な価値の時代です。

でもおそらく将来は、電子マネーではなく、地球全体で唯一のお金を使うようになるでしょう。昔、武士の時代に小判を通貨としていましたね。唯一の印が刻印された、小判に似たメタルのお金が存在するようになる可能性があります。それも良いものとは言えませんが。

どうして電子マネーは駄目なのでしょう。あなた方をコントロールするために来る地球外生命体のテクノロジーだからです。それは彼らの電子シティで使用しているシステムです。人類は電子マネーで振動することがあってはなりません。電子マネーは、地球に住みたいと思うあらゆる地球外生命体を引き寄せることになります。

電子マネーを使うにはマイクロチップが必要です。マイクロチップは初めはカードの形を取るでしょうが、人体に挿入することも考えているようです。北欧ではすでに消費経済に導入されていますが、そういったあらゆる情報は政府、県などに送られ、最終的に地球外生命体に送られます。全てメモリーに記憶されます。

人類はクレジットカードなど様々なカードを使用していますが、カードは地球外生命体にとってはアナログです。彼らにとっては、人類が電子マネー、つまりマイクロチップを使用するようにシフトした方が都合が良いのです。政府が推進する電子マネーは、人々をその罠に陥れるものです。

電子マネーを使用するようになった瞬間から、あなた方はそういうタイプの科学に引き込まれていきます。あなた方がなじむにつれて、政府はあなた方にマイクロチップを挿入するように推進、もしくは強要するようになるでしょう。あなた方を常時コントロール下に置くためです。それは自動的に家をオンラインに繋ぐことになります。

デジタル化とは何のためでしょうか。あなた方が家の外ですることはデジタル、オンラインにより全て記録され、全情報は家に送られます。何を消費したか、どこへ出かけたか、何をしたか、何を買ったか、何を食べて飲んだか、あらゆる情報がオンラインで家に届きます。

それはあなた方は支払わなければならないことを意味します。支払いが滞れば政府は懲罰を科すでしょう。刑罰を下すか、家や財産の差し押さえです。あなた方が1カ月仕事をして得たお金はそのまま徴収されるかもしれません。

デジタル化によりあなた方が得る収入は全てコンピュータで管理され、コントロールできるようになります。だから、政府はマイナンバー、電子マネーを急いでいるのです。

次のステップはマイクロチップの使用です。あなた方は考えようとしないので、マイクロチップによって、あなた方をコントロールしようとしていることに気付いていません。その計画があります。

マイナンバーはそのための一つの布石です。電子マネーは次のステップです。お金という物の重さによって保たれている国民の力がなくなり、テクノロジーという力があなた方をコントロールするようになるのです。

ここは大変重要ですからよく覚えておいてください。お金、物質に支えられていた貨幣経済のサポートを失えば、あなた方には自分を守るものがなくなります。電子マネー、それは仮想通貨をベースとしたテクノロジーですから、あなた方には何もなくなります。ふところは〈空っぽ〉です。そうなれば、彼らはあなた方を好きなようにコントロールできるようになるでしょう。

そして、ある時からロボットを使うようになるでしょう。ロボット警察です。だから自動運転の実用化を急いでいます。ある日、ロボット警察が家に来て誰かを連れていっても、周りの人は気付きません。皆家にいて気を取られているからです。

人は自動運転の飛行機、電車、車で移動し、買い物も自動運転で家に届きます。外で買い物してもお金を使うこともなく、人もいなく、全てがデジタル経済化しています。そのうちあなた方は自分が誰なのか分からなくなるでしょう。それが政府が欲しているものです。

人類のトータルコントロールです。住民のトータルコントロールです。そのようにあなた方は彼らの奴隷になっていきます。これが地球外生命体のテクノロジーを通して、アメリカが考案した悪魔的なプロジェクトです。

一方、彼らは別の地球外生命体に対して恐れを持っています。それと全く反対のこと、人類が地球外生命体の奴隷になってほしくないと望んでいる地球外生命体がいます。そのため彼らの間で戦いがあります。

一方、光の存在、光の船隊があり、人類の社会システムが弱体化すれば、その瞬間全てを崩壊させようと監視を続けています。それは光の存在にとって最も難しい部分です。ネガティブな地球外生命体は高いテクノロジーを持っており、一度地球に侵入すれば、排除するのは大変難しいからです。

そこでここの神々、女神はあなた方にとって何が最良のプランかを教えています。「スピリチュアリティ」です。あなた方の頭頂から入り第一チャクラから抜ける光線と繋がり、強い肉体、メンタル、スピリットを作ることです。

第一チャクラから抜けた光線は地球に入っていきます。内部地球には、神々、聖白色同胞団、宇宙の存在がいます。その繋がりがあれば、政府があなた方をコントロール、操作しようとしても、影響を受けることはないでしょう。あなた方には人生を操作しようとする悪魔的な力を防ぐ力があるからです。

平湯の存在たちは伝えてきます。彼ら大自然の光の存在と繋がる人が多ければ多いほど、神々から受け継いだ感情やエモーションを持ち続けることは容易です。今の政府はそういうものをつぶそうとしているのです。

どういう意味でしょうか。電子マネー、マイクロチップを使用し始めた瞬間から、人は人であることをやめることになります。人としての肉体を維持していても、メンタルが変わるでしょう。為政者は自分たちにとって邪魔な感情をあなた方から奪い、あなた方のメンタル、スピリット、エモーショナルや感情的部分を操作していくようになるでしょう。

為政者を見てください。彼らに人間らしい感情やエモーションがあるように見えるでしょうか。隣人を踏みにじるエモーションはあります。彼らにとって国民は敵と同じようなものです。競争相手です。競争相手は不要です。

これから前に向かって進むためには、あなた方は人でなければなりません。人らしく生きることが大切です。あなた方の魂、眉間、シャーマトリナ、チャクラにある霊的コマンドである神聖なエネルギーを維持し続けなければなりません。その目に見えないエネルギーが必要です。

ここ平湯をちょっと見回しただけでも、人はここでも何かしようとしています。ここにある素晴らしい光のポータルを壊し、これ以上何をしようというのでしょう？

光のポータルは、あなた方人類のメンタル、肉体、マインド、スピリチュアル次元の力を強化するために、エネルギーに次ぐエネルギーを放射し続けています。

一方、人は自然の樹木を切り倒し、人工的な木々に植え替え、工事を進めています。それは必要でしょうか。こんな大自然の片隅まで誰が来るでしょう？ 誰も来ないでしょう。

海外からの観光客は忘れてください。観光は国内レベルに集中し、新しいシステム、新たな社会を創造し、もっと健全なやり方で行う必要があります。そうでなければ、豊かさは戻らないでしょう。

コロナウイルス出現の前のように、海外から簡単に集客できるようになることを待っていても、それはないでしょう。お金のために海外に対して扉を開くなら、その代償を払うことになるでしょう。地図から姿を消すことになるでしょう。

海外から入ってくるウイルスは強力です。日本は国土が狭いので逃げ場がありません。この土地を愛し、海外からの侵入から守り抜くことです。

偉大な神々が存在する日本は霊的パラダイスです。あなた方の先祖はその霊的文化をあなた方子孫に残しました。でも子孫であるあなた方は、お金のためにそのかけがえのないものを全て葬り去ろうとしています。海外からの過度な観光客の流入を許すことは、あなた方の先祖や神々に対して大変不敬な行為となります。

あなた方は何も考えていません。唯一考えることはお金や物です。原材料を手に入れ、明確な目的もなく、自然を破壊し、そこに何かを作る。結局それは誰にも利益をもたらすことなく終わります。破壊された自然が残るだけです。

今私たちは太陽の神々と共にここにいます。ここはパラダイスのようです。小川のせせらぎ、小鳥たちの歌う声、一面に咲き乱れる草花。地球や国を汚せば、あなた方はこのパラダイスを楽しむことはできなくなります。その代わりテクノロジーを楽しむことになるでしょう。

人体はあるレベルの電磁波まで耐えるように準備されています。人類は地球に住んでいます。宇宙に住んでいるわけではありません。大量の電磁波を耐えられるようにできている地球外生命体の体を持っているわけではありません。

あなた方の国のプロジェクトでは、電磁波はおそらく1000倍増えるでしょう。あなた方の脳、肉体、メンタル、マインドが耐えることができなければ、死ぬか頭がおかしくなるでしょう。スーパーシティなどを作りたいという妄想が勝てば、どれだけの人の頭が変になるでしょう？

そうなれば、頭のおかしな人が遠隔でバスを運転する、遠隔でタクシーを運転する、遠隔で電車を操縦する、遠隔で飛行機を操縦することになるでしょう。

問題はそこで終わりません。その後、地球外生命体は人間を排除し、自分たちがそこに居座ろうとするでしょう。そうしてスーパーシティは地球外生命体によりコントロールされた町となります。

あなた方には、自分たちの悪魔的な計画を完成させていくテクノロジーを生み出す能力はありません。そうなれば誰かが、あなた方の計画を引き継ぐことになるのです。ドラコです。彼らは人類の最悪の敵です。地球外生命体の中でも最も危険なものです。

ドラコは人類にとって想像を絶する最大級の戦闘能力を装備しています。インセクトソイデにもレプティリアンにも良い存在がいます。非同盟の存在も連合と同盟こそ結んではいませんが、良い存在も少なくありません。ドラコはそんなレベルではありません。

アメリカ政府も日本政府もそのドラコによりコントロールされ始めているのです。ドラコには感情もエモーションもありません。彼らが考えることは、抹消する、抹殺する、破壊することだけです。

彼らは人類の女性を拉致し始めています。ドラコニアンプロジェクトを遂行するために人間の女性が欲しいのです。「ドラコニアンプロジェクト」とは何でしょうか。人類のＤＮＡを持った新しいドラコを作ることです。

想像してみてください。ネガティブな人の思いと恐ろしいドラコの思いを持ったハイブリッドがどのようなものであるか。人は物が欲しいのです。持てば持つほど欲しくなります。

ドラコは違います。彼らは権力の操作、人々の意識の操作、魂の操作、これにはたけていますが、人のようにもっと欲しい、もっと欲しいというものはありません。彼らは権力が欲しいのであって、物ではありません。これがドラコとあなた方の相違です。

そのようなドラコと人のハイブリッドであるドラコニアン、ドラコヒューマノイドとなれば大変な危険な存在と化すでしょう。

ここまで言及するのは、人類の進みに対して大変憂慮しているからです。平湯に集まっている神々は、良い人々、つまり良いコンセプトを持っている人々が2年以内に物事の進みを抑えることができなければ、事態はひどくなると言っています。

それには幾つかの形があります。一つは地震。関東大地震、南海トラフにより、グレー、ドラコ、インセクトソイデ、レプティリアンなどがいる海陸双方に存在するネガティブなポータル、テンプルを崩壊させるでしょう。

もう一つは津波。全てを破壊しクリーニングします。

そして太陽フレア。あなた方の現在のテクノロジーを崩壊させます。アナログテクノロジーではありません。太陽フレアはスーパーコンピュータも崩壊させるでしょう。

スーパーコンピュータはあなた方を殺すためのサイエンスです。スーパーコンピュータはお人良しの人々の友達ではありません。インテリ階級の友達です。スーパーコンピュータは賢く邪悪な地球外生命体と繋がっています。

あなた方がスーパーコンピュータを進化させていく瞬間から、賢く邪悪な生命体を引き寄せることになります。スーパーコンピュータを働かせることにより、あなた方の社会は賢い人工都市になっていきます。だからマイクロチップが必要になるのです。

今頃になってどうして日本はマイナンバーに力を入れているのでしょうか。そのためです。マイクロチップを生産するためです。今の日本はアメリカも中国もロシアも興味ありません。スーパーコンピュータが世界一になったので、今まで考えてこなかったマイクロチップで様々なことをしようとしています。スーパーコンピュータが一番になったことで、傲慢になっています。今まで何年も中国やアメリカがトップでした。

多くの日本人はテレビを見て、日本は素晴らしいと手をたたいて喜んでいます。でも国が密かに進めているプロジェクトのことを知りません。

何と愚かなことでしょう！　そんなにうれしいのでしょうか！

これは日本国民を崩壊させるものです。それは為政者のためです。そこからたくさんの甘い汁を得、莫大な利益を得るのは彼らです。あなた方はスーパーコンピュータの奴隷になるのです。いい加減に目を覚ましてください。

スーパーコンピュータはロボットと繋がっており、ロボットは地球外生命体と繋がっています。あなた方はこの繋がりを知っていません。

でも、知らなかったからでは済まない瞬間を、あなた方は生きているのです。この時代、「知らない」ということは、自分にとって最大のリスクであることを知り、物事を深く考えることを学んでください。

人々は信長とか、歴史的人物にあこがれています。でもパソコン、スマホ、スーパーコンピュータに繋がっていれば、何の役に立つのでしょうか。あなた方はどんな国を待っているのでしょうか。

歴史はあなた方が興味を持てば役に立ちます。でも興味がなければ役に立ちません。京都は静けさを取り戻したようですが、スピリチュアルなエネルギーを回復し、国内外の観光客が置いていったあらゆる霊的ゴミを浄化すべく、スピリチュアルな都市として再生することを期待します。

本来、日本は「自然の図書館」です。水、温泉、山、多様な植物、花、鳥類、昆虫など、あらゆる自然に大変恵まれた国です。小鳥の声を聞いてください。彼らは神意識の存在です。彼らはテクノロジーなしで幸せです。あなた方も彼らのように喜びで歌うことができるのです。

あなた方にはコンピュータにないテレパシーの力が潜在しています。でも自分の持っている能力を侮り、目覚めさせようとしません。あらゆる教育機関は論理的思考を発達させるだけで、今進化させていくべき脳を開発しようとしません。

見てください。太陽が強烈な光を放射し、眉間を焦がしそうです。太陽は燃焼し、変容し、光を与え、命を与え、感情やエモーションを高め、あなた方のネガティブな霊的ブロック、カルマ、トラウマを根こそぎにし、バラバラにし、浄化する力があります。太陽は、太陽光線、ニュートロン、プロトン、エレクトロンといった原子エネルギーを通して、神聖な源の力との繋がりをもたらすものです。

日本の自然、山々、神々、光の存在を愛し、それらのエネルギーをあなた方のエネルギー、肉体、感情、エモーションに引き寄せ、彼らと共に進み続けてください。

Chapter22
パラレルワールドとして浮上しているコロナウイルス
——コマンド・サンタ・アメティスタ、聖白色・紫色同胞団より

現在、世界は道を見失い、パニック状態にあるということを、日本に住むあなた方は想像もしていないでしょう。コロナウイルスに苦しみ、人が蚊のように倒れていくという国々がある一方で、日本を含むアジア諸国で、コロナウイルスは持続しないと言っている国があります。コロナウイルスは長く続かない、それは真実でありません。コロナウイルスは多くの死者をもたらすことなく、あなた方から別れを告げることはないでしょう。忘れないでください。

今日は2020年8月3日です。アメリカなどではたくさんの人々を死に追いやっています。ある意味では人が油断し、自分勝手な生き方をしているからですが、コロナウイルスは人を殺傷しながら進み続けています。

ブラジルもそうです。政府は経済を語り、その傍らで人々が亡くなっています。ヨーロッパ諸国も感染が広がり、いつまでこの状態が続くか分からないでいます。

どうしてそうなるのでしょうか。人類が一つの目的に向かって団結しようとしないからです。気をつけている人がいる一方、それと反対のことをしている人々がいます。反対のことをしていれば、ウイルスは出ていかないでしょう。

日本もそうです。若い人、若くない人も予防と反対のことをして感染しています。法則、健康に対して挑戦をしています。

ニュースを見ない方が良いとか見た方が良いとか言いますが、それは見る人の意識次第です。勉強や研究というポジティブな意識で見れば役立ちますが、パニックになったり神経系、マインド、メンタルに影響するようなら見てはいけません。免疫を弱めるからです。

その日本に対して憂慮していることがあります。エボラのことを覚えているでしょうか。エボラは体が腐る病気です。コロナウイルスの一部はエボラでありインフルエンザです。研究所で科学者が、人類史に登場したパンデミックの元となった主要なウイルスを組み合わせて作った病気です。

人体に侵入したコロナウイルスは、どのように各人の歴史に入り込むことができるか、どのような形で危害を加えることができるか、人体を精査します。しかし、その人のＤＮＡがうまく識別できない場合、ＤＮＡを変化させようとする可能性があります。

また、海外で起きているように大量に人々を末梢することができなければ、別の危険な病気に変化する道を選択するかもしれません。コロナウイルスは、進化のプロセスにおいて、組み込まれている過去の感染症の因子を目覚めさせていく可能性があります。その一つがエボラです。

コロナウイルスは人々を愛撫するために日本に来たわけではありません。現在、日本人はコロナウイルスは弱くなっていると信じていますが、陰であなた方が想像しないような仕事をしています。

どんどん変異していくコロナウイルスがもたらす最も大きな危険の一つは、血液が腐ることです。血液が腐れば脳が腐るかもしれません。肺が腐るかもしれません。細胞、体液のシステムも腐っていきます。糖尿病のように足が腐るかもしれません。

ここをよく聞いてください。足や脚の腫れから始まる人もいるでしょう。最終的には腎臓、肝臓、膵臓、脾臓、腸などの臓器が腐っていくでしょう。

腐った血液が内臓や組織にいけば、体中に炎症を引き起こします。炎症が起こっているところは血液が腐っているところです。糖尿もひどくなると手足などが腐り始めることがありますね。コロナウイルスは持病などで免疫の弱っている人に対し、さらに免疫を弱めていきます。

そのような形で人が亡くなっても、あなた方の科学者や医者は、コロナウイルスが免疫の部分に異なった形で入り込んだという事実に気付きません。コロナウイルスは人のＤＮＡをうまく識別できなかったので他の道を選んだのです。そのため別の病気を引き起こし、肉体、免疫を破壊するようになります。そうなれば病状は急変します。

そのように血液が腐敗して人が亡くなったとします。コロナウイルスで亡くなったのですが、糖尿病の症状を見せたので、糖尿病で亡くなったことになります。そのためコロナウイルス感染患者は、死亡原因を疑われることもなく、調べられることはありません。

遺体は温かい内に、医師、看護師、家族などにより自宅や死体安置所などに移送されるわけですが、そのプロセスで触れることになります。そうなれば遺体に触れた人は全員感染することになります。

この場合、死亡原因は糖尿病となりますが、その他、心筋梗塞、脳血栓、C型肝炎、高血圧など、症状によりコロナウイルスとは無関係に見える病名が記録されることになるでしょう。

もちろん、これは日本だけの可能性ではありません。どこの国でも同じです。そのようにコロナウイルスはとても知恵があり、エボラとかインフルエンザタイプの感染症など、別の病気の形を取ろうとします。コロナウイルスはインフルエンザの一部でもありますが、一般のインフルエンザとは違います。

世間ではコロナウイルスは弱まっているとか言うようですが、そんなことはありません。別の病気の形を取りながら拡散し続けています。そのようなことが起こり始めた時、ウイルスは強烈な形であなた方の社会に居座り始めたことを意味します。

現在、コロナウイルスは人類社会に多くのパニックを引き起こしています。仕事を辞めてしまった人もいます。コロナウイルスが怖いので、人とコンタクトを取るのを恐れています。パニックになり始め、マインド、メンタルが弱まる、そういう瞬間こそコロナウイルスに感染しやすいのです。

自己防衛する必要があります。好き勝手に行動する人が増えれば増えるほど、コロナウイルスは増殖し続けていきます。彼らの中にもコロナウイルス保菌者は大勢います。

コロナウイルスばかりでなく、どんなタイプのウイルスも、特に無責任な人々、モラルを無視している人々を利用します。ウイルスはそういう彼らのマインド、メンタルを「運びや」として利用します。その結果、彼らは問題を拡散していくことになります。

現実の問題はコロナウイルスだけではありません。どの国でもネガティブ勢力により、人々はモルモットのように利用されています。つまり社会の中で問題の伝達者として使われています。ネガティブ勢力が入り込み、あなた方の社会や社会システム、悪いものも良いものもかまわず破壊するように道を開くためです。

現実に起こっていることを正しく理解するためには、あなた方は物事を見るためのスケールをもっと引き延ばすことが必要です。十万年、数万年前昔に、現在起こっていることと同じことが、地球や太陽系の他の惑星に起こりました。現在は過去が反映したものです。

それは、今の地球人類が霊的進化を遂げてこなかったことを意味します。スピリチュアル、メンタル、マインド、そして人として進化することができませんでした。そのため、あなた方は過去のカルマやトラウマ、過去の病気を引き継いでいるのです。過去がこの時代に蘇ろうとしているのです。それを「パラレルワールド」と呼び、それは存在し生きているものです。

パラレルワールドは大変重要なテーマであり、パラレルワールドと2020年の現実はどのような関係があるのかを理解する必要があります。別の時空にパラレルワールドとして存在している過去との関係は、あなた方の現実に、霊的レベル、エネルギーレベルで存在しています。ですから現在、地球に起こっていることは、過去に起こったことの亡霊なのです。

では、人類が進化を成し遂げることができなかった理由は何でしょうか。人類はいつも物を求めてきました。ずっと昔からです。邪神もそうでした。皆が物を求めてきました。黄金、お金、物です。さらなる過去から来たものです。

21世紀の現在、引き続き同じことが起こっています。お金、靴、洋服、インターネット、パソコン、スマホ。本質は変わりません。ただテクノロジーと時代が異なるだけで生き方は同じです。それは物を軸とする文明は、人類を駄目にすることを意味します。物に対する過度な依存は人を弱くするからです。

他のウイルスやバクテリア、病原菌と同様、コロナウイルスは、あなた方のメンタル、マインド、エモーショナル、スピリチュアルの弱さを教えています。破壊を目的としたこの種のウイルスを研究し続ける科学者は、人間のそういう弱さをよく理解しており、攻撃するためにこの弱点を利用します。

彼らは、社会において様々な衝突があるのを知っています。人々の間に衝突を生み出している要因は何でしょうか。政治、政党、社会システム、大企業、医療システム、科学者、検事、裁判官など、どの社会でも人々の分離、対立を生み出しています。結束ではありません。物事の良い側面はメディアでも取り上げられますが、本当に醜悪なことは隠されています。

どうしてそうなるのでしょう？　人類全体に、愛、霊的結束、エネルギーレベルでの結束、そして人としての結束、モラル、倫理観がないからです。人々は物、お金、社会システムを通してのみ、結束しています。なぜこのようなことに言及するか分かるでしょうか。コロナウイルスと関係しているからです。

コロナウイルスは、人類史の中で出現したあらゆる危険な病気の続きです。科学者は危険な感染症全てのエッセンスを、一つのウイルスに集約することができたのです。

Ｃｏｖｉｄ19はインフルエンザ、エボラ、ハンセン病、マラリア、スペイン風邪など色々な病気を内包しています。現在の感染プロセスで、すでにより強力なウイルスが出現したと言っています。

あなた方の間では、人から人へと感染していくうちにウイルスが弱体化してきたと言っていますが、それは根拠のないセオリーです。信じれば恐れも心配もなく、パニックにはなりませんが、鵜呑みにしないことです。

ウイルスは、自分たちが何をしようとしているのか誰にも話しません。人類はコロナウイルスの性質を十分に知ることなく、どうして簡単に結論づけるのでしょうか。まだ誰も知りません。培養した科学者だけが知っています。

コロナウイルスは、あなた方が歴史を通して行ってきたことの結果、全ての病気の結果です。これからもっと増えるでしょう。仮に一年、一年半でコロナウイルスが終わったとしても、次がやって来るでしょう。次の次もやって来るでしょう。

今はグローバリズムの時代ではありません。グローバリズムは経済、テクノロジーなどあらゆる意味において弱小国とされる国々に、たくさんの問題をもたらしました。グローバリズムは持てる者、富裕国を結束させ、弱小国の経済や社会システム、文化や人々のメンタル、マインドをコントロールしてきました。

今、母なる地球は何を必要としているのでしょうか。グローバリズムではありません。各国、自分たちの法律、経済、独立性を持たなくてはなりません。

何のために？一つの国として結束するためです。アメリカはアメリカ、カナダはカナダ、日本は日本といった具合です。

各国には霊的アイデンティティが存在します。各国、DNAレベルで人としてのアイデンティティがあります。そういったアイデンティティを強化しなくてはなりません。薄めるのではありません。

グローバリズムはたくさんの否定的な側面をもたらしました。各国のアイデンティティ、国の政治システム、社会システム、テクノロジーシステム、経済システム、そして霊的システムを薄めました。人類の霊的進化のプロセスにとって根幹となる問題です。

各国は同じ母なる地球の中にあっても、霊的アイデンティティを持っています。ある国が霊的アイデンティティを失うことは、他国の霊的アイデンティティによって侵入されたことを意味します。

あなた方にとって身近な例を一つ挙げましょう。ご存じのように、ヒーリングや宗教においても様々な組織があり、世界中で様々な講演会や集会が開催されます。

ヒーリング方面でも、日本ではイベント企画会社を通して毎年盛大な催し物があるようですね。今でこそ難しいようですが、海外からも様々なグループ、個人が来ます。イベント会場ではお祭りのようにたくさんのものがあり、来訪者は何を選んだら良いか分かりません。

出展者はマインド、スピリチュアルレベルで人を説得させる術を得ており、彼らは上手に網を張ります。網と人の間にはお金があります。イベント会社にも大きなお金が動きます。

それは何を意味するか分かるでしょうか。黒いエネルギー、お金のエネルギー、偽りの神々のエネルギーを生み出し、会場、地域、都市、国を汚します。イベントが開催された都市のエネルギーは、海外、地域外から持ち込まれたエネルギーで曇っていきます。

そのようにお金や物を中心に集まったエネルギーからコロナウイルスは生まれました。そのエネルギーは、人類は道を見失い、明確な目的を持つことなく漠然とさまよっていることを意味します。

イタリア、スペイン、ドイツなど多くの国々がコロナウイルスと懸命に向き合ってきました。しかし、今再び感染が拡大していきます。どうしてでしょうか。

若者が好きなように行動しているからです。彼らの無責任な行動によりウイルスが再び増殖しています。ウイルスは再度侵入し、拡散するために、若者を利用します。彼らは人のマインド、メンタル、低いスピリチュアリティを利用するのがうまいのです。

ファンタジーもそうです。あなた方もご存じの通り、日本はファンタジーの国です。例えばマンガ。マンガはしばしば宇宙や地球の過去の歴史を反映しています。しかし、提供する側も読者もそのことに気付いていないので、学びとして受け取られていません。一方、あなた方のメンタルを時間と空間の中に眠らせてしまうマンガもあります。それはあなた方は何を求めているのか分からないことを意味します。

コロナウイルスの時代、多くの人がコロナも一つのファンタジーのように受け止めています。ファンタジーではありません。これは現実であり、それを生きる術を知らなくてはなりません。

自分を守らなくてはなりません。

日本は存在しないファンタジー、物語の国です。政治もあなた方のマインドをコントロールするために、このファンタジーを上手に利用します。あなた方がファンタジーを好きなのをよく知っています。コロナウイルスもあなた方のそういう性格、ファンタジー、つまり油断から入ります。

海外でも若者がテキトーな生き方をしているので、彼らを通してコロナウイルスが再び広がり始めていますが、日本も同じです。若者がファンタジーの世界に住んでいるので、してはいけないことをします。ウイルスはその弱い意識、ファンタジックな意識を利用して国中に広がっていきます。

コロナウイルスは現実です。ファンタジーではありません。Ｃｏｖｉｄ19は母なる地球に起こった困難な感染症全てをひっくるめて作ったものであること、これを忘れないでください。周りのファンタジックなコメントや見解をうのみにすることなく、自分たちの健康管理をきちんとしてください。

Part6

レスキューオペレーション

Chapter23
地球に流れ込む「銀河の雨」、これが地球や人類にもたらすものとは

今日は兄弟とは呼びません。私の子供たちよと呼びかけます。お元気ですか？　あなた方に私がメッセージをお伝えするのは初めてです。今日は媒体を通して大切なメッセージをお伝えしたいと思います。

地球は非常に難しい局面を通りつつあります。人類には認識も自覚もありませんが、大変困難な状況です。

地球には膨大な量の銀河のエネルギーがコントロールを欠いた状態で降りてきています。コントロールを欠いた状態とはどういうことでしょうか。

地球の一番地表に近い大気圏がバランスを崩しています。地球の周りにある大気圏の下層には、対流圏、成層圏があり、地表には岩石圏があることは教科書で学びましたね。

エネルギーの世界、霊的世界で、地球の大気圏は重要な役割を果たしています。大気圏は大量の銀河のエネルギーの流入を防ぎ、地球を守ってきたコンパクトで厚い層です。

でも不幸なことに、というかその時が来たとも言えるのですが、大気圏に無数の穴があいています。ご存じのように以前は、太陽光線も大気圏やオゾン層というフィルターを通って地球に届

き、紫外線などの有害光線や地球に接近する隕石など様々な大気現象から地球を守ってきました。大気圏は液体を含んだ層として湿気、雨を保ち、バランスを取り、その働きにより地球も植物、川、湖、海など自然界のエネルギーを、新鮮で健全な状態に保つことができました。

現在、そのオゾン層が事実上ないに等しい状態であり、海も大気圏のオゾン層の欠如の影響を受けています。オゾン層は海に冷たい空気を送り、潮の干満、潮流のバランスに役立っていました。

しかし、今それ以上に大きな問題があります。大量の銀河のエネルギーがフィルターなしに地球に流れ込んでくることです。数年前からその影響が強くなってきています。そのため、あなた方は宇宙から来る「銀河の雨」にさらされていることになります。

銀河の雨とは、銀河にある惑星、恒星、アステロイド（小惑星）、彗星などが放射しているエネルギー、放射線です。それらが地上に直接に到達するようになりました。日本でも最近光球などが目撃されるようになってきましたね。

天候、降雨、暑さ、寒さ、雷、地震などといった現象は銀河の雨とも関係しています。銀河のエネルギーとフォトンエネルギーと混同しないでください。それは別のことです。フォトンエネルギーは太陽が中継して放っているエネルギーであり、別の働きがあります。

こうした一連の現象を前にして、あなた方はどのような準備をしなくてはならないのでしょうか。母なる地球やあなた方にどんなことが待っているのでしょうか。

まずあなた方がしなくてはならないことは、大脳皮質を強化することです。頭頂、頭の毛穴を通して多くのエネルギーが入ってくるからです。オゾン層のフィルターがないため、良いエネルギーも良くないエネルギーも一緒に入ってきます。あなた方は知りませんが、これは熱中症にも関係しているのです。

守りのない状態から自分を守るために、大脳皮質を強化することが必要です。どうしたら強化できるのでしょうか。

瞑想と、あなた方の社会では中々難しいようですが、できるだけ健全な野菜や豆類などの農作物を多く摂取することです。植物が持っているクロロフィルは、細胞を強化し、銀河のエネルギーやフォトンエネルギーによるインパクトを中和する働きがあるからです。

肉や油ものだけを食べていれば、頭の部分を退化させます。体脂肪が増えれば脂肪は不調和な銀河のエネルギーの導体として働きます。脂肪は銀河や地球がもたらす諸問題の導体となります。

脂肪は、肝臓、胆嚢、胃腸、メンタル、神経、ロコモーションなど、多くの病気の主要な原因です。動物性脂肪はもちろんですが、過剰な植物性脂肪も避けた方がよいでしょう。中でもピーナッツ、くるみ、特にパンに塗ったりするピーナッツバターやチョコレートクリームとかいった採油製品は良くないものです。食生活に気をつけることはとても大切です。

では、どうして瞑想が必要なのでしょうか。瞑想について肉体レベルでお話ししましょう。

あなた方はこの世に誕生してからずっと呼吸しています。体は有機コンピュータとして、寝てても覚めても呼吸をコントロールしています。呼吸の機能が損なわれれば、あなた方はすぐ肺が悪くいのではと考えますが、必ずしもそうではありません。

肺は脳と密接な関係があります。呼吸機能は、血液や血管の詰まりとも関係すると言いますが、もちろんそうです。でもそれは二次的な問題です。肺の機能をブロックする主要な問題は脳にあります。あなた方は頭頂や頭の毛穴、脳を通してエネルギーを受け取ります。あなた方が眠っている間、呼吸をコントロールしているのは脳です。

何が心臓を動かしているのでしょうか。脳です。脳死状態にあれば、心臓が動き体の細胞が機能していても体は植物状態にあります。脳というベースがなければ命はありません。人はここにいません。潜在意識の中にいます。肉体が動いているだけです。霊的部分、メンタルの高い部分、マインドなど、もう地上にはいません。植物状態になった体が存在し呼吸しているだけです。存在していることとさえ分からないでしょう。

そしてこれから先、脳はあなた方に気をつけてほしい最も重要な部分です。瞑想はあなた方にどんなメリットをもたらすでしょうか。

呼吸を整え、頭の毛穴を開く、頭頂を開く、脳の組織全体に酸素を与えクリーニングし、脳の骨までエネルギーが回るように助け、脳の機能を高めるなど、様々なメリットがあります。あなた方は知らないかもしれませんが、骨は健康の礎でもあるのです。骨の中に電気、電磁波の流れ、酸素を供給する働きがあります。

骨には空洞がありますが、空っぽではありません。エネルギーが存在します。骨には柔らかい髄骨があり、それはエネルギーの導体です。エネルギーがなければ、骨折して骨を接合しても再結合することはありません。

骨は関節にとって重要な液体を産生します。膝関節などのコラーゲンは誰が作るのでしょう？骨です。

頭頂はエネルギーの重要な入り口であり、気のエネルギー回路である主要な経絡《けいらく》が通るところです。経絡は４０００年以上前の古代中国の科学ですが、私たちは別の視点から物事を見てお伝えしています。

頭頂や頭の毛穴、経絡のエネルギーが詰まっていれば、エネルギーの汚れが存在することになり、体に十分酸素を供給することはできません。瞑想は呼吸を通してエネルギーの浄化を行い、脳、あらゆる器官、骨などに酸素を供給していきます。

宇宙から降り注いでくる銀河のエネルギーにより、大気圏や岩石圏は弱まっています。あなた方は気候変動と言いますが、気候変動ではありません。大気圏、オゾン層などの崩壊による地球物理学的な変化です。水脈や断層の変化、酸素や水の供給システムの崩壊、地形的な変化です。そのため川や湖の水がなくなった、土地が干からびた、温泉が出なくなったり出るようになったなどの変化が起こっています。

そのように地球に大きな変化を与えている銀河のエネルギーで肉体を滋養し続けていくためには、インナーワーク、今までの汚れを解毒し、体に酸素を供給することが必要です。呼吸法を使った瞑想によってそれが可能となります。

その後、肉体的なエキスサイズです。肉体的なエキスサイズにより肉体的なブロック、時には非物質的なブロックを壊すことができます。肉体的なエキスサイズは気のエネルギーを動かすからです。

インナーワークと肉体のエキスサイズを通して、宇宙のエネルギーと気のエネルギーを動かすことにより健康な体を作るのを助けます。肉体の健康だけではありません。メンタル、マインド、スピリチュアルレベルの健康です。

あなた方の健康のベースはどこにあるのでしょう？　脳です。それを忘れないでください。今までもそうでしたが、これからはいっそう重要になります。

霊的レベルで脳を見ることができれば、ここにあなた方の器官が全て集約しているのが分かるでしょう。ここに人体のマップが存在しているのです。あなた方の全身、全組織が描かれているのです。脳が健全な時、病気になる理由がありません。

そのためにも正しい食生活は基本です。動物性脂肪、肉、特に豚、牛、マトン、山羊、いのしし、熊など赤い肉は良いものではありません。赤い肉は、内臓に有害なガスを通常の食物より10倍多く発生させ、ガンの発生率を高めます。肉自体が有毒なガスを含んでいるのです。

そのため肉を食べればガスを発生し、血液を汚します。ガスは腸に残るのではなく頭へ回ります。頭がガスで詰まり、脳が汚れるようになれば、体全体に対するコマンドを失うようになります。

そうすればどの器官が最も影響を受けるでしょうか。内臓です。最終的に四肢、腕か脚かは人によります。

霊的問題としてやってくる場合もあります。霊的世界について全く知識がなければ、重たいメンタルや霊的問題は治癒することが難しいでしょう。何が起こっているのか理解ができないからです。

脳にはメモリーという霊的部分があります。霊的なことに一度も興味を持ったことがなかった人、拒絶して生きてきた人はそのメモリーが閉じています。メモリーの霊的エネルギーが脳に入るためには、自分が関心を持ちメモリーを開くしかありません。それは各人の霊的繋がりだからです。

霊的繋がりは、頭の真ん中、視床下部にあります。視床下部には霊的に機能する部分があります。物質人生には必要ないかもしれませんが、霊的問題、霊的次元に関わるマインドやメンタル、肉体の問題が生じた時、眉間と頭頂に繋がる視床下部が目覚めていることが必要になります。今は目覚めの時です。物だけで生きていく時代ではありません。物しか興味がない人はこれからどうなるか分かりません。

地球に降りてくるコントロールなき銀河のエネルギーは、人類に様々な問題をもたらすでしょう。あなた方の科学では解決法のない問題です。

頭のおかしい人が増えます。あなた方も目にしているように、頭のおかしい為政者や狂信者の出現、今までの常識では考えられないような行動をする集団、個人など。このように銀河のエネルギーは地球、あなた方の体、メンタル、スピリット、マインドに侵入し、今までなかったことを引き起こすでしょう。

銀河のエネルギーが悪いわけではありません。銀河のエネルギーにも高いスピリチュアリティ、低いスピリチュアリティが存在しています。高い次元に住んでいる存在全てが良い存在、正しい神々ではありません。大変恐ろしい邪悪な存在もいます。あなた方はこの双方が混在したエネルギーを受けているので、邪悪な存在から来るエネルギーに同調すればそのように行動するのです。だからこそ銀河のエネルギーの入り口である大脳皮質を強化しなくてはならない、そういう時代を人類は生きているのです。

Chapter24
あなたを縛る集合意識 2

集合意識の中で生きていれば、何を言おうと、どんな弁解をしようと、情報、集合意識の思考形態の危険にさらされることになります。思考形態は、固かったり柔軟性があったり、貧しかったり豊かであったりと、個人のメンタル、コンセプトによって異なりますが、集合意識の思考形態は地上の人類にいつも影響を与えています。

自分が納得できるもの、良い人だと思える人の言葉を聞いても、真実もあるでしょうが、真実のように見えて真実でないものも多々あります。あなた方はいつも人の意見を待っているので、良いコメンテーター、良いアナリスト、良いアナウンサーなどと判断しているつもりでいますが、彼らも全て社会のグローバル思考に基づいています。

　こういったものはあなた方を集合意識に縛りつけるものであり、メディアなどが伝えるものに興味を持てば持つほど、その集合意識に引き込まれていきます。

　あなた方の内側の世界、内側のエネルギーは、一般の思考形態とは異なりますが、それでも世俗的な集合意識によりコントロールされたコンセプトや考えが少なくありません。集合意識に囚われている限り、いくらアセンションについて語っても、そこから抜け出ることはありません。

　アセンションは何を意味するでしょうか。それは「レスキューオペレーション」を意味します。レスキューオペレーションは地球のレスキュー（救出、救済）だけではありません。地震、洪水、火山の噴火、山火事といった地球の再建に関わるものだけではありません。レスキューオペレーションは、あなた方自身をレスキュー、つまり今の地球の次元界から救出するものです。

　パラレル現実界の奥深くに存在する自分の存在（意識）とコミュニケーションを取ることです。高い世界に存在する別のあなたは、あなたの呼びかけ、あなたの高まりを通して得られるテレパシーによる繋がりを待っているのです。テレパシーは波動として理解されるものです。

　ちょうどデルフィンのようです。デルフィンは音声を通して距離を超え、遠い空間までコミュニケーションを取っています。鯨を含め彼らは宇宙から来た存在ですが、彼らの声は地球に存在しない宇宙音として波動の分野で研究されています。

　あなた方が全てを批判したり、全てを受け入れながら地球に縛られ続けているならば、あなた方の進化を待っている存在（意識）は光で振動することはできません。あなた方が何もしないからです。

個人、グループ、国レベルでのレスキューオペレーションはそのことを意味するのです。この物質的時間、三次元時間を越えたところにいる自分の存在を目覚めさせることです。5次元、6次元、7次元、8次元の霊的時間の中で、あなた方の霊的ワーク（インナーワーク）を待っているのです。

新聞、テレビなどのマスメディアなどの思考形態に触れるのをやめることです。それらはあなた方の気を引きつけ、宇宙との繋がりを遮断している地球を取り囲む周波数防御壁を益々コンパクトにしているだけです。

それはちょうど東京ドームのようです。あなた方はさらにドームの中に閉じこめられていきます。それではどのようにして意識を開くのでしょうか。人類の集合意識により周波数防御壁は日に日に厚さを増しコンパクトになっています。それでは進化していくことはできません。

気候変動、山火事、大洪水、地震など立て続けの自然災害、パンデミック、政治、経済、社会変動、それでも人類は目を覚まそうとしません。ドームの中で眠り続けています。

あなた方の内側の世界で、集合意識が働き続けています。集合意識はあなた方のメンタル、論理的思考、内なるエネルギー、細胞、血液、マインドなどの内側に侵入し、あなた方は閉ざされたサイクルの中で生きることになります。肉体、血液、細胞、リンパ、ホルモンなども、集合意識から受け取るものに従って働きます。

どうして最近、俳優、歌手などの自殺が多いのでしょうか。彼らは才能と努力によりその地位を勝ち得たのですが、彼らも集合意識の中で生きています。ある困難な瞬間が訪れた時、スピリチュアリティが育ってない、食生活が乱れていて心や体をしかるべく滋養していないなどにより、自分の内側の部分、エネルギーが不足していたのです。

そのため、集合意識という外部からの強烈なエネルギーが内側に流れ込んできた時、そのエネルギーに縛られ、何をしたら良いのか分からなくなるのです。

今までの人生を論理的思考、才能、ファンのサポートといったものに頼って生きてきました。しかし、困難に立ち向かうための土台となる内側の部分を育ててこなかったため、自殺を選択します。もしくは病気で若くして亡くなってしまう、それは肉体に気をつけてこなかったからです。多くの人は何を食しているかということに関心がありません。

肉体は何でもいいと思っていません。健康な食物を必要としています。何でもいいと思っています。殺虫剤、殺菌剤、除草剤、化学肥料、ホルモン剤、遺伝子組み換え食品、保存料、過剰な砂糖、生クリームなどでいっぱいの食品ではありません。最近はゲノム編集とか出てきていますね。それらは肉体、アストラル体を汚します。

あなた方は肉体、肉体のすぐ次にはエーテル体、エモーショナル体、アストラル体などの微細身を持っています。食生活が悪ければ、これら肉体のベースとなる体も汚れます。

化学物質は細胞、血液、リンパなどの体の液体システムを汚します。汚れれば何に影響をもたらすでしょう？　エモーショナル体の部分です。感情は内側から沸いてくるエモーションと繋がり、涙を流したりしますね。そのように、肉体は目に見えない微細身と、連動して働いているのです。

どうして化学物質がそこまで影響するのでしょうか。化学物質にはミクロの世界に働きかけるナノテクノロジーが使用されているからです。遺伝子組み換え物質もそうです。生クリーム類も同じです。多くの食品が操作されています。このような食品を欲するだけ食していれば体は老化します。酸化し、錆ついていきます。

若い人でもそうです。そういう食生活を送っていれば、外見は美しくても体内は錆つきます。集合意識の中で生きていれば、体はその周波数で振動していきます。

ですから地球の濃密で重たい世界から抜け出すためには、論理的思考、マインド、メンタルなどからなる地球のあなた方と、あなた方の霊的部分、地球のもっと向こうにある体、周波数防御壁を越えた世界にある体と繋がることが必要です。そのようにアセンション、レスキューオペレーションは、地球だけではありません。あなた方自身も対象なのです。

あなた方は集合意識という周波数のエネルギードームの中にいます。私は大丈夫、周りには影響されないと言うかもしれません。でも実際は影響を受けています。起きている間も寝ている間も、この集合意識は24時間あなた方の体の中で肉体、メンタル、スピリチュアル次元で働き続けています。

特にマスメディア、テレコミュニケーションは大変危険です。床についていてもスマホ、パソコンに触れている人がたくさんいます。そういったデータや情報のエネルギー、集合意識のエネルギーは街中回り続けています。今では山々まで届いています。山々でもホテルがあり住宅があり、夜中でも情報機器に触れている人がいます。夜熟睡できない理由の一つです。

睡眠中、スマホ、パソコン、ケータイアンテナ、5Gケータイアンテナなどが発信する電磁波、電波、テレコミュニケーションのエネルギーは、あなた方の潜在意識を共有しているからです。これでは情報エネルギーから解放される時が一瞬たりともありません。いつも集合意識に繋がりながら生きていることになります。

先ほど触れましたが、ここ数年あなた方が言う有名人の自殺が続いていますが、自分の中にあるスピリチュアリティに目を向け育てる努力をすれば、自分の内側が神聖なエネルギー、力で満たされていきます。そうすれば突如吹き荒れる逆風を我慢する力が、自分の中から湧いてくるものです。

でも、その力を失えば生きる力をなくします。そのため社会的プレッシャーに押しつぶされてしまいます。あなた方も同じです。社会について批判すれば、社会からプレッシャーを受け取ります。皆が一致して同じ道を歩んでいるからです。皆が同じことをしてほしいという力が働いているので、それに逆らう人があれば逆風が吹きます。集合意識の力は凄まじいものです。

地球に急接近している火の惑星、惑星というかアステロイドが存在します。それは地球の気温上昇を助けています。地球の高温を招き、9月半ば現在も燃え続けているカリフォルニアの山火事が消滅しない一因ともなっています。そのように地球の外も、地球のアンバランスを引き起こす要因となっています。

どうして宇宙でも、このようなことが起こっているのでしょうか。人類の意識、スピリチュアリティが欠けているためです。地球人類だけではありません。太陽系内外で人類が存在するところ全体を意味しています。あなた方人類のような体は持っていなくても、人類に属する種はたくさん存在します。

地球の外でも法則からはずれたこと、間違っていることがあれば、宇宙のバランスを失います。宇宙でも浄化し、正しいエネルギーへと変容させる力が働きます。そのためアステロイド、彗星、惑星などが地球に接近したりして、地球に多大な熱を送っています。

その現象は地球の気候のメカニズムや地殻などに影響し、津波、地震などを引き起こしたりします。今まで日本に起こらなかったのは偶然です。大地震など、いつの瞬間でも起こり得る状況にあります。

以前、別の光の兄弟が、大都市は邪悪な存在の計画達成のため、彼らにより大地震などの災害から守られていると伝えたことがあるかもしれませんが、その時期も終わりました。何としてもクリーニングが必要だからです。

浄化を担当している大きな存在たちは、もう詳細はどうでも良いと考えています。重要なのは、あなた方人類が作ってきたゴミの山から地球を救済することです。決して油断しないでください。明言しますが、来る時は瞬時に来ます。来たる2年、いえ、近未来にと言いましょう、日本に大きな地震が来るでしょう。

この国の政府は、個人、社会、スピリチュアリティの高まりを妨げています。僧侶さえもそうです。特に大きな宗教組織は政治と共に動いています。本来、彼らこそスピリチュアリティの火付け役として、国民がもっと霊的に目覚めるように道案内をしなければならないはずです。

政治は政治、宗教は宗教。互いに独立していなくてはなりません。霊的部分は愛し、政治や隠れた勢力から守り、堅持しなくてはなりません。

あなた方は地球の周波数防御壁のもっと向こうに存在する精妙な体、その意識と繋がらなくてはなりません。パラレルワールドにあるあなた方の体は、あなた方のところに戻るために、あなた方の高まりを待っているのです。

それはテータ内（＊注参照）にある32体です。その32体は、あなた方の肉体的構造、霊的構造と密接に関係している部分です。その32体が、あなた方の現在の命の中で機能していくようになる必要があります。

自分の内側と取り組み、32体が機能するようになり自分のところに引き寄せるか、肉体を終えて32体のところに行くか、２つの選択があります。

あなた方がアセンションを果たすには、もっと向こうにあるパラレルワールドからのサポートが必要です。宇宙にいた時あなた方であったもの、地球に来てからあなた方であったもの、サポートする存在は、そういうかつてあなた方であった存在と深く関わっています。あなた方が自分の存在に繋がることができなければ、アセンションは難しいでしょう。

今までアセンションについて語る人々はたくさんいましたが、大半の人はアセンションについて何も知りません。口でいくら語ってもアセンションはしません。それは誰でもできる人の論理です。

アセンションは口で語ることではありません。各人がもっと向こうに存在する自分であるエネルギーと繋がることです。それが高まりであり、アセンション、進化です。

どうして昔のマスターたちは悟りを得ることができたのでしょうか。彼らは食べず、飲まず、歩きました。自分のことを考えずに、霊的世界、神々の世界を探究し続けました。それにより物に対するあらゆる執着を失い、光を会得していきました。

時と共に、かつて自分であったものの意識や、もっと向こうにあるパラレルワールドの意識と融合し始め、より高い自分の別の意識を通して、光の存在からの情報を受け取ることが許されていきました。

何年も何年も物質次元で苦しみながら努力し、最終的に亡くなる何年か前には霊的繋がりを享受することができたのでした。わずかな食料での過酷な生活は彼らの寿命を縮めましたが、そのようなことはどうでも良いことでした。こうしてマスターになった人々も、聖白色同胞団のメンバーの一員として、パラレルワールドから真にアセンション、進化を果たしたいと望んでいる人々を手助けしています。

10年努力してきたから神の恩恵を受けられるというような簡単なものではありません。まず、自分の高い存在を通して自分を知らなくてはなりません。
Ｉ　ＡＭ（神我）との出会い、Ｉ　ＡＭよりさらに向こうの世界との出会いを経て、あなた方がある高みまで到達すれば、神なる存在があなた方を受け入れるでしょう。
例えば山を登り、ゴールドの光を見て神だと思うかもしれませんが、それは神ではありません。あなた方を受け入れた存在です。いらっしゃい、よくここまで来られましたねと。

神は自然の存在をよこしたのです。自然界のメッセンジャーです。自分の進化のために何かを成し遂げたからです。神なる存在と直接会うためにはアセンションを遂げていなくてはなりません。それは、その人の肉体も霊体も高い周波数で振動し、高い神が目の前に現れても命に影響がないことを意味します。そうでなければ死んでしまうでしょう。

ですから高い神が現れることはありません。5、6、7次元の神々でもとても高い存在です。あなた方が値すれば、そういう神々が現れることは可能でしょう。

でもその前に、自然界で働いている存在が現れるでしょう。5次元、6次元、6・5次元といった火、水、土などの自然界の神々です。7次元、7・5次元くらいの神々となれば、とても大きな霊的能力があり治癒力も大きなものです。そのような存在は人が進化を遂げている時のみ現れます。人の器が許さない限り、現れることはありません。

今日は人類や社会をコントロールしている集合意識についてお伝えしました。同じ社会の中に生きていても、目の前の現象、人々の動き、巨大な集合意識のエネルギーの流れに巻き込まれないよう用心し、自分の内側を見つめ、自分の道を進み続けてください。

＊注　テータ：天の川銀河のような大きさの銀河系が21集まり、宇宙のカタログでは「ＴＥＴＡ」と呼ばれる小さなセクターを形成しています。地球の人類の大半は、このテータ内に含まれる21の銀河宇宙のどこかに起源を持ち、地球に来る前に、様々な次元の世界で様々な命の形態を、テータの中で体験してきました。

Chapter25
崩れゆく秩序

今日は9月22日。日本は4連休を楽しんでいますね。行楽地、観光地など、まるでコロナなど存在していないかのようです。

いつかの機会にお伝えしましたように、地球にはファンタジー、遊びやゲーム、ファッション、性など28のパラレルワールドが存在しています。

娯楽、飲食、ゲーム、お出かけなど、人々は心を喜ばせるものを求めて動いていますが、それは表面的な心です。福島原発事故で放出され、今もなお放出し続けている放射能同様、コロナウイルスも今ではまるで夢の世界のようです。

日本ではスピリチュアリズムさえファンタジーと化し、アセンションという言葉もファンタジーに演出され、その言葉の持つ重みも深さも厳しさも存在していません。

そのように日本はファンタジーの中に沈んでいこうとしています。

国民は国によって推進されているＧｏ Ｔｏキャンペーンで右往左往していますが、皆ファンタジーです。いくらやっても経済は良くならないでしょう。こういったものはやがて国民にとって高くつくでしょう。

多くの人類は自己崩壊に向かっている自分たちに気付いていません。私たちにはアトランティスやレムリアの再来を見ているように映ります。時代は、人類がこのコントロールシステムを打ち砕き、全ての人に生きる権利、全ての人々が参加できる公平、均等、平等な社会システム、社会を構築することを要求しています。

しかし、ＡＩ、デジタルシステムにより、昔から延々と続いてきたトップダウンのコントロールシステムを強化しようとしており、国民もそれを受け入れ、疑問を抱き立ち上がることはありません。

これから光の存在は目覚めを望む人を助けるために、銀河のエネルギーを人々に繋ぐ役割を果たしてほしいと望んでいます。もう4、5年しか残っていません。この数年を乗り越えるためには、何があっても進む、この強い意志が必要です。そうでなければ進めなくなるでしょう。

世の中は秩序が失われ、グチャグチャになってきています。時間が少なくなっています。あなた方がどのように動くか、少なくとも法則を見ている人々を助けることが大切です。

コントロールされている偽りの世界、ファンタジーの中を進み続ければ、社会を支配している時空の中に取り残されていくでしょう。肉体の健康だけを見ていれば、時空の中に取り残されていくでしょう。

自分が見ているものの、もっと向こうを見ることが必要です。自分の内側に法則、神々、源の世界との繋がりを培っていかなければ、あなた方の中に存在する光の種は枯れてしまうでしょう。

唯物的に進み続ける社会にいても、社会の動きに汚れることなく、生きていくために必要なもの以外に気を取られることなく、進んでいくことです。今や、社会には目的が存在しません。社会の動きを信じれば、あなた方も社会と同じです。

人類は自分たちが来たところ、つまり過去へ戻りつつあります。テクノロジー、経済、権力を求めて闘争しています。全てエゴによるものです。今の人類の進みの中には解決はありません。解決は自分の中にあります。それを忘れないでください。物に基づいた幸せは終わりに向かっています。物による幸せは続きません。でも霊的幸せは存続します。

社会を信じ、社会と同調して進まないことです。法則に触れながら、社会のエネルギーとは違った生き方、違った行動をする「違った人」であることです。

世の中では、宗教、ヒーリング、霊能などエネルギーに関わるたくさんの人々が自分ばかりでなく、他の人の霊的世界を汚しています。考え方が法則からずれているからです。

法則に正しく、自分の内側に正しく、自分の正しいと思うことを貫いていけば、世界は開けてくるでしょう。宇宙、地球、内部地球、自然の中で働く存在が助けてくれるからです。そして助けがあった時、その大変精妙なエネルギーを感じ、信じることです。

彼らも彼らの間で話し合い、時には怒ることもあります。努力すれば、彼らのテレパシーをキャッチし、波動を聞き、知覚できるものです。昔偉大な僧侶はそれを聞くことができ、人々を助けるために活用しました。

現在、多くの僧侶がアルコール、たばこ、油、肉、化学物質、遺伝子組み換え物質などで体が汚れています。それでは繋がりは無理でしょう。いくら偉大な神を祀っても神は降りてこないでしょう。肉体、メンタル、スピリットの健康に気をつけなければなりません。昔の人は時代ゆえに頭が固く、それでも触れることができたものが、今の人はいくらたくさんの本を読んでも神に届かなくなっています。

時代は宗教とは関係なく、光を地球にもたらす真剣な人を必要としています。

先ほどお伝えしましたように、来たる4、5年の間にたくさんのことがあるでしょう。今人類がしていることは高い代償となるでしょう。ビジネス理論、経済理論、全てファンタジーです。決して回復することはないでしょう。

コロナウイルスについてお伝えするのはもううんざりです。コロナの問題も、権力者や富裕層による社会、経済のコントロール、そして自分の欲求と都合のためにコロナから解放されたと信じている人々の間で、物事がファンタジーのように動いています。誰も直感の力を使っていません。

コロナは弱肉強食の産物です。今のコロナが消滅してもより強いものが来るでしょう。日本人のDNAが特別とか北欧人の血はバイキングだから強いとか言う人もありますが、そんなことはありません。

ヨーロッパで再びロックダウンに向かう国々が出てきています。エモーションのエネルギーが大き過ぎて、ロックダウンに従わない人々にすぐ制裁を加えようとします。それは彼らの過去の歴史のエネルギーを呼び覚まし、それではコロナは出ていきません。

だからといって日本は油断していいということにはなりません。日本の医療施設、病院はコロナ患者はいらないと言っています。これも差別ですが、国が何もしないから恐れているのです。コロナは終わった、もう終わると言うのは簡単です。でも自分に番が回って来た時、真実が分かるでしょう。今までファンタジーに映っていた社会の冷たさを知るでしょう。

世の中の動きに対して反対することも賛成することもなく、油断しないで心静かに観察してください。しかし、そういう世間の動き、人々の動きに気を取られていては、自分たちも道半ばに残ることになります。気をつけてください！

Chapter26 地球、人類の崩壊を導くデジタルネットワーク

世界は進化の象徴としてデジタル化を強力に推進しています。

しかし、デジタル化はどの国でも思うような形で進まないでしょう。どうして完璧なデジタル化ができないのでしょうか。

今の人類には、自分たちの能力を上回るテクノロジーを続けるためのメンタル、マインドが準備されていないからです。あなた方は物事をエゴ意識に基づいて行います。愛ではありません。いつもお金、権力、コントロールを目指しています。

それは邪悪な地球外生命体が自分たちの惑星で行っていることと変わりません。彼らは自分た

ちに不都合な住民は電磁波で「粛正」します。彼らは地球を瞬間に滅ぼすことが可能な電磁波テクノロジーを持っています。

彼らは人類のデジタル電磁波網を利用し、自分たちの衛星を通して少量の電磁波を送りつけます。彼らは時空を操作し、遠隔の地にいても自分たちの送った電磁波が、人類の情報をのせて彼らのところにリターンするように操作しています。

彼らは電磁波を通して時間、空間、周波数、次元を操作するマルチディメンショナルスーパーコンピュータを持っています。そのように、邪悪な地球外生命体は、地球だけでなく、ヒューマノイドやヒューマンが存在する諸惑星の監視、調査を行っています。

現在あなた方は地球のデジタル電磁波網をぐんと強化しようとしていますが、人は電磁波網にのって運ばれる膨大な情報を処理するメンタル、マインドの容量を持ち合わせていません。

その結果、メンタル、マインドのバランスを崩し、情報を刻んだ電磁波は頭にたまり、ブロックを形成するようになります。電磁波ブロックができれば体の代謝機能は失われ、電磁波が紫外線のように細胞を焼いていくようになるでしょう。

想像してみてください。ここはとても重要なところですからよく聞いてください。現在多くの人が、人体にとって非常に厳しい電磁波環境の中で仕事し生活しています。職場では2つ、3つのパソコンに囲まれ、足下にはタコ足配線があり、日々強烈な電磁波攻撃を四方八方から受けながら過ごしています。プライベートでもスマホ、パソコン、タブレットが手放せません。

その結果、若者を中心に皮膚ガンが増えることになるでしょう。過剰な電磁波にさらされているからです。強烈なデジタル波は頭、神経系統を直撃し、脳腫瘍、動きの悪化、話すこともできず電動イスで移動する植物状態に近いものなど、深刻な病気が予想されます。

どうしてか説明しましょう。あなた方は自分が生まれた惑星に従った生命エネルギーシステム、つまり地球の電磁波システム、磁気システムを受け継ぎ育ちました。当初、人類は、惑星のエネルギーの特徴に従い平和に暮らし、アセンションに向かうよう歴史が展開していくはずでした。それが良き神々が創造した人類のプロジェクトでした。人類は地球で様々な体験を重ね、最終的にはアセンションするシナリオがあったのです。

しかしながら、物事はそのように進みませんでした。アセンションに向かうはずの時代に人類が望んでいるのは、目覚めや高まりではなく、地球全体をカバーする巨大なデジタルネットワークです。それによりあなた方が得るものは、地球の磁気、電磁波の崩壊だということに気付いていません。

電磁波は動かす力、エネルギーです。例えば雷。時間と関わるエロフィン、オリシャー（高い神々）や自然界の神々が空間を浄化し、地球の水源を開き、水が地球の中を動くように誘導する、そのために必要な電磁波エネルギーが雷です。その後雨が来ます。そのように雷は、水の回路を開く自然のメカニズムです。そして雨が降った後、水は蒸発し雲になります。

繊細な人はこの雷の電磁波エネルギーの影響を受け、めまいなどすることがありますが、これは浄化と命を育むプロセスです。雷は火による電磁波エネルギーです。雷は自然ではない電磁波エネルギー、低い霊的エネルギーも浄化しようとします。

地球の磁気エネルギーは、力、引力のエネルギーであり、命に形を与え、命を吹き込む愛のエネルギーです。あなた方も言うように、しばらく前からその磁気エネルギーが弱くなっています。4G、5Gなどのテクノロジーが放射する電磁波エネルギーは、あなた方の頭上から足下まで回転し続け、地球の自然な磁気エネルギー、電磁波エネルギーを焼き焦がし、弱体化、減少に導いています。

それが何を意味するか分かるでしょうか。地球は磁力による結合の力を失うことを意味します。過剰なトンネルや高速道路の建設、リニアモーターカー、鉱物の採掘、ミサイルや核実験なども、地球の磁気エネルギーを弱めています。そうなれば何が起こるのでしょうか。

以前、他の兄弟が、磁力が弱まれば分子の結合力が弱くなり、山崩れ、シンクホールの出現などの自然現象に繋がるとお伝えしたことがあると思いますが、それればかりではありません。母なる地球と同様、あなた方自身もバランスを崩すようになります。人体は母なる地球で生きるように、地球の性質をベースに創られているからです。

あなた方の体の60％以上は水、つまりH_2Oでできているのはよくご存じですね。強烈な電磁波は水を酸化し、過酸化水素H_2O_2へと変化させ、その結果地球のエネルギーを焼くばかりでなく、あなた方の細胞も焼くのです。

原子爆弾とか原子力事故など、強烈な放射線は過酸化水素を作り出し、人体を焼き焦がすのは知られています。強力な電磁波も破壊的な放射線として、同じような効果があります。「電磁波被爆」という言葉を使う科学者もいるようですが、その意味において正しいでしょう。

人体はもっとクリーンな地球のエネルギーの中で生きていくために創られたので、このような状況では弱くなり、病的な状態へとダウンしていきます。メンタルもスピリットも弱くなっていきます。

メンタルが弱まればスピリットも弱まります。メンタルが高ければスピリットも高まります。メンタルが低ければスピリットも低くなり、エモーションも下がります。地球の磁気エネルギー、電磁波エネルギーが下がれば、人のメンタル、エモーションもより不安定になります。

そして現在のデジタル波の強化は、さらなる問題を引き起こすでしょう。霊的問題も増えるでしょう。霊が見えたり、自分や人の過去を感じたり、自分の弱いところが浮上したりして、パニックになったりする人もあるでしょう。

デジタル波の強化は、情報を通して、あなた方の思考形態に大きな影響を与えています。デジタルアンテナはあなた方の脳、記憶にストレートに影響します。あなた方は人の代わりにロボットを使用しようとしていますが、デジタル化は人をロボット人間へと変化させていきます。

デジタルに過度に依存すれば、持って生まれた自然のメモリー（生体記憶装置）は、人工的なメモリー（人工記憶装置）へと変わっていくでしょう。持って生まれた自然のメモリーは、先祖や創造の神々から受け継いだものです。

あなた方が日々情報ネットから得ているものは、どこに行くのか意識したことがあるでしょうか。情報は、あなた方の脳、メモリー、生まれてから今日まで蓄積されてきたデータの中へ侵入し、大きな容量を占めるようになります。

そうなれば、次第に感情やエモーションがなくなり、機械人間へと変化していきます。情報は社会システムを支えるコントロールのエネルギーであり、あなた方自身の体験のエネルギーではないからです。

人が自分のスピリットや健全なエモーション、感情との繋がりを失えばどうなるでしょう？攻撃的になります。どう自己表現したら良いか分からなくなるからです。動物というより野獣化していくようになります。形だけの世界を生きてきて、自分を支える中身、内側の世界が育っていないからです。社会をよく観察してください。大した理由もなく攻撃的になる人が増えているのに気付くでしょう。

そして、これから多くの人が皮膚ガン、それほど多くなかった脳腫瘍、喉頭ガン、食道ガンなどに倒れていくでしょう。どうして喉頭、食道なのでしょうか。

あなた方は空気を吸いますね。でもその時一緒に電磁波のかすも吸っているのです。それは喉、気管、気管支、肺のみならず、食道の方にも入り内臓にも影響するようになります。

よく聞いてください。ここは大切なところです。電磁波にはアクティブな電磁波とパッシブな電磁波があります。電気、電子製品が稼働している時発生するのは、アクティブな電磁波です。そして発生した電磁波は電磁波のかす、つまりパッシブな電磁波と化し、その場に残ります。アクティブなものもパッシブなものも体内に入ります。どちらも危険です。

ですから、これからデジタル波に最も触れている若者を中心に、喉、食道、肺、内臓のガンが増えるでしょう。また、筋肉が萎縮するかもしれません。なぜ筋肉まで影響するのでしょうか。

電磁波ブロックが体内のあちらこちらに形成されれば、脳の電気信号は体の末端まで届かなくなります。そうなれば体の末端である四肢で神経系は機能しなくなり、筋肉は眠ったようになります。その結果、筋肉は硬く小さくなり、柔軟性を失い、両脚の力、両腕の力を失い始めます。最終的には脳や首の後ろにある中枢神経系に来るでしょう。そうなれば話すことができなくなります。話す機能は脳と関係しています。脳が影響を受け始めれば、声帯にも影響します。声を出すために閉じたり開いたりする声帯が機能しなくなります。脳が麻痺したような状態になっているため、電磁波、電気信号を送らなくなるからです。

電動イスに座りボタン操作して情報を伝える、そのような状態を想像してください。こういう状況を目の前にして、電磁波を見ないあなた方の科学や医療は、現象だけを見て病名をつけるでしょう。これらはデジタル電磁波により引き起こされる病気や症状の一部です。

このようにデジタル化はあらゆる意味において大変危険なものです。病的社会を作ります。病気だけではありません。食料にも影響します。

世界中でデジタル化が進めば、食料生産が減産していくでしょう。雷の働きの中でお伝えしたように、水の問題にも繋がります。デジタル化は水源に悪影響をもたらします。雷のシステムが正しく機能しなくなる時が来るでしょう。雷のシステムをアクティブにするために必要な、原子の摩擦を起こす自然の電磁波エネルギーがなくなるからです。

そのように、地球の自然な電磁波エネルギーや磁気エネルギーが弱まれば、水を引き寄せたり母なる地球を浄化するための雷がなくなっていきます。大きな問題です。生き物が存続するためには水や食料が必要です。緑、自然、マイナスイオンが必要です。

一方、あなた方はコンクリートに囲まれ、化学物質やファストフードを食べながら電磁波が飽和した大都市に住むのが好きです。そのためデジタル化は、お伝えしたような問題を引き起こし、地球外生命体を呼び込むことになるでしょう。

冒頭でお伝えしましたように、地球外生命体はあなた方のデジタル情報システムを利用し、彼らの電磁波を送り込んでいます。彼らはあなた方を絶滅させることには興味ありません。あなた方を〈所有〉したいのです。全て宇宙の巨大なチェスゲームの一環です。「王手！」といきたいところでしょうが、それはできません。彼らにはチェックメイトはできません。

光の存在が放っておかないからです。彼らのことをよく思っていない別の地球外生命体の諸グループもそれを見逃すことはないでしょう。彼らの間に争いがあります。人類を絶滅させてはならない。彼らの奴隷にするために人類を苦しめる。それが邪悪な存在間の共通の認識です。

一方、光の存在を恐れています。我々を監視している。他の生命体も仲間ではない。気をつけなくてはならない。やり過ぎたら自分たちに来る。地球の悪の世界と同様、これが地球外生命体の世界です。

よく見てください。政治家は互いに傷つけ合うことはありません。同じゲームをしているからです。権力を手に入れ、国民をコントロールすることです。だから一見論戦を交わし敵対しているように見えますが、裏では皆うまくやっているのです。プロジェクトは皆似たようなものです。地球外生命体と同じです。

これでは地球はアセンションしないでしょう。母なる地球は日々これほどテクノロジーの攻撃を受けていて、どうしてあなた方をアセンションさせようとするでしょうか。母なる地球は、あなた方にこれほど多くのものを与えてきたのに、子供であるあなた方は、自分の母なる存在に対して傍若無人に振る舞い続けています。

あなた方は何も考えずに食べて飲んで楽しんでいます。どこから食べ物が来るのでしょうか。お金を払えば良いというものではありません。あなた方の口に届くように、食料を生み出す母なる地球を意識したことがあるでしょうか。

地球が生み出さなければ食料はありません。地球の中から水が湧き出なければ水はありません。自然を破壊すれば酸素もなくなります。地球外生命体は地球が混乱し、カオスになった状態を利用して人類を連れていこうとしています。

他の惑星、他の銀河系でも、多くの生命体が、別の生命体の実験のために使われています。その中にはすでに地球人も含まれています。世界中で突然消滅した人々のことが報告されていますね。

あなた方は彼らのようにコントロール、操作されながら、カプセルの中で生きたいのでしょうか？　何もしなければ、それがあなた方を待っている未来です。

あなた方のスピリチュアルの世界では、意味のないこと、あなた方にとって耳障りの良いことだけを伝えている人々がいます。あなた方が攻撃しないのに、どうして地球外生命体が攻撃してくるのでしょうと。

それは人々に大丈夫だという コンセプトを植え付け安心させ、何もしないようにするためです。日々ワクワクと楽しく過ごし、ある日、神や光の存在が天から降りてきて「皆さんアセンションの時ですよ。共に旅立ちましょう」となるまで待てば良いと。それで降りてくるのはどんな存在でしょう?

多くのスピリチュアリストが人々をコントロールしています。どうしてでしょうか。お金のためです。あなた方に都合の良い、ワクワクするようなことを言えば、人は聞きたいし読みたいのです。あなた方が喜ぶ情報とはどんなものかよく理解しています。

あなた方が苦しくなるようなこと、考えさせるようなことを言えば人は集まらないし、そういった本は読みたくありません。恐れがあるからです。でもそれこそチャンスです。多くの人は社会システムにコントロールされていても、そのことに気付いていません。恐れの意識は、そこからあなた方の意識を目覚めさせるために良いことです。

自分にとって都合の良いことばかり見ていれば、どんな時代にいるのか、どんなシステムの中にいるのか、どんな恐ろしい危険が隠れているのか、何が未来起こるのか分からないでしょう。だから恐れがあるのです。考えたくないのです。あなた方はあまりにも社会システム、政治、法律などを信じている、信じようとしています。勇気を奮い立たせ、眼を開いてください。目を見開き、自分の未来を物質レベル、霊的レベルで考える時です。

イスに腰掛けて何時間もスマホやパソコンをして、夢のようにこれからも生き続けていくのでしょうか。それは不可能でしょう。それは母なる地球が待っているものではありません。あなた方が望まなくても、これから多くのイベントが待っていることでしょう。否が応でも理解しなくてはならない時が来るでしょう。そうなる前に、今理解した方が良いでしょう。準備ができます。

母なる地球があなた方を傷つけたいと思っているわけではありません。あなた方自身が自分を傷つけているのです。前に向かって進むにあたり、今この瞬間、この状況の中、起こっている危険に気付いていないからです。日本だけではありません。ヨーロッパ、アメリカ、中南米、オセアニア、アフリカ、どの国もこの問題に含まれています。

目覚めるしかありません。そのための努力をして、自分たちの目の前にある曇ったガラスを取り除くことです。そうすれば前に向かって進むことができるでしょう。

そうでなければ、生まれてから肉体を失うまでコントロールされながら生きていくことになるでしょう。そして肉体を失ってから行くアストラル界も同じでしょう。縛られて連れていかれるでしょう。そうなってからでは光の存在は何もできないことを知ってください。

Chapter27
パンデミックの中を漂流する人類――克服するための原則とは

あなた方が感じているように時間は矢のごとく過ぎていきます。だからこそ、霊的時間で振動するように心がけなくてはなりません。もっとゆっくりとした濃密な時間です。霊的時間ではもっと多くのことができます。

現在、世界はパンデミックで恐ろしいロックダウンを敷いている国や地域があります。イギリスは収拾がつかなくなるまで事態を放置した結果、パンデミックをコントロールすることができなくなり、半ロックダウンを行使しています。

フランスも同じです。イギリスと同様、もう大丈夫、何も起こらないとマスクもなしで物事を自由に放置し過ぎた結果、半ロックダウンをしなくてはならない状況になりました。スペインは当初、緊急保健庁がマスクは必要ないと言ったため感染が拡大しました。

日本はそれとは全く反対です。日本はコントロールを欠いた政府の尻拭いをするために不要な緊急事態宣言を出し、必要な今、自由な状態です。経済が損なわれれば、現在の与党は選挙で負けると知っているからです。そのため原発推進に拍車をかけ、コロナから国民を守る対策は事実上ストップし、アメリカとも一線を置き、Go to travel、Go to eatなどに大切な税金を投入し続けています。

それをするのが問題ではなく、それをする形です。非常に無責任な形です。餌を投げれば国民は飛びつくだろうの動物的なやり方です。目先のお金、経済しか考えていません。国民のことを考えているわけでは全くありません。もっと別の、バランスの取れた公正な形でやるのであれば意味があるかもしれません。

このお金は大きなカタストロフィの時、大変必要となるものです。近づいています。巨大地震、太陽フレアなど、ここ数年のうちいろいろなことが来るでしょう。だからそのお金はとっておかなくてはなりません。

でも今回はそのテーマについてのお伝えではありません。どうしてパンデミックがなくならないのか、それについて言及したいと思います。

医者や科学者だけでなく、誰でも知っているはずですが、体には有害なウイルスと戦うためのウイルスが存在しています。免疫というウイルスです。それらのウイルスは体にとって有害なウイルスやバクテリアが入ってくると破壊して食べます。そのようにあなた方の体には抗ウイルスが働いています。

どうして私たちは今まで結束の重要性を主張してきたのでしょうか。その抗ウイルスが最大限に力を発揮するためには、人を分離するのではなく、人々の思いや意思を一つに結束することが必要だからです。それはあなた方の体内にある抗ウイルスが、国レベルで一体化することを意味します。そうなればコロナウイルスを攻撃し、破壊し、食べてしまいます。

それは国民の間に存在する〈結束のエネルギー〉によるものです。もちろん結束の中にも厳格なルールが必要です。自分に対して責任を持つこと。衛生に気をつけマスクを使用し、互いに人のことを考え、ある距離を保つことです。

互いに他人のことを考えることにより、抗ウイルスは他の人も助けるようになります。それが昔のパンデミックの時存在しました。国民の思いと結束により、ウイルスやバクテリアは姿を消していくのです。

どうしてそのようなことが可能なのでしょうか。あなた方全員の抗ウイルスが一体化し、悪いウイルスが入らないよう拒絶する電磁波エネルギーを作るからです。そのためには各人が自分に対して責任を持ち、分離するのでなく結束することです。自分に対して責任を持つというのは、強制でなく人としての義務です。理解できるでしょうか。

霊的結束、マインド面の結束、テレパシー的結束（思いの結束）、それにより抗ウイルスや抗体が働くのです。彼らは別のウイルスがあなた方の体を攻撃するのを許さないでしょう。社会全体で〈許さないという電磁波エネルギー〉を形成したからです。

では、パンデミックの消滅を阻んでいる条件は何でしょうか。コントロールシステム、薬、遺伝子組み換え物質、化学物質、テクノロジー、世界は自分だけのためにある、そういった無条件の愛の欠如です。世界は皆のために存在しています。

人々の強い思い、そのエネルギー的結束つまり電磁波的結束は神聖なものです。それは光の存在や霊的医師団、霊的科学者を引き寄せます。彼らはコロナウイルスがあなた方の体に入るのを阻止するための仕事をします。

私たちがこうしてお伝えしていることは、多くの人にとってファンタジーのように聞こえるでしょう。でもファンタジーではありません。ファンタジーの世界に浸っているのはあなた方です。あなた方は目で見るものだけを信じるからです。

私たちは違います。最初に私たちの上位にいる霊的な存在がエネルギーを創造します。次に物質です。物質は、スピリットとエネルギーの働きが融合した結果、形成されるものです。ここにパンデミックの拡大に歯止めをかける原則が存在します。

あなた方や政府が心配するのは経済です。そのため人を分離しようとします。例えばスペイン。賢いサンチェス首相は何もできないでいます。彼は何をするためにスペイン政府にいるのでしょうか。経済の崩壊、スペイン人の分離。彼主導の政府の下で、どれだけの人が亡くなったのでしょうか。3万1000人と言っていますが、5万人以上は亡くなっていると言う人もいます。

（注：2020年10月現在）

国民は役に立たない政権のために苦しんでいます。社会党の教本に書かれているように、彼の政権は人間的なものではありません。非人間的なものです。首都マドリッド、スペイン経済を窒息死させようとしています。私たちは政治には興味ありませんが、物事に対するあなた方の理解を助けるために、例として挙げています。

フランスもイギリスもそうです。ただイギリスは経済を窒息させたくありません。フランスもそうですが、事態は再び厳しくなっています。誰に責任があるのでしょうか。為政者です。彼ら自身が事態の悪化を引き起こしたのです。彼らの過ちのつけを国民に払わせようとしています。彼ら為政者の中には無条件の愛が全くありません。人々をコントロールするためにこの状況を利用しています。

日本は違います。この状況を国民が物の夢の中に眠り続けるように利用しています。それは霊的レベルにおいて大変悪しきことです。マインドレベルにおいて、そして未来に対しても大変悪しきことです。人に内在する価値が失われ、人々はコントロールシステムの強化、腐敗した国のシステムに協力していくことになります。

この国の腐敗したシステムは人々を物の世界に眠らせますが、あなた方が知らない別のプロジェクトも実行に移しつつあります。この状況を利用して原発に資金を投入し、石炭をベースとしている火力発電を継続させるなど、こういったことも悪魔的プロジェクトの一部ですが、他にも様々なことを実行しています。あなた方を楽しませ、彼らがしていることに対してあなた方が注意を払わないようにしています。日本はそのように進んでいます。

国民に国民自身のお金を与えて食べさせ、あなた方は満足し、彼らは自分たちのプロジェクトを実行していきます。一方、助けのない人々がいます。クーポンがあっても彼らには届きません。お客さんは彼らのところには行きません。限られたところだけです。これで経済が再建できるでしょうか。あなた方は何を目指しているのでしょうか。

Part7

神意識（自分）との分断とリコネクション

Chapter28

これから進み続けていくために必要なもの――信じる力、信仰とは

今日は今まで触れたことのないテーマ、でもこの時代大変重要である「信じる力」についてお話ししましょう。

信じるとは何でしょうか。なぜ、信じること、信仰があるのでしょうか。

信仰ははるかな昔から存在しています。信仰には様々な形があります。古代エジプト、メソポタミア、古代ギリシャやローマ、それよりももっと昔の時代にも信仰は存在していました。

人は肉体を持って誕生する時、すでに神聖な種《たね》（神意識）を持っています。それは人の特質です。２０００年、３０００年、４０００年、１万年前の文明の人類も、あなた方と同じようにその種を持って生まれました。

「信仰」とは何でしょうか。無意識的に何か、全能なる何かを信じることです。自分の力や自分ができるものをはるかに超えたものを信じることです。そこに信仰、あなた方を助けることができるエネルギーや力あるものが存在しています。

古代の人々はそれを知っていました。彼らは神々のもっと近くにいて、神々の何かを知覚することができました。

例えば、戦いで敗北しようとしている時、自分たちの力ではどうにもならなかったとしましょう。でもその瞬間、自分の中にある何かが動いたのです。それは何だったのでしょう？ 信仰です。「信仰」は信じると同時に具体化する力です。その信仰の力により存在が働き、戦況が一変しました。

イエス・キリスト、彼の時代の前にもマートレイヤやサナンダーなど、キリスト意識の存在が出現しました。ブッダも、光のメッセンジャー、光の存在として肉体を持って誕生し、人々に教えを説き、霊的世界へ戻りました。

当時、キリストを信仰した人、しない人がいましたが、神秘的な力や存在に対して、自分の心の奥深くから湧き出るもの、信仰により、命を失うこともいとわない人々もいました。

信仰は目に見えない光の粒です。物質、肉体、メンタルレベルで問題を解決できない時、人々は自分の中にある光の粒、信じる力を使いました。

時と共に宗教が出現し大きくなるにつれて、信仰は変化していきました。先祖から受け継いだ神聖な種《たね》による自然な信仰から、義務、強制的な信仰、神でも光の存在でもマスターでもない、人に対する信仰へと変化していき、あなた方をコントロールするようになりました。

それでは信仰は、あなた方が自分の内側で感じる目に見えないものではありません。大きな宗教を管轄している人々、幹部に対する信仰です。そこから信仰は薄まっていき、自分の内側にあるものを信じる代わりに外のものを信じるようになりました。そうして信仰は変化しました。

自分の自然な繋がり、神聖な信仰を忘れて、人を信じる受け身的な信仰、権威への信仰、神ではなく神のメッセージがあると信じられている人への信仰です。信仰が薄まるにつれて、義務的な信仰、受け身的な信仰へと変わり、昔の人が感じたような心の中で沸き上がる熱いものではなくなりました。

時の流れの中で無神論者が現れるようになりました。無神論者は法則を信じないということを意味しません。神を拒絶するということを意味しているわけでもありません。無神論者は宗教制度を信じないのです。神を信じていなくても、目に見えない部分を信じている人はいます。彼らは神聖な存在を理解するための別の形を探しているのです。人を通してではありません。自分を通して探しているのです。

光を信じ、神聖な世界を信じますが、神と呼んでいるものを信じません。でも、どの神を信じないのでしょうか。大きな宗教組織が作り出した想像上の神です。その神は存在していません。どうしてでしょう？

献金しなければ神から拒絶されると言い、人のカルマやトラウマ、恐れの感情を利用して、受け身の信仰、偽りの信仰を作り出しているからです。献金すれば救われると言いますが、それは存在していない歪曲した神です。

このタイプの無神論者にとって、そのような状況は許すことができるものではありません。人類が間違いを犯しているので、そのような矛盾が生じ、信じる信じないで人が別れています。

欧米の大きな宗教団体だけではありません。アジアの宗教団体もそうです。アフリカにも存在します。アボリジニーなどの先住民族の間にも偽りの宗教が存在しています。存在していないものを信じています。本当に思えるもの全てが実際に存在しているわけではありません。

一方、何も信じない人もいます。目に見えるもの、目に見えないものも信じません。自分だけを信じています。それは自己中心的な信仰と呼びます。自分が考えることだけ、自分のすることだけを信じています。自分の未来を信じ、人の未来を信じません。人が信じるものを信じません。そのようにどんなものにも反対する、すべてを拒絶し壊そうとする人、そういうタイプの無神論者もいます。

そのように人類の信仰の歴史は展開し、今日まで歩んできました。今この大切な瞬間、神聖な信仰を回復することが重要です。神聖な種が、あなた方各人の中で芽生えることが必要です。あなた方の中で消滅した種を取り戻すことです。

あなた方の国でも多くの人が神社へ行きますが、信仰を持っているのでしょうか。多くの場合与えられるのを待つだけの受け身の信仰です。

エネルギーの世界、宗教の世界があります。大きな宗教界は随分前から政界と契約を結んでおり、現在それを強化しています。政治家が宗教の中にいます。日本の大きな神社仏閣は、政治、社会的密約、収賄が働き、政界から大きなお金が流れ込んでいます。

そのような神社仏閣に神聖な信仰が存在するでしょうか。どこに神聖な信仰、光の種があるのでしょう？　人を引き寄せるために、神を形、姿として利用しているだけです。それが現在の信仰の世界です。

この大きな流れの中で、小さな神社仏閣の宗教家には信仰があります。自分や法則に信仰を持っています。

現在の若者は自分の道があります。神社にはカラフルでかわいいお守りがたくさん並んでいます。でも、このやり方で、若者たちに信仰の心を奮い立たせることができるでしょうか。若者を信仰へと引き寄せることができるでしょうか。

若者たちは感動もなく購入します。特に信じているわけではありません。それでは神社を訪れる人々に、どうして信仰心を培うことができるのでしょうか。

彼らの両親は信仰の世界に彼らを導くことはありませんでした。信仰により得られる心の平和、どのようにして自分の内側の世界に信仰を求めて生きていくか、教えられていないので分かりません。

彼らはアイドル、ファッション、食べ物、飲み物など、自分の外側にあるものばかりに目を向けて生きているので理解できません。そういった世界は若者たちの意識を飲み込んでいきますが、それは形だけで何もありません。

以前、タレントなどの自殺について触れたことがありますが、どうして最近自殺がこれほど多いのでしょう？　未来が見つからないからです。機械のように育てられてきたからです。日本では高校や大学に行くために、私塾で知識を強化します。競争に勝つようにと、さらに形を頭に詰め込みます。

それではどのようにして信じる心、信仰を培うことができるのでしょうか。自分のために専念する時間がありません。家族は自分のために使う時間を与えようとしません。良い大学に行くためにもっと頭が良くならなくてはならない。そうして信仰は死んでいきます。
消費社会、競争社会で優位に立っても中身がありません。形、肩書きだけです。そのようにスピリチュアルな準備なくして、小学校、中学校、高校、大学、職場へと進んでいきます。それが一般の若者の人生です。

それでは内側が空っぽになります。より良い仕事を目指し競争するために育成されたからです。ここに日本を含む多くの国々で起こっている自殺の問題があるのです。自分を信じる、未来を信じる神聖な光の粒が育っていないからです。

そのため多くの若者が人生の壁にぶつかった時、唯一考えることは命を絶つこと、それしか方法が見つからないのです。若者の自殺が増えています。信じるものがないからです。

困難な時代を乗り越えてくために力を与える神聖な光の粒が、自分の中に目覚めることが必要です。誰もあなた方を助けてくれません。お金、競争によってできた社会は誰も助けません。自分の問題を話せば人は拒絶します。社会には生きていくためのスピリチュアリティや理解が存在しません。全てが形と論理の中で動いています。

神を信じ、時には奇跡もあり、病を治した時代がありました。西洋医学が日本に入ってきてから神を信じるのをやめ、薬に依存するようになりました。薬で痛みもなくなり、多くの問題が肉体レベルで解決したかのようになりました。そのため、信仰により病気を治す霊的治療も消滅しました。そして現在、娯楽、ファンタジー、物、スマホ、テクノロジーに対する依存へとシフトしていきました。

現在、信じること、信仰は、前に向かって進むために大変重要なものです。でも、あなた方はスピリチュアリティや自分の中身を育てることに興味がなく、為政者はそれを利用します。あなた方は簡単に操れる子羊の群れだと知っているからです。あなた方に中身がないのを最大限に利用しようとします。

頭が良いということは賢いことを意味しません。才能がある人は賢いことを意味しません。才能は、時の流れの中で状況が変われば消えていくでしょう。マインド、メンタル、スピリチュアルレベルでそれを維持し続けることは難しいからです。

時が来た時、その才能は終わります。そうなれば自分だけになります。信仰を持っていません。信仰は宗教の神に対する信仰だけではありません。自分を信じる力です。マインド、メンタル、エモーショナル、スピリチュアルレベルであなた方を支え続けてくれるエネルギーです。それらの微細身は、常にアクティブであることが必要です。

何のためでしょうか。エネルギーがいつもあなた方を支えるためです。エネルギーは見えませんが存在しています。でも多くの現代人にはそれがありません。

今の時代、ほとんどのお年寄りの人は、一昔前のように、若者に何かを教えるなど積極的に活動することはなくなり、自分のことだけを考えて生きています。ごく一部の人を除いて、お年寄りもスピリチュアリティを失ったからです。人にスピリチュアリティがなければ何が勝つでしょう？　エゴ、エゴイズムが支配し、人々はバラバラになっていきます。

ここは大切ですからよく聞いてください。どうして神々はエネルギーという形で、信じる力を人に与えたのでしょうか。彼らを崇拝するためではありません。自分を信じ、彼らと繋がることができるようにするためです。それがスピリチュアリティ、真の信仰です。

困難な時、あなた方が一人ぼっちの時、光の存在や神々のエネルギーがあなた方の心に沸き上がり、再び生命《いのち》を吹き込むためです。でも不幸なことに、大半の人々はそのエネルギーが枯渇しています。

スピリチュアリティ、自分を信じること、あなた方のもっと向こうに存在するものを信じることとは大変大きなことです。例えばボランティアの人。食べているのか食べていないのか、寒いのか寒くないのかなどと、いつも人のことを気にかけています。彼らは自分を信じ、神聖な粒と繋がり、人であろうが動物であろうが、無条件の愛を提供しています。

信仰とは何でしょうか。聖書や宗教の教本では、真の信仰とは何かについて伝えられていません。信仰とは神を信じること、そのように教えています。

しかし、信仰は神を信じることだけではありません。自分を信じることです。どうしてでしょうか。自分の中に神が存在しているからです。

信仰は、問題がある時だけ、神に頼むことではありません。神々や存在とコミュニケーションを取り、いつも彼らがあなた方の近くにいることが大切です。彼らはエネルギーです。あなた方がそのエネルギーに触れれば、エネルギーはあなた方のところに来てあなた方を強くします。それが信仰、信じることです。受動的な信仰ではなくアクティブな信仰です。

信仰はいつも変化しています。人が信仰を失えば、その人から信仰は消えます。そうなれば、何か起きた時唯一考えることは自殺です。

自殺はアストラル界でさらなる苦しみを求めることになります。信じる力が足りなかったために、自殺の世界に縛られることになります。地上では、今一度力を振り絞り、神聖な力と繋がったならば、救いがあります。

神は信じるけど、自分を信じることができないと言う人がいる一方、自分を信じるけど、神は信じないと言う人がいます。

でも、自分を信じないのに、どうして神を信じることができるでしょう。また、神を信じないのに、どうして自分を信じることができるでしょう。何か存在しているでしょう？　あなた方がこの地球に存在するという事実も、神秘的な何かが存在するからです。そうでしょう？

人類はホモサピエンスから進化してきたと言いますが、事実ではありません。目に見えない誰かが存在しています。その目に見えない誰かは、あなた方のどこで働いているのでしょうか。あなた方の感情、エモーション、信じる力です。

信じる力は全てのエッセンスです。エモーション、感情、喜怒哀楽。エモーションが動けば、あなた方は泣きます。心が喜ぶ時、笑います。これは勉強して会得するものではありません。これは大変個人的なものです。

神社に行って500円でお守りを買い、期限が過ぎても何年か使い続けています。お守りの期限さえ尊重していません。学生さんなどお守りをつけたカバンを下に置き、お守りは床についています。お守りは飾りの一つとなり、神との繋がりを意味していません。

これも信じていないからです。何かを信じるということがないからです。信じるとは形でなく、自分の心で感じることです。

先日、在日外国人の僧侶が語った言葉があります。「皆、ご飯と味噌汁を食べるのは当たり前と思っています。私にとって当たり前ではない。でも一般社会にとっては当たり前です」

どうして僧侶は、自分にとって当たり前ではないと言ったのでしょうか。

人は朝起きたら食べて仕事に出かけ、夜疲れて帰宅します。お風呂に入り夕食や弁当を作る、それ以外考えません。これは当たり前ではないとは考えません。頭は自分の中にある信じる力、その神聖な部分でもって振動していません。物質レベルで、一生懸命仕事をしています。でも僧侶が言っている部分は感じていません。

僧侶の生き方、全てに感謝する、朝起きる、仕事する、食事する、生きていること全てに感謝するのは素晴らしいことです。でも社会に対しては、生き方を教えなくてはなりません。誰がその役割をするのでしょうか。神社や仏閣、僧侶です。

しかし、テレビを通した受動的な形ではありません。行動を通してアクティブな形で行うことが必要です。特に若者たちを引きつけ、教えることです。理論や理屈ではなく、実践によって教えることです。理論では何も動きません。

日本の宗教でも外国の宗教でも、しようと思えばできるのです。でも、しようと思っていません。だから若者たちが変化するチャンスがありません。大きな宗教組織は権力とお金に興味があります。立派な建物、庭園がありますが、若者の未来を憂慮し、育てることには興味ありません。

だから若い人に、ご飯と味噌汁が食べられるのは当たり前でないと言ったところで、本当の意味は理解できないでしょう。

若者は国の未来です。どうしたら宗教界は、若者を導くべく本来の仕事ができるのか。若者を理解し、彼らが学びたくなるように努力するしかありません。若者を通して、自分たちを潤すためではありません。若者のために仕事し、若者の中に信じる力が芽生えるように助けることです。

重要なことは、ご飯や味噌汁に感謝する、しないではなく、信じる力を養うことです。信仰に繋がれば、自然に若者はご飯や味噌汁を食べることは容易でないことに気付くでしょう。ご飯や味噌汁の背後には何かがあることを悟るでしょう。時間、雨、太陽、土、栽培から収穫、収穫からご飯や味噌になるまでの過程における全ての労力、それら全てを支える母なる地球や自然界の存在、その働きとエネルギー。

このように若者が自分たちの食を支えている全てのものを理解できるようになれば、自然に感謝の気持ちが湧いてくるものです。若者がそこに信仰を感じ、法則、存在、全能なる者、そのエネルギーとの繋がりを感じた時、若者が変わるチャンスがあるのです。

だから言葉だけでは不十分です。行動が必要です。そのように人類を見守る光の存在は見ています。

Chapter29 パンデミックに投影される過去の歴史――進む世界の分断、「新秩序」に向かう人類

今日は人類の高まり、進化にとって重要なテーマについてお話しします。よく聞いてください。現在世界はどのように進んでいるのでしょう？ Ｃｏｖｉｄ19を利用して世界中の指導者は、国民を好きなように、思うようにコントロールしています。日本も同じです。お金でコントロールしています。Ｇｏ Ｔｏ ○○、これもコントロールの一つの形です。

母なる地球は、社会レベル、気候レベル、法則レベルで大変バランスを崩しています。その中、人為的に作られたコロナウイルスを理由に、為政者、法律、社会システムはさらなる権限をもって、人々へのコントロールを強化しながら進んでいます。

今、世界で起こっていることは、権力を利用し、過去の邪神、邪悪な地球外生命体と呼んでも同じですが、その時代に戻ろうとしています。何百年も昔、王政の時代、ハンセン病など深刻な病気が流行した時、社会への影響を恐れ病人を檻に入れ放置しました。

さらに昔、神々と呼ばれた地球外生命体も同じことをしました。パンデミックに感染した人々を遠隔の地に隔離し、社会から抹消しました。地球外生命体は、何かあれば問題ある人を粛正するシステムの推進者です。そこには命を尊ぶという概念は存在しません。それを人類が受け継ぎ

ました。

それが復活してきています。歴史は繰り返します。似たことが太陽系の惑星や別の恒星に所属する諸惑星にも存在します。地球外生命体はどこでも同じことをしています。

人類が進化し、過去の歴史の繰り返しを避けるためには、何をしなくてはならないのでしょうか。

ここに理解して頂きたい重要なテーマがあります。今人類、社会が必要としているものは、政治からの独立です。人類を構成しているあなた方一人一人が政治的権力から独立し、為政者たちを権力の座からはずすことが必要です。

人類、国民は一丸となって結束し、自分たちのリーダーを選ばなくてはなりません。政治的リーダーではありません。政治は必要ではありません。政治はあなた方を偽る哲学です。各国、国民の利益を守る人が必要です。良い意味でコントロールできるスピリチュアル、マインド、エモーショナルレベルで能力があり、国民のために役立ち、他国と仲良くできる人が必要です。

どうして人々が政治と無関係の人を選ぶことが必要なのでしょうか。政治が誕生してから今日まで政治がしてきた唯一のことは、あなた方をコントロールし、自由を奪い、人として、神の子、法則の子供としてのあなた方の権利を矮小化することでした。

しかし、政治からの独立が可能となるためには、国民全体のメンタル、マインド、エモーショナル、スピリチュアルレベルがもっと高まることが必要です。

時代は何を求めているのでしょうか。高まりと進化です。人が進化すれば、無条件の愛の国、優しさと平和が支配する世界を創造することができるでしょう。人が進化しなければ、あなた方がいくら社会システムを変えようとしても不可能でしょう。

あなた方の政府があなた方をコントロールし、あなた方から徴収した税金を楽しむために、そこにいるからです。それでは歴史は決して変わることはないでしょう。

ヨーロッパなど他国をよく見てください。もっと厳しいコントロールがあります。国民の税金と権力を傘に、自分たちのしたいように物事を行っています。日本で起こっていることは反対です。国民のお金を使って、物であなた方をコントロールしています。

でもこの状況が終わった時、どうなるでしょう？　増税です。持たない人々の生活は益々困窮します。このようなシステムは社会全体を衰退させていきます。貧しい人には生きる権利がありません。お金を持っている人だけです。これは分離です。今どこの国でも富裕層は特別で、貧乏人は悪でありゴミです。貧しい国だけではありません。

平等で均等な進化した社会であるためには、何が必要でしょうか。あなた方一人一人の高まりです。貧しくても金持ちでもかまいません。重要なのは心の中で意識を進化させ始めることです。進化し始める人が多くなれば多くなるほど、母なる地球にとって大きな助けとなるでしょう。

母なる地球は人の進化を必要としています。その後、母なる地球が、物質、エネルギー、スピリチュアルレベルのプロセス、変化を実行していくでしょう。

あなた方が動かないので地球も動きません。宇宙の神々、地球の神々もあなた方の参加を待っています。あなた方が決意して一歩踏み出すのを待っているのです。

今この時、あなた方の進化を可能にするには、存在との繋がりが必要となります。何を介してでしょう？　エネルギーです。本来持っていた霊的繋がりに戻ることです。あなた方を内なる神に結びつける、神なる存在との繋がりを回復することです。

あなた方は、あなた方の言う進歩した社会生活により、コンクリート、高層建築に囲まれて過ごすうちに、自分と関わる神なる存在との繋がりを失ってしまいました。進化を望み、自分たちで本物のリーダーを選び、地球を変えたいと思うのであれば、その繋がりを回復しなければなりません。あなた方が失った神なる存在は神聖なエネルギーです。

そのためには何が必要でしょうか。霊的心を豊かにすることです。霊的心は、エモーショナルな心と違い、自分の感情やエゴが入らない神々の無条件の愛に繋がるものです。その内側にある愛の本質に意識を向け、自分のエネルギーを豊かにすることが必要です。

Ｃｏｖｉｄ19は、これから数年は消滅しないでしょう。Ｃｏｖｉｄ19がワクチンで何とかなると思うならば、それは間違いでしょう。あなた方の政府は様々な形で製薬会社と契約を結んでいます。製薬会社は研究のために大きな投資をした分、それに見合う報酬を求めています。製薬会社の間に熾烈な競争があり、皆自分たちが開発しているワクチンは有効だと主張しています。

人体は一つの宇宙です。肉と骨の世界だけではありません。人体にはエネルギーが存在します。どうしてワクチンがコロナに感染しない体に変化させることができるのでしょうか。

今の新しいワクチンは、あなた方のＲＮＡを変化させようとしています。あなた方の遺伝子に触れようとしています。それはあなた方の神聖な遺伝子ＲＮＡの神なる部分を破壊することになります。そうなればあなた方は「新秩序」の下に置かれることになります。新秩序とは何か知っているでしょうか。人類一人一人のコントロールです。

まだあなた方の製薬会社には、あなた方をコントロールする能力はありません。でも次々とワクチンを開発していくにつれて、それが可能になる時が来るでしょう。テクノロジーも薬も、同じ道を通り、同じ方向に向かって一緒に進んでいます。テクノロジーも薬の進歩も人類にとって邪悪な方向、つまり人類のトータルコントロールに向かって進んでいます。

見てください、トランプを。地球外生命体は彼にカクテルを与えました。地球外生命体によるテクノロジーにより、コロナウイルスから驚異的な早さで立ち上がりました。あなた方もそうです。ワクチンを打ち続けていけば、地球外生命体のカクテルを体内に入れることになるでしょう。人のテクノロジーではなく地球外生命体のテクノロジーです。

誰がその地球外生命体のテクノロジーの中にいるでしょうか。アメリカです。ヨーロッパの科学者と協力しているアメリカの科学者です。

パンデミックの消滅に時間がかかれば、多くの問題を引き起こしていくでしょう。経済システムが崩壊に向かえば、人は物事に対して目を開くようになるでしょう。政治も例外ではありません。

政治は人の弱さを利用してコントロールしていますが、あなた方の多くはそのことに気付かず、彼らを支持し続けています。ロックダウン、緊急事態宣言といった厳しい手段を取るのは必要だと言います。それは人の自由を奪うことを意味します。

権力による強制的コントロールではなく、各人の中に備わっているメンタル、マインドレベルの自己コントロールの力を引き出すことが必要です。人には自由になる能力が備わっています。自由になるために、望めば自分の神なる部分に触れることができる能力があるのです。

でも、残念なことに人類はコントロールされ操作されるのが好きなのです。楽だからです。ロックダウンと聞いても、まぁいいんじゃないか、必要だと思うよ、とすぐ受け入れます。しかし、それは誰にとっても良いことではありません。あなた方に強制しているからです。あなた方にとって良いことと、あなた方をコントロールすることとは違います。

これらの全ての出来事を前に、あなた方は自分のエネルギーを高めなくてはなりません。自分の霊的高まりのために、光のパラレルワールドに存在する神聖な意識、エネルギーとの繋がりを求めてください。

現在の政治、経済、医療システムなどにより、失われた繋がりです。医療が悪いと言っているのではありません。ただトップに立つ医療組織や権威ある医師の多くが政治や宗教をサポートし、結果としてあなた方のコントロールを強化しているのです。

母なる地球はそういった抑圧から解放されることを求めています。地球があなた方と共に進化していくために、まずあなた方一人一人が、そのエネルギーの呪縛からの解放に向かって、歩き始めてください。

あなた方は地球と共に進化することができるのです。あなた方一人一人が自分のエネルギーを進化に向けて高めていくことは、大変意味があるのです。地球外生命体と繋がっている政府や為政者の権力から、社会が解放されるために必要なことです。

トランプを見てください。権力を手放したくありません。凄まじい執着を持っています。彼はおそらく過去、大変力のあった地球外生命体の神かコマンダーだったことでしょう。今回彼は、人類を白人と黒人、金持ちと貧乏人、アメリカ人と非アメリカ人と分裂させてきましたが、過去も大変野蛮なことをしてきたことでしょう。

彼は人類を分断しコントロールするために来ました。でもそれも終わりでしょう。しかし、次のアメリカ代表がより良いということにもならないでしょう。これからは、あなた方人類、庶民、国民が選ぶ無条件の愛を持った人が必要です。政党、政治家の間で選ばれる人ではありません。

世界中で為政者は、社会を、世界を分けようとしています。人類が分断されれば、社会に空ができ、コントロールは容易になります。この罠に落ちないように気をつけてください。エネルギー、心を通して自らの神聖な意識と繋がり、進化し続けてください。

それが唯一地球をカタストロフィから救う方法です。現在、どの国にも未来がありません。未来はあなた方の中にあるのです。自由になるために、あなた方自身が目覚めなくてはならないのです。

Chapter30

地球外生命体の「モニタリングシステム」

時々、あなた方はヒーリングセッションの中でクラゲ状のやっかいな憑依物をクライアントさんの背中などに発見したりして、トリートメントを行ったりしていますね。

そのように、しばしば人の中にクラゲ状の存在が見つかることがあります。その存在はメモリーを通して別の世界と繋がり、人の神経、体、エネルギーをコントロールします。

彼らは、人が受け取る情報を吸収し、アストラル界にあるテクノロジーの世界へ伝えます。それを「モニタリング」と言います。そういう世界には情報をコントロールしている存在がいます。

今まで様々なメッセージの中で、あなた方の通信システムの向こうの世界に、あなた方の行動を観察している地球外生命体がいることをお伝えしてきました。でもこの場合は異なるケースです。直接肉体に関与しています。情報の神経に触れるインプラントで、物質的なものではありませんが肉体を占領します。彼らは情報を収集し研究します。この種のインプラントは、人の肉体、微細身をコントロールし、多くの人の人生を阻んでいます。

では、あなた方の社会で何が起こっているのでしょうか。突然人が暴れ出したり、神の声が聞こえるなどとわめいたりしています。

メンタル、エモーショナルのエネルギーがネガティブな周波数で振動していれば、地球外生命体の餌食になりやすくなります。彼らは、中枢神経と関わる眉間や後頭部、肩、脊柱、胸などにチップやインプラントを送りつけ、コントロールし、モニタリングを行います。

地球に転生する能力を持つ地球外生命体が多くいます。人類コントロールのプロジェクトを達成するために、今その必要性を感じています。どうしてでしょうか。

人に転生すれば直接人類をコントロールできるからです。そのため、モニタリングを通して、できる限り人体に関する情報を収集しようとしているのです。

誰が地球のアセンションをさらに遅らせることができるか、誰がもっと人類をコントロールできるか、現在地球外生命体の間で熾烈な戦いがあるからです。彼らは互いに電磁波放射により殺し合っています。あなた方人類に対してそのようなことはしてきませんでした。できないからです。

神聖な霊的部分が上で働いているからです。光の存在です。彼らの意識を恐れています。そのため最大限の地球のコントロールを目指し、彼らの間で戦っています。

でもそれを許しているのは誰でしょうか。あなた方人類です。為政者、科学者、テクノロジー、霊性の喪失、宗教、特に大きな宗教組織です。

現在、大きな宗教組織は地球外生命体と繋がり、彼らによりモニタリングされています。政府は宗教と繋がっています。それは、政府は宗教によりモニタリングされ、宗教は地球外生命体によりモニタリングされていることを意味します。

そのようにトータルコントロールの力が働いているのです。地球外生命体から始まり、宗教、政府、そして国民へのコントロールです。国民へのコントロールはどのようにして届くのでしょうか。テクノロジーを通してです。テクノロジーを通して現実をゆがめていくのです。

現在、コロナウイルスを利用して、あなた方も各国政府もデジタル化に力を入れています。テレワークなどを普及させ、家で仕事するように促しています。人類が推進しているこれらのことは、社会的均衡を崩壊させていくでしょう。

人は地球のエネルギーを受容し、人体の気エネルギーを活性化したり、コミュニケーションを取るために、外に出ることが必要です。

人がそういった性質を失えばロボットになってしまいます。家にいて食べて飲んで仕事する、毎日同じリズムです。彼らはそれを望んでいるのです。

あなた方の政府、科学者、大企業のテクノロジーは、人類がテクノロジーの奴隷となるように、テレワークを推進しています。でも彼らはテクノロジーの奴隷ではありません。彼らは自分たちの政策と地球外生命体の奴隷です。

気エネルギーは肉体ばかりでなく、エモーショナル、マインド、スピリチュアルレベルで必要なものです。この気エネルギーを得るために、太陽、風、空気、雨、土など自然のエレメントは基本となるものです。あなた方のエネルギーを動かすために欠かせないものです。

でもあなた方がそれらに触れ体内に取り入れることがなければ、地球のエネルギーから離れていることになります。それでは何が待っているのでしょうか。ロボットのように機能し、ロボットのように考え、ロボットのように行動することです。地球外生命体にとって、そういうあなた方をコントロールするのはずっと容易になります。

人が一日中同じ場所に閉じこもりパソコン仕事に従事していれば、考えも自由でなくなります。コントロールされた電磁場に幽閉されているようなものです。パソコンなど使用する機械が放射する電磁波エネルギーは、人のアストラル、エモーショナル、マインド、スピリチュアル部分から来る全てのものにブロックをかけます。自然の中にあってもそのような生活をしていれば同じです。

それにより、光の存在、自分のガイド、霊的世界とのコンタクトを失い、人は見捨てられた状態になります。あなた方は自分でそのような状況を作り出しているのです。その後、地球外生命体はその状況を利用し、さらに人を変えようとするでしょう。

これで地球はアセンションに近いのでしょうか。アセンションは益々遠ざかっていきます。気エネルギー、自然のエレメントに触れることは、人として生きていくための基本です。自然のエレメントが放つエネルギーは、人のメンタル、スピリットだけでなく、肉体や細胞を滋養し、強化します。

あなた方は神意識によって創造されました。同時に母なる地球のエネルギーでもって作られたのです。火、水、土、風、エーテル（精気）、時間、こういったエレメントがあなた方の中になければ、あなた方は人ではありません。半分ロボットと化していきます。

地球の人類は本来進むべき道と反対の方向へ進んでいます。本来のプロジェクトは進化し、アセンションをすることにありました。

テクノロジーに対する過度な依存は、人類にとって最善の方法ではありません。テクノロジーの世界は人を必要としていません。ロボット人間を必要としています。

しかし、地球は人を必要としています。自分で考え、温かい心を持ち、愛というエネルギーを周りに伝えていく人を必要としています。そういった人の無条件の愛、愛に満ちたエモーションや感情、コミュニケーションは、地球の進化にとって大変重要なものです。それらなくして、地球は進化もアセンションもしません。

政治、宗教、テクノロジー、どれも人を分離するものです。一日中スマホで過ごしていれば、世界はどんどん小さくなっていきます。膨大な情報、ファンタジックな世界にあなた方を連れていくかもしれませんが、あなた方はその小さな機器の世界から出ることも、そこから動くこともありません。それではあなた方の世界はとても狭いものになります。世界はその小さな機器だけではありません。

エネルギーの世界、スピリチュアリティの世界はおいしい食事のように味わうものです。食事から上る湯気は霊的世界では命の湯気です。ますます困難になる母なる地球のプロジェクトに沿って進んでいくためには、あなた方には命の湯気、その霊的、物質的エネルギーが必要です。

Chapter31
ショートメッセージ

1）ワクチンについて

もうすぐ社会はカオスに入っていくでしょう。存在は人類が学ばないのを見ています。何が待っているでしょうか。良いものではありません。

現在、世界有数の製薬会社の間で熾烈なワクチン競争があります。自分のところの方がもっと結果が出たと言って、権力とお金の戦いです。そして各国政府はそのワクチンを待っています。

しかし、ワクチンは問題を変える解決法とはならないどころか、存在し得る最悪の問題の一つでしょう。人類のＤＮＡを変化させ、人のコンセプトを変えるものだからです。にも関わらず、すでに多くの人々はワクチンを受けないと死ぬ、感染する、困ると思っています。

また、モデルナ社のワクチンはマイナス20度、ファイザー社はマイナス70度で保存しなくてはなりません。市場に出る時、何か仕掛けることができます。ワクチンを保存している施設の電気を切ればワクチンは駄目になります。ワクチンにはたくさんの競争相手、敵がいるので、物事は容易に進まないでしょう。

そのように、ワクチンはお金と権力闘争の中で大変な焦りの中で作っていることを考えれば、想像できるでしょう？　大変恐ろしいものです。

　ワクチンも効果が切れればまた戻ります。ウイルスを作った科学者はワクチンのエッセンスを持ったウイルスを作るでしょう。そうなればワクチンの力に反応しなくなるでしょう。大変厳しい戦いです。

　そのワクチンは自分の霊的人生を変えるものです。あなた方の人生は、今の肉体人生で終わるものでないことをよく考えてください。唯一のワクチン、100％確実なワクチンは自分の体を変えることです。進化させアセンションさせることです。他にありません。

　何を発明してもウイルスは変化を続けるでしょう。Ｃｏｖｉｄ19、20、21、22、23……そして人類を嘲《あざけ》るでしょう。ウイルスはもっと賢いのです。

　トランプはワクチンは何もできないことを知っていました。人が死ねば死ぬほど、カオスになればなるほど、権力を強化できると思っていました。バイデンが疲れるのを待ちながら、彼の力にブレーキがかかるようにしていくでしょう。トランプは大変利口であきらめることを知りません。彼の背後には地球外生命体がサポートしています。あなた方の知らないことです。彼の目的は、できるだけ多くの人を死なせること。だからコロナに干渉せず、物事を放置しました。彼は人が思う以上に賢いのです。

2）オリンピックについて

世界でこれほど人が亡くなっているのに、日本はオリンピックのことを言っています。コロナで苦しんでいる人々、パンデミックで職を失いお金のない人は、どんな思いでオリンピックを見られるでしょうか。もうそんな時代ではないことが分からないのでしょうか。

今の時代、オリンピックを開催すれば、さらに人々を分断します。オリンピックにはどれだけのお金を使い、どれだけの人がそのお金で食べることができ、どれだけの人々が苦しみから救われるのでしょうか。どこまで人は感情、感性、考える力を失ったらすむのでしょう。

もう競争の時代ではありません。メダルを競う時代とは違います。全員の利益のために団結する時代です。このまま進めば、消滅した他の文明と同じ運命をたどることになるでしょう。権力、テクノロジー、お金の乱用。

あなた方の文明も、かつての文明と全く同じ道を進んでいます。このままでは個人的に存在次元を変えない限り、アセンションするチャンスはないでしょう。様々なお試しをくぐり抜けることなく、一気にアセンションすることは夢と化しました。今の地球にはその条件がありません。

デジタルテクノロジーが進むにつれて、全てがアナログ時代よりひどくなっています。アナログ時代にはうまくいっていたものも、全てがグチャグチャです。地球外生命体のテクノロジーが世に出たものの、テクノロジーを操作するメンタル、マインドの能力が今の人類にはないからです。

それと引き替えに、どれほど悪人が社会に増えたことでしょう。人に危害を加えるためにテクノロジーを利用しています。今のテクノロジーは、心、倫理、モラル、人としての道理を失った人を大量生産しています。テクノロジーを操作するのは人です。人の内面を育てるのをやめたからそうなるのです。

国は悪人を野放しにしています。しかるべきところでコントロールしていません。１９２３年、関東大震災がありました。同じことが起これば日本は終わりです。国も、国民も神の上に立っているので、神々の守りがなくなっています。巨大災害があれば日本には回復するためのお金がありません。

政治の世界はネガティブな意味でアナログ過ぎて、未来のビジョンも愛情もありません。お金がある人だけを裕福にしながら、庶民をないがしろにし、自分たちの計画を続行するために、お金をばらまきながら進んでいます。

感情、心がないので悪いことをしたと思っていません。頭も心も立派なことをした、良いことをしたと思っています。国民のコントロールも大き過ぎて、国民も普通だと思っています。封建時代が国民の潜在意識の中で生き続けています。

国民が国は役に立たないと立ち上がるには、武器や暴力は必要ありません。思いや考え方で戦うことです。今はコントロール、服従の時ではありません。暴力はさらなる暴力、社会の分断に繋がり政治に利用されます。

３）芸能界

最近メディアの意見や物の見方がよく変わります。物事の真実に触れると失脚するので意見を変えなくてはならないからです。新聞、ニュースなどは信じないことです。

彼らも仕事を続けていくためには社会システムに従わなくてはなりません。結局、皆同じカラーの上着を着ているのです。ですから、自分のスピリチュアリティを強化し、自分で考える力を強化し、メディアなど周りの意見に惑わされないことです。

さて芸能界で大麻所持がよく話題になっています。芸能人がわずか0・5gのドラッグを所持しただけで、「容疑者」に早変わり。メディアにたたかれ、公の場で国民に向けて謝罪会見などをしています。どうして国民に謝る必要があるのでしょう？

政界では国民のコントロール強化のため、どれほどのお金が投入され、国会で昼寝していても何千万の所得を得ています。でも国民は何も言いません。偉い方だから仕方ないと許しています。法則の下に人は平等ですが、人が作った法律の下では全くの不平等が国民のマインドやメンタルを支配しています。

国民は自分たちと同じ立場の人、歌手、タレント、俳優には厳しい目を向けます。本来ドラッグの問題は個人のことで、あなた方にとっては本当はどうでも良いことです。あまりにも他人のプライバシーに入り過ぎています。だから日本は社会システムを変えることが難しいのです。日本では国民が政府や芸能事務所といったものが力を持つように支えていますが、このようなことは他国ではありません。

誰に罰する権利があるのでしょう？　これでは国民も国と同じです。あなた方が言う「偉い人」には不正を許し、支持し、偉い人にコントロールされていれば、本当の自由はありません。

時代のエネルギーは進化しても、昔の封建的エネルギーで振動し続けています。

Chapter32

コロナ禍を迷走する国、人

　コロナ禍の時代に入り、世界の政治、経済、社会システム、医療システム、こういった人類の日常を支える全てが危機に見舞われています。今やワクチンをめぐり、世界では、人々を、政治を、製薬会社を分裂させています。何でもいいからワクチンを打ちたい人、ワクチンを信用しない人、慎重に進める政治家、推進する政治家、受け入れる医師、早々だと危険視する医師、ワクチンを買える国、買えない国といった具合です。

　いくら国が責任を持つと言っても何ができるのでしょう？　世界中でワクチンの副作用を除去できる人は誰もいません。仮に何万人も副作用を訴えるようになれば、賠償金はどこにあるのでしょう？

　人類の問題はＣｏｖｉｄ19ではありません。人類の間の結束、無条件の愛、スピリチュアリティの欠如、こちらの方がもっと重要です。

　各製薬会社はワクチンの有効性を主張していますが、ワクチンは全く完璧でないことを知っています。私たちの見たところでは20～30％くらいでしょう。つまり70～80％は、コロナウイルスから守らないということです。信じる人はだまされたと思うでしょう。

それは愛ではなく、誰がいち早く市場に出し巨額な報酬を手に入れるかという、エゴによって作られるものだからです。科学者は完成に10年かかることを知っています。まだ数カ月しかたっていません。

現在開発された、もしくは開発中のワクチンは、RNA（リボ核酸）メッセンジャーワクチンと呼ばれていますが、副反応だけでなく、人の遺伝子を変化させる大変危険なものです。DNAが変われば人として認識されなくなり、人の能力は闇の力により操作されるようになります。

さて、パンデミック対策として、ヨーロッパなどで強化されている人のコントロール、管理システムは全く間違っています。法則に反するものです。

一方、パンデミックの中、お金、経済だけを重視している日本は何もしてきませんでしたが、それも間違いです。そもそも日本でコロナウイルスが拡散したのは、国が初期対策を誤ったことに起因しています。

このままでは日本もコロナウイルスの前に負けるでしょう。日本経済を崩壊に向かわせています。まずは弱い人、貧しい人、個人経営者、店舗を逼迫し、倒産などに導き、次に中小企業、中小の経営者、そして最終的には大企業へとその影響は及ぶでしょう。

世界経済は、20、30、40％とダウンしていき、コロナに耐えることができなくなっていくでしょう。コロナウイルスは、今までお伝えしてきましたように、ある期間居残るために来ました。

法則は、人類の政治、経済、医療など今までの社会システムは消滅し、平等、均等、公正な新しいシステムを構築することを求めています。

現在、世界各国は環境対策として政府レベルで、ガソリン車の販売、生産停止など様々な対策を打ち出していますが、個人経済を考えていません。環境を変えるためにはまず、個人や企業が苦しんだり破綻することがないように支え、皆がクリーンエネルギーに参加できるようにしていくのが、本来の国の仕事です。そうでなければ、一見良いことをしているように見えても、ヒットラーのような独裁者と同じです。

個人の人権はどこまでも守られなくてはなりません。そうでなければ昔のような独裁政治の時代に戻るでしょう。人類の間に無条件の愛、スピリチュアリティがないからそれを許していくのです。

あなた方の法律は弱い者を守りません。形だけで本質的に人を守るものではありません。コロナウイルスはそういう社会システムに入り込み、最も弱い人、病人、高齢者を襲います。社会システムが皆に平等でないからです。お金を持っている人はしっかりと守られています。でもコロナウイルスから守られ自分の中に入ってこなくても、コロナウイルスは世界経済、システムを壊していくでしょう。

日本はアメリカの軍事システムに巨額な資金をプレゼントしても、国民の命を守る医療システムには少ししか投入しません。だからコロナの感染が少し広まれば、ヒィーヒィー言っています。

医療システムを強化するためしかるべく資金を投入する代わりに、「食べに行きましょう、旅に行きましょうキャンペーン」にはしっかりとお金を投じ、その傍らで人々が亡くなっていくのを眺めています。

今の資金では、必要な病床、医療スタッフ、医療機器などを充実させることができません。これは国、自治体トップのエゴによるものです。

日本は今していることのつけを払う時が来るでしょう。世界も同じです。しかし、少なくともドイツ、イギリス、フランスなど諸外国では医療にもっとお金を投じています。今の日本にフランスやスペインで起こったことが起きれば、日本社会はカオスになるでしょう。国民に投資しないからです。

法則はこの間違いを許さないでしょう。人が人を苦しめる、人が同じ国の人を苦しめる、大きな誤りです。

現在、世界の分裂、人々の分裂が隅々まで広がりつつあります。あなた方の国でも国や自治体の補助がある人とない人、職を維持する人と失う人、正社員と非正規社員、大企業と中小企業、マスクをする人としない人、そして今回の経済キャンペーンは、持つ人々と持たざる人々の格差をさらに大きく広げています。

まじめに働いている人々、今まで人々に心の癒やしや夢を与えてきたレストランやホテルが苦しんでいます。支援が全く足りないからです。これは差別です。日本には小さな店、中小の会社がたくさんあり、たくさんの人々がそこで働き、日本経済、社会を支えてきました。

しかし、国と社会システムは無責任にも彼らが倒産、閉店するのを黙認しています。国民にもこの状況に責任があります。国と一緒にゲームをプレーしています。もらえるお金は使わなければ損だと思っています。キャンペーンに参加し、一緒になってお金を使っています。そのようにして国や社会システムを支え続けています。でも、いざ自分の番になった時、それは自分を守らないことに気付いていていません。

国民は自分が何を求めているのか考えていません。食べて飲んで遊びに行く、そのファンタジーを楽しんでいます。それは政府に力を与え、社会的差別、社会的分裂を強化し、力のない人々を苦しめ続けます。

でもいつか自分にも来るのです。大企業にも逆風が吹く時が来るでしょう。日本人はシステムによってコントロールされた国民です。これが日本社会の性質です。だから誰かが社会システムをたたくと国民は怒るのです。社会システムは従うもの、皆で支えるものと刷り込まれているからです。

でも、これから法則の世界はそのようなことを許さないでしょう。

Part8

向かう道はアセンション以外なし!

Chapter33
いよいよ天から来る時――自分の未来に気をつけて！

母なる地球に役立つ人類と役立たない人類を選別するために、各人が分析される時が近づいています。自分の近未来を目指して集中してください。

もう、誰のことも批判してはいけません。批判はさらなる批判に繋がります。人のことをあれこれ考えることもいけません。自分がどうであるかのみ考えることです。

社会はよほど深刻なことが起こらない限り変わらないでしょう。2021年3月以降、母なる地球はエネルギー構造を大きく変化させていくでしょう。あなた方一人一人は次のフェイズ（次元的段階）にシフトするか、しないかチェックを受けるでしょう。

人類の80％は新しいフェイズにシフトしないでしょう。20％のみが前に向かって進んでいくでしょう。シフトしても気付く人はほとんどないでしょう。

これからいよいよ「新秩序」は地球に姿を現すでしょう。闇の存在による新秩序とは違います。新秩序、新しいフェイズが2021年3月から始まります。そのために肉体、メンタル、マインド、エネルギーレベルで準備されていることが必要です。それは母なる地球で生存し続けていくための条件であり、そうでなければ肉体を失うこともあるでしょう。コロナウイルスではありません。

地球に降り立とうとしている大変強い光があります。あなた方の体は、その強烈な光を和らげるような波動で振動していなくてはなりません。これからあなた方の体、つまり器は自分のアイデンティティとなるでしょう。マイナンバーではありません。

食べ物、飲み物に気をつけてください。体内に有害な物を摂取すれば、ある程度クリーンになるまで時間がかかります。有害な物質のエネルギーは蓄積され、肉体、エモーショナル体、アストラル体などに毒素のブロックとして残ります。

そのような状態で強烈なエネルギーを受ければどうなるでしょう？　ブロックが爆発します。つまり一気に体に来るということです。脳内出血、心筋梗塞など循環器系の病気、重篤な結核や肺炎、突然話せなくなる、おかしなことを言うようになるなど、様々な現象が起こるようになります。

それはウイルスよりひどいでしょう。コロナウイルスは来たる強烈な光の中、時が来れば自然に消えていくでしょう。

問題はあなた方です。食べ物、飲み物、遺伝子組み換え物質、ナノテクノロジーなど十分に気をつけてください。強烈なエネルギーを受容するために、理想的な体を準備してください。進化のために重要なエネルギーです。

アセンションの道は大変狭い道と言いましたが、ちょうど直径50㎝の真っ暗なトンネルを通っていくようなものです。メンタル、マインド、スピリチュアル、肉体、エモーショナル、全ての面で試されるでしょう。霊的柔軟性が必要です。

恐れはさらなる恐れに繋がります。コロナウイルスもワクチンでは解放されないでしょう。これからやってくるもの、各ステップを一つずつ乗り越えていくために、強くあってください。

地震とかいった自然現象は別の問題です。例えば、ある国のあるところで地震が起こったとしても、地震が起こらなかった地域の人々は、自分の国のことなのだと感じていません。自分のことのように感じていません。仕方ない、自分はそこに住んでいない、自分とは関係ない、それが今までの人々の思考形態です。人類の思い、各国の愛はバラバラで、被災者は苦しみ、そうでないところでは楽しんでいる、その繰り返しです。

しかし、細胞の記憶、クォンタムメモリー（量子メモリー）のレベル、人類レベルのメモリーの記録の中では、あなた方は互いに深く関係し合っているのです。

ここは大切なところですからよく聞いてください。あなた方は今の肉体人生だけを生きているわけではありません。あなた方は幾度も肉体を持って生まれたのです。その前には宇宙でも様々な惑星で、様々な体を持って生きていました。

今まで地球に起こったこと、地震、病気、戦争、飢餓、パンデミックなど、否が応でもあなた方一人一人と関係しています。それはあなた方全員に繋がっている量子メモリー、細胞の記憶によるものです。

あなた方は100年、200年、300年前の地震、津波、パンデミックなどを体験しているかもしれません。日本だけのことではありません。地球全体の出来事です。

人生を通して肉体に起こることはＤＮＡに刻まれます。そのため人種が違っても、人類には世界共通の記憶があるのです。

ですから自分の国のどこかで大地震が起こった、原発事故が起こった、でも自分に関係ない、自分のことでないと言うのは本当ではありません。あなた方の記憶の中では大変関係しているのです。関係ないと言っても、あなた方にも同じこと、さらにひどいことが起こっても不思議ではありません。自分も同じ問題で苦しむ時、人は冷たいと思うでしょう。自分たちのことを考えてくれないことを知るからです。つまり歴史は共通だと言うことです。病気や戦争も共通です。

アセンションに向かうためには、あるレベルで共通の思考、生き方がなくてはなりませんが、人類には存在していません。物においてのみ共通する生き方があります。スピリチュアリティではありません。ここに日本の大きな問題があります。日本ばかりではありません。地球全体がそうです。

さて、日本で20％の人口はアセンションするために準備されているでしょうか。それはないでしょう。10％にも満たないでしょう。

どうしてでしょうか。物の世界に眠っているからです。互いの間に親近感を感じていません。スポーツや食べたり飲んだり出かけたりするためには集まります。楽しみの時だけです。

でも、同じ目的を成し遂げるための結束は存在しません。コロナウイルスをきっかけに人々がさらにバラバラになっている今、何があなた方を結束させるでしょうか。このまま行けば、地球はアセンションの準備ができている人と、アセンションに関心のない人と明確に分かれていくでしょう。

あなた方の間では、意識、生き方、スピリチュアリティ、法則に対する理解の仕方など、全てが曖昧で、親密な関係や結束が存在していません。そのため、あなた方の間に空っぽなスペースがたくさん存在し、光が入れないでいます。

このように空虚なスペースがあちこちに存在する中、宇宙から強烈なエネルギーが降りてくれば、多くの人々は苦しくなるでしょう。あなた方の間に結束や自由な思考形態がないからです。

自由な思考形態とは、社会的自由や人権を回復することとは異なります。日本では社会的自由や真の人権は存在していません。全てが国、行政や法を執行する人々や機関により、コントロールされているからです。でも、ここではそのテーマについて話しているのではありません。

魂の自由、霊的自由について言及しているのです。物に対する執着、ファンタジーへの執着、楽しむために存在するあらゆるものに対する執着、そういった全てのものから解放され自由であること、それが自由な思考形態です。

でも大半の人がそれらにしがみついているので、あなた方の国は行くあてのない船、難破船と化しています。それが沈没しようとしています。

人々は何を探しているのか知りません。自分は本当は何を望んでいるのか、分かっていません。自分はどこから来たのか、どこへ向かっているのか分かりません。これが日本であり世界です。

あなた方はどこが目的地か、どんな未来なのか分からない船に乗り漂流しています。テレワーク、オンライン、マイナンバーポイントを獲得する、どれもあなた方の進化にとって役立つものではありません。それらはあなた方を汚し、霊性、スピリチュアリティから遠ざけていき、人は益々物しか見ないようになります。

物は何をするでしょう？　人の頭をコントロールし続けていきます。消費に続く消費。このような状況はいつまで続くでしょうか。

人類は、今まで多くのスピリチュアリストが言及してきた「黄金の時代」に突入することはないでしょう。地球には黄金時代は一度も存在したことがなく、これからも存在しないでしょう。あなた方人類は黄金の時代を引き寄せる術を知ることがなかったからです。

あなた方は黄金時代を豊かな食生活、豊かな暮らしができることと混同しています。そんなものではありません。「黄金時代」はあなた方が高いエネルギーを会得し、一人一人が小さな神になった時です。それが黄金時代です。

黄金時代は銀河宇宙に存在しました。プレアデス、シリウス、オリオンにも存在しました。いつも悪い時代だったわけではありません。恒星や惑星の間に無条件の愛が君臨した時代です。でも地球は一度も黄金時代に到達したことはありませんでした。無条件の愛が君臨した時は一度もありませんでした。地球の黄金時代について語っている本がありますが、それは誤りです。一度も存在したことはないし、これから先も存在しないでしょう。地球は日ごとに悪くなっています。精神の強い時代はありました。多くの国でメンタルの高い時代はありましたが、今となってはそれも存在しません。

それでは何があなた方を待っているでしょう？　闇の時代です。現在、あなた方は闇が背後にいる社会を生きています。闇の中を歩いています。いつも闇があなた方の後をついて回ります。でも多くの人はそれに気付いていません。

社会に存在するその闇とは何でしょうか。あなた方自身です。太陽に向かって立てば、背後に影ができます。スピリチュアルレベルでも同じです。自分の道は正しいと思って前に向かって進んでも、影があなた方について回ります。それがあなた方を操っています。光から来る明るさではありません。いつもついて回るのは影です。

どうして影があなた方の後をついてくるのでしょうか。あなた方が何も求めないからです。何もしないからです。何も動かないからです。だから影があなた方の背中にいるのです。あなた方の為政者の腐敗や不正の影、コントロールのための社会システムの影です。

あなた方は、政治、社会システムの悪魔的な太陽の下で生きています。そのため、あなた方の後ろにいつもその影が存在し、スピリチュアル、メンタル、マインド、肉体レベルで落ちていくよう誘っています。若くても若くなくても同じです。

あなた方は若者は免疫が強いと言いますが、50年、30年前の若者と比べれば、今の若者は彼らの免疫の1／2もないでしょう。当時の若者は今の若者よりずっと肉体、メンタルの力がありました。スピリチュアルなベースも持ち合わせていました。今はそのスピリチュアルなベースもありません。

それは両親からメンタル、スピリチュアル、マインド面の教育を受けることなく、物とお金だけで学んできたからです。今、子供を育てる唯一の方法はお金です。人生の価値を教えません。

人生の価値とは何かと質問すれば、多くの人は答えられないでしょう。人生の価値は、まずスピリチュアリティにあります。人にはスピリットが存在しています。でも、今の人はスピリチュアリティに触れようとしません。スピリチュアリティがカットされています。ちょうど頭がチョン切られているような感じです。生きているから生きています。物の消費者として生きています。給料を得るために12時間、13時間と長時間働いています。なぜでしょう？社会システムによるものです。誰がそのようなシステムを許しているのでしょう？　あなた方です。それがあなた方の国の社会です。今や多くの国がそのようになってきています。

あなた方は自分のマインドについて理解していません。マインドに触れようとしないからです。マインドとは何でしょうか。メンタル、エモーショナルを抑制する力です。

気に入らないことがあるとすぐ暴力に走る若者が増えています。マインドレベル、もしくは肉体的な暴力です。イライラに我慢できないからです。自分のコントロールができないことを意味します。自分の欲望を満たす唯一のものは物です。自分の感情、エモーション、スピリットにブレーキをかけたり喜ばせる唯一のものは物です。

それでは宇宙から来る強烈な光を、メンタル、肉体、感情、エモーショナルに、どのように受け入れることができるでしょうか。我慢できないでしょう。器がないからです。若者だけではありません。高齢の人も同じです。生き方が同じだからです。

同じ社会を同じエネルギーで生きています。同じエネルギーで生きているので、同じですが同じではありません。皆それぞれ自分の好きなように生きています。それぞれが自分の都合や利益だけを考え、バラバラで結束していません。

友達、知人、同僚などからマインド、経済面で助けを求められれば、身を引きます。どうしてでしょう？　結束がないからです。感情、エモーションを持った人として相手の立場になり、助けようとしません。日本ではそういった人と人の間の結束が淡くなっています。世界でもそうです。

それはあなた方がアセンションするには足りないものがたくさんあることを意味します。アセンションするためにはそういった全ての資質が必要です。論理的思考でアセンションはしません。汚れた体でアセンションはしません。物に依存し、物を探し求めていてアセンションはしません。それは不可能です。

光が要求するものはその反対です。でもあなた方が求めているものは物、物で満たされる感情やエモーション、マインドです。

ですから兄弟よ、準備してください。地球は尻尾を振り始めます。宇宙も良い意味であなた方とプレーを始めたいと思っています。宇宙は一旦ここでクリーニングしたいと思っています。

コロナウイルスのプロセスは続くでしょう。法則、宇宙、母なる地球だけが、それらのエネルギーをクリーニングすることができるでしょう。あなた方の政治、医療にはそれをコントロールする力がありません。国民が無責任だからです。自分に対しても人に対しても無責任です。

でも時が来た時、少なくとも進化の道のりに入りたいと思うならば、あなた方は自他に対して責任を持たなくてはなりません。

アセンションへの道はもっと厳しいものです。少し前にお伝えしましたが、無限に続く幅50㎝の真っ黒なトンネルを通り抜けるようなものです。目を開いていても見えません。狭い道です。多くの人が道途中に残るでしょう。

トンネルの広さに順応していくためには、霊的柔軟性、肉体、メンタル、マインドの強さが必要です。トンネルの幅は何を意味するのでしょうか。トンネルの向こう側にたどり着くためには、柔軟性を持ち、体、感情、エモーション、メンタル、マインド、スピリットをコントロールする力が必要だということです。

人類は準備できていません。暴力で得ることはできません。現実に起こっていることに対して無関心であってもいけません。自分の内側を見なければなりません。以上です。

Chapter34

いよいよ天から来る時 2

今の人類は、表面的にも4・7次元にいないといけないはずです。表面的というのはオーラやチャクラレベルのエネルギーのことです。少し前まで到達していた3・7次元にも達せず、3・1、3・2、せいぜい3・3次元です。このように低いエネルギーで振動しています。これではどうしてアセンションが要求する自分のＩ ＡＭ（神我）に触れることができるでしょうか。

微細身はさらに高い次元で輝き、自分の肉体をサポートしていなくてはなりません。肉体もそれに応えることができるように、クリーンで質量も軽くなくてはなりません。そうでなくては別の次元にシフトすることはできません。

今の人類の思考形態、政治、社会システムでは出口がありません。恐れや疑いが支配していた過去の時代に戻ることになります。その過去のエネルギーが今あなた方の社会に入り込もうとしています。

このまま進めば今の人類は地図からいなくなるでしょう。時が来ても、人類の90％は準備されていません。

何千万年前の昔、恐竜の時代があり、その化石がシベリアなど世界各地で見つかっています。でもその化石時代の前に、別の人類の時代がありました。当時の人類の化石こそ見つかってはいませんが、ペルーのある博物館に恐竜と人が共存している絵を描いたストーンが展示されていますね。未来の人類が、今の人類をそのように絶滅した文明として見るかもしれません。

現在の文明は、アセンションという次元の壁を越えて、地球と地球の生命は継続するはずでした。でも現実は地球はデセンションに向かって進んでいます。全てをコントロール、管理システムの下に置く、これがあなた方を待っているものです。現在あらゆるものが霊的、物質的に汚染されています。地球に罪はありません。人類がそうしたのです。

アセンションのプロセスはどんどん難しくなっています。集団的には不可能でしょう。個人、小さなグループレベルでは可能性があります。

これから地球は「新秩序」を呼び寄せるでしょう。人類の新秩序ではありません。いよいよ「麦と藁の選別」です。そのプロセスで多くの人が消滅していくでしょう。

今までたくさんのチャンスがありました。でも強い光が来れば、体に原子爆弾を受けたのと同じようになるでしょう。器が汚れているところに、高く強烈なエネルギーが入れば、焼けて爆発し分解してしまいます。これから降りてくるエネルギーは火ではないのですが、火のようなエネルギーです。

最近、隕石やアステロイドが地球に接近したり落ちてきたりしています。日本でも火球がしばしば見られますね。宇宙の大きなエネルギーの変化によりアステロイドが分解し、砕けたものが地上に降ってくるのです。それと同じようなことが地上で起こる可能性があります。

あなた方人類の間に感情、エモーション、無条件の愛が欠けているからです。あなた方人類の間には、ポジティブな意味での集合意識の団結がなく、自分たちを守る強くて大きな電磁場がありません。あなた方の間は隙間だらけで、宇宙から何が入ってきてもおかしくありません。

レムリア文明、アトランティス文明は、霊的時間にすれば昨日のようなことです。どちらも物やテクノロジーにあまりにも執着し依存し過ぎたこと、人類のスピリチュアル、メンタルの衰退、人々の結束がなくなりバラバラになったこと、この3つの要素が偉大な2つの文明を消滅に導いたのです。今の人類の文明も全く同じ道を進んでいます。

１９８７年に地球でハーモニックコンバージェンスがありました。この時、過去の文化、過去の全ては終わり、地球は新しい時代を迎えたのです。

あなた方はいまだにエジプトやマヤ、アステカ文明を研究したりしていますが、それはただの遺跡です。そのようなことに時間を失う代わりに、アセンションを遂げるために、自分たちの未来の歴史を探す時です。

あなた方の時代は1987年に始まったのです。それ以前の昔を見たり建造物を復元しても、時間とお金を失うだけです。そのようなお金があれば困っている人を助ける時です。

今の地球には2つの選択肢があります。

一つはアセンションにとって邪魔なもの、人々を取り除き、必要な人を地球に残し、地球のアセンションを進めていく。

もう一つは、火のような電磁波エネルギーを増量し、浄化、燃焼させること。

光の存在は人類にラストチャンスを与えています。それはどの選択肢においても生き残ることができるように、今許されているエネルギーと時間を利用して自己準備することです。

Chapter35
激化する光と闇の戦い——ハルマゲドンを回避するために

現在、光の存在と闇の存在の間で大きな戦いがあります。光の存在は地球や人類に光をもたらそうとしています。闇の存在は邪悪な地球外生命体を呼び寄せ、彼らと協力して光の存在を攻撃し、光の存在のいる場所を占領しようとしています。

光の偉大な戦士たちは、観音様など偉大な神々をサポートし、守っています。大きな神々が光と闇の戦いに介入するのを避けるためです。大きな神々が介入すれば、それは新たなハルマゲドンに繋がります。ハルマゲドンは光と闇の全面対決です。ハルマゲドンになれば、あなた方人類は肉体的な存続が不可能になるでしょう。

あなた方は闇の存在から電磁波攻撃を受け、一瞬にして溶けてしまうでしょう。彼らが武器を行使すれば、広島、長崎の原爆の5000万倍の威力を発揮するでしょう。

そのため光の戦士たちの仕事は、彼らが偉大な神々に近寄ることがないように、光の盾を作ることにあります。現在、光の存在と闇の存在は冷戦状態にありますが、地球に光を維持するために、その戦いは、かつてなかったほど厳しいものになっています。

コロナウイルスは人々に死や絶望、経済の悪化をもたらし、それに拍車をかけています。それは偶然ではありません。遅かれ早かれ、変化は来なくてはならないものだったのです。他の形でやってきたかもしれません。でも来なくてはなりませんでした。

ある意味では悪いことです。経済が悪くなれば小さな企業や店は倒産し、人々は仕事がなくなり、食べていく術がなくなります。一方、株式が上昇し大企業、富裕層をさらに豊かにしています。平和や光に逆らう闇の力によるものです。

コントロールを強化している黒い力、闇の勢力は、地球に唯一の階級が存在すべくサポートしています。金持ちと権力者です。彼らにとって貧乏人は不要です。存在すべきでないと思っています。

為政者、宗教家などの人間イルミナティは、彼らにとって邪魔なもの、普通の人々、質素な生活をしている人々を一掃し、富と政治的権力、宗教的権威が持続するように動いています。それが彼らにとってのコロナウイルスの目的です。

一方、コロナウイルスは経済にとってたくさんの問題をもたらしました。経済は崩壊しつつあります。国は人の動きをコントロールすることはできますが、経済をコントロールすることはできません。各国経済は崩壊に向かいつつあります。

政府、大企業、宗教をサポートしている地球外生命体がいますが、彼らの中でも闘争があり、コロナウイルスは彼らの下で動いている人々をも攻撃しています。つまりコロナウイルスが展開していくプロセスにおいて、様々な勢力、力関係、ぶつかり合いがあります。

この先経済が回復することなどないでしょう。コロナウイルスはさらに多くの問題をもたらすでしょう。この先も多くの人が命を失い、ワクチンは役に立たず、ウイルスは進化し続け、さらに利口に立ち回っていくでしょう。人類はウイルスを消滅させることも遠ざけることもできないでしょう。

誰がこのウイルスを作ったのでしょう？　人間です。彼らの背後に地球外生命体がいます。現在、別のドラコニアンやレプティリアン、ゼータ人、グレイなどが権力をねらって地球に接近しています。皆権力が欲しいのです。彼らの間で戦いがあるでしょう。

権力をめぐる様々な地球外生命体、邪神のグループの戦いです。この戦いは、地上にどのように反映されるでしょうか。

社会や経済はさらにバランスを崩し、戦争もあるかもしれません。また医療システムも崩壊するかもしれません。クリニックや大病院の倒産、多くの店の倒産、絶望するたくさんの人々、自殺の増加など、社会問題も一層深刻になっていくでしょう。

今まで何でもあり、何でもできたことに慣れている人々は、我慢ができなくなっていくでしょう。今まで物質レベルで全てコントロールが行き届き、統制された社会で生きてきました。そういう物のシステムがなくなり、違うシステム、違う生き方を求められるようになっても、それらを受け入れることは苦しみを伴うでしょう。

しかし、その別のシステムは、各人にとって最も良いものです。経済、政治、社会システムに依存することなく自由に考え行動する、それこそ「新秩序」です。

一方、「別の新秩序」があります。それは地球外生命体による人類のコントロールです。あなた方の為政者、宗教家、科学者、大病院は、〈傲慢さ〉を通して彼らを呼び込んでいきます。傲慢は傲慢を呼びます。

為政者が世界をコントロールし続けるようサポートする地球外生命体に対抗している、別の地球外生命体により、コロナウイルスはサポートを受けています。彼らはコロナウイルスが人類を抹消し続けていくように動いています。ワクチンはどんな形でどう働くのか観察し、すでにワクチンに関するあらゆる情報を集めています。

そういった情報はどこに行くのでしょうか。コロナウイルスです。そのためコロナウイルスは、ワクチンはどう作られたか知っています。コロナウイルスは次々と開発するワクチンの影響を受けない、別のウイルスや形へと変化し続けていくでしょう。

やがてコロナウイルスはワクチンを食べ、強くなっていくでしょう。バクテリアや他のウイルスと同じです。彼らは薬を食べて強くなっていきます。ワクチンがコロナウイルスを強化していくことになるでしょう。

そこまでコロナウイルスには知性があります。人間イルミナティ、地球外生命体イルミナティなどと戦っている地球外生命体と繋がっているからです。そのように様々な勢力が争っているのです。

では、誰が人体からコロナウイルスを除去してくれるのでしょう？　誰もいません。あなた方自身の高まりしかありません。皆、光を恐れています。皆、無条件の愛を恐れています。無条件の愛に対して、コロナウイルスも、イルミナティも、他の地球外生命体も報復も何もできないのです。

無条件の愛ほど強いエネルギーはありません。無条件の愛は焼く力があります。無条件の愛だけではありません。無条件の愛の後ろには、毒草を燃やす力を持つ光の存在がいます。無条件の愛の下では、いかなる毒草も存続し続けることはできません。無条件の愛の向こうには、無条件の愛と異なる思いを持つ者は誰も入ることを許さない、鋭い火の光が存在するのです。

無条件の愛のエネルギーは、創造の源が放った初発のエネルギーです。邪悪な者は耐えることができないものです。謙虚で心が開いている人だけがその光に耐えることができます。初発の光は殺すためにやってくるのではありません。それが目的ではありません。

しかし、邪悪な者を崩壊し燃やすことができます。それは創造の光です。創造の光は、あなた方が想像するような愛に満ちていて優しい、そんなものでは全くありません。初発の光は、はるか彼方の時からのエネルギーを維持し、高まり続けています。

もし為政者、宗教家、社会システムが、そのエネルギーを持っているとすれば、それは不可能でしょうが、コロナウイルスは数日で消滅するでしょう。最善のワクチンは無条件の愛のエネルギーです。そのことを忘れないでください。そして何かに縛られることがないように、あなた方の肉体、スピリット、メンタル、エモーション、感情に気をつけてください。

Chapter36

闇に加担する「仕方ない」「しようがない」

どうして今の時代、あなた方の間にこんなに憎しみや不信があるのでしょうか。どうして人類という種族は、感情もエモーションもなく、傷つけ合うのでしょうか。どうして為政者は、感情もエモーションもなく、困っている国民を助ける代わりに、お金があるところにお金をつぎ込み、ないところから取り上げ続けているのでしょうか。

それは地球外生命体や邪神が、彼らの先祖をコントロールし続けているからです。為政者や軍人の先祖だけではありません。昔の知識人も、邪悪な地球外生命体や邪神、邪悪なスピリットに、あなた方を苦しめるように操られています。ですから政治哲学も、国民の税金により豊かになるために、国民を苦しめるもの以外の何ものでもありません。

力のある医者や科学者、エンジニアも為政者と同じです。多くの人を殺した軍人も、邪神や邪悪なスピリットにコントロールされ、邪悪なスピリットと化し、彼らの子孫を通して働き続けています。子孫の体を流れている血液のＤＮＡには、先祖から受け継がれた国民をコントロールする原理が刻まれているので、子孫も自分がしていることが悪いとは思っていません。

日本だけではありません。世界も同じです。現在、ヒットラーのような時代がよみがえろうとしています。自由の欠如、国民を税金の縄で首を絞め、貧困層をさらに苦しめ、自殺者を増加させています。こういった全ての責任はどこにあるのでしょうか。あなた方の社会システムと為政者です。スピリチュアリティがなく、感情やエモーションが欠けているので心が痛まないのです。いつも上から下へと見ています。

では為政者に対する責任は誰にあるのでしょうか。あなた方国民です。

今までの長きにわたる政治システムの中で、あなた方日本人はいつも自分たちの指導者に頭を下げてきました。自分たちの霊的権利、人としての権利、国民としての権利、働く者としての権利を回復するために、指導者と同じレベルに自分たちの目線を上げようと努めてきませんでした。

そのため、彼らは国民の従属的性質を利用し続け、国民を彼らの被支配層として扱ってきました。そのことに彼らは何も感じないし、苦しく思うことはありません。

そのため歴史は繰り返しているのです。軍隊が支配していた時代には、逆らう者は処刑し、正しい人々を侮蔑し、彼らと同じカラーの人をサポートしました。武士の時代も同じでした。現在も平和憲法の名の下に、不正、腐敗が横行しています。それでは平和憲法は何のためにあるのでしょうか。

為政者は平和憲法の下、国民を蔑視しています。物質レベルのみならず、霊的レベルにおいてもそうです。邪神も、国民はおとなしくお人好しだという条件を利用し、不正だらけの為政者の命令を国民が受け入れるよう操っています。

国民を守るためと言い、気の遠くなるようなお金が無駄使いされていますが、それは国民を守りません。あなた方はそれを素直に信じ、そのファンタジーの中で生き、生活が苦しくても仕方がないとあきらめ、ファンタジーから目覚めようとしません。

「仕方ない」この言葉で、肉体を失った後行く世界はどこでしょうか。コントロールの世界です。

カルマ評議会の神々は、そういうあなた方を許すことはできません。スピリチュアリティに目を向けなかったため、肉体人生で大きな誤りを犯したからです。あなた方が肉体を失い、カルマ評議会の前に立った時、仕方ない、しょうがないと、コントロールされるままに生きた、自分をいじめるのに身を委ねていった、そういう人々は従属の世界、いじめの世界へ行くことになります。

霊的レベルでの従属性、おとなしさといったものは、肉体を失えば、そのつけを支払うことになります。「仕方ない」「しようがない」は、創造に値するものではありません。あなた方は為政者と同じく、神の子です。それなのになぜ、彼らに頭を下げ、自分をいじめなくてはならないのでしょうか。彼らは闇の存在と繋がっているのです。彼らを認めれば、あなた方は闇の共犯者ということになります。

霊的世界では、誰も神聖な法則から逃れることはありません。あなた方が地球でしたことは全て、肉体を失った時、払わなければなりません。特に何か悪いことをしなくても、「受け入れた」ということは自分のエネルギーを汚すことを意味します。

受け入れるのではなく許す。でも許しても、それを決して口に出してはなりません。そうであれば、カルマ評議会に立たされた時、自分の思いに反し、このような社会を生きなくてはならなかった、皆がサポートしてくれないので何もできないが、それでも違う考え方をした、そういった人々は別の世界へ行くことになるでしょう。

そのように地球外生命体は、彼らに逆らわないように人々をコントロールしています。邪神も為政者も社会システムもそうです。あなた方が彼らに対してリアクションを取ることがないように、コントロールしています。

これから、このエネルギー、コロナウイルスをはじめとする多くの問題の下、自分の権利、人として、霊的な人としての権利を横に置き、あなた方がしていることは全て、苦しみの世界に繋がります。特に何もしなくてもです。

自分の心の中で許す、それが一番の問題です。他に方法がないから許すしかないのと、心の中で許すことは違います。

多くの人が税金が上がっても、仕方ない、国にお金がないから、為政者がかわいそうと言って許します。お金がない？ありますよ。あなた方のお金です。

どうしてあなた方は、為政者があなた方のお金でプレーするのを許すことができるのでしょうか。お金は命です。お金がないために自殺する人も大勢いるのです。お金なくして生活することはできません。普通の人生を送ることができません。

地球には物があります。物がなくては生きていけません。お金は地球で生きていくためのエネルギーです。お金のない人は苦しみます。お金のある人は王様のように生きています。

昔、お金は天下の回りもの、やってくれば人にも回すものと言ったものです。でも今は多くの人は受け取っても与えません。それはエネルギーが回らないことを意味します。

為政者はお金を取り立てますが、与えません。受け取っても与えません。どうして為政者は特別なのでしょう？　どうして為政者は奪わなければならないのでしょう？　それは盗むことです。あなた方がそれを許せば、あなた方もその共犯者です。よく考えてください。

このように法則はあなた方の世界を見ています。

Chapter37
地球の選択――ラストプロジェクト

あなた方にラストチャンスを与えるために、地球の近くを回っている船隊があります。地球の状況が本当に複雑になった時、各船は、高まりを目指す努力により各人が到達したレベルに従い、あなた方を迎えに来るでしょう。あなた方を迎えに来る船のタイプは、あなた方が行う内なるワークにより異なるでしょう。

現在地球には2つのプロジェクトが存在します。アセンションが成功するか、自己崩壊に向かうかのどちらかです。今現在、後者の確率が上回っています。

人類が何もすることなく、地球の電磁波空間、宇宙の電磁波空間を汚し続ければ、２０２９年、地球は自己崩壊の道を選択するでしょう。でもその頃までには、あなた方はここにはいないでしょう。

その前にあなた方は個人、グループで地球と同じくらいの惑星、より高いエネルギーか、それ以下のエネルギーの惑星に運ばれていくでしょう。

中途半端なメンタル、思考形態、スピリチュアリティ、物や他人への依存でもって生きていれば、他の惑星でも生きていくことはできないでしょう。高まりが要求されます。

幸運にも惑星のエネルギーに順応することができれば、地球が自己崩壊ではなく、アセンションのプロジェクトを成功させることができた場合、あなた方は再び地球に連れてこられるでしょう。もちろん必要な人々に限ります。新生地球に役に立たない人は許されません。

２０２９年、地球が爆発しなかった場合、地球は再建され、自然の様相、川、湖、海、動物、植物、岩石など一切合切変わるでしょう。あなた方は動物、植物、岩石とかの生き物はどうなるのか訊くでしょう。岩石も生き物です。動かないという意味では生き物と見なされなくても、岩の中にはエネルギーがあります。

動物たちは執着がないので、簡単に救出されるでしょう。彼らには思い残すものがありません。動物は日々生きていて、食べ物があれば食べ、なければ食べず、時には死にます。あるものに従って生きています。

あなた方はあるものに従って生きていません。持てば持つほど欲しくなります。小さい時から食べ物、飲み物、贅沢、お金の動きの中で育てられていますが、ここから人類の問題が始まるのです。

どうして昔から人類は互いに殺し合ってきたのでしょうか。殺し合いは地球外生命体から始まったのです。そのことをよく承知しておいてください。地球のウランや金などの鉱物資源をめぐり、地球外生命体の間で植民地戦争が始まったのです。あなた方人類と同じです。人類も資源獲得のため植民地政策を推進し、先住民族を殺したり、彼らから奪ったりしてきました。

地球外生命体も、人類に対して抹殺したり殖民地化を行いました。また、人が彼らにとって脅威の対象とならないよう、人と野生動物のクローンを作り人を野獣化したり、人と知性の低い怪物のようなドラコやドラコニアンとのクローンを作ったりしました。

そのようにしてあなた方の神聖なエネルギー、マインド、メンタル、エモーショナルのエネルギーを汚し、邪悪な地球生命体の〈自分が持っているもの以上のものを持ちたい〉というエネルギーを植え付けていきました。

そのため人類も戦争、権力争い、領土争いを繰り返してきましたが、それは地球外生命体の歴史に由来するのです。

しかし、それよりもずっと前に、はるかに進化した文明がありました。

あなた方が信じている歴史は、歴史家や古生物学者によって作られたものです。彼らは霊的歴史を見ることはありません。残された遺跡や残留物だけを見ていますが、消滅した遺跡については誰も知りません。現在、存在していない遺跡の中にこそ、人類の歴史があるのです。

エジプト、インカ、マヤ、アステカ文明などは遺跡が残っていますが、それよりずっと以前のものです。霊性、知性において高い文明は、時間の中へ消えていきました。

どうして何も残っていないのでしょうか。彼らは別の次元界へ旅立つ前に、いつか人類が彼らの文明の手がかりなるものを手に入れたらどうなるか、ということを考え、文明の名残となるもの一切を破壊したのです。後の人類が、彼らの文明を利用して権力や富に繋げ、人間が人間をコントロールする文明を築くのを防ぐためでした。

あなた方はそのことを知りませんが、これは地球における歴史の一こまです。そのように自分たちの歴史をあなた方の手に残すことなく、地球から姿を消した文明が幾つかありました。

その次に宗教が来ました。宗教もあるところでは良い仕事をし、あるところでは闇の世界と協力し、為政者や軍人をサポートしてきました。

地球外生命体は、すでに神社仏閣に入り込んでいます。神々のふりをしている地球外生命体がいます。力のあるレプティリアンもいます。プレアデス、シリウス、オリオン、カペラなどから来た、光により拒絶されたレプティリアンです。彼らは自分たちの星から追放され、地球に亡命してきた存在です。

彼らの中でも強い者たちは実権を握り、今日も続いている地球の悪魔的なプロジェクトに着手し始めました。

良い存在、神々も地球に亡命してきましたが、邪悪な地球外生命体により地球の次元間空間に捕らわれ、彼らのコントロール下に置かれている存在もいます。

力のある大きな神々の助けにより救出され、光の存在、神々として光のテンプルに住んでいる存在もありますが、救出されるチャンスがなかった存在も少なくありません。

宇宙から来た邪悪な神々の中でも、権力争いに負けた者は幽閉されていたのですが、知恵と力のある地球外生命体により解放された者もいます。その神々は宗教の中に入り込むようになりました。何千年、何百年も前からです。幽閉されていた彼らは大変地球に執着があり、自分の惑星に帰るチャンスがあったのですが、それを望みませんでした。

一方、人が作った大きな宗教は、権力、お金、秘密主義に基づいています。「ここから先は入ってはいけません。ここは神の入り口だからです」などと言い、トップの幹部だけが入ることが許されます。それでは宗教は皆のためにあるのではないことになります。特別な幹部のためにあります。彼らは神のように扱われ、彼らだけがアクセスできます。でも、神の由来を知るのは全ての人の権利です。

あなた方が言う偉大な神々がいるという場所の多くに、邪悪な地球外生命体が存在しています。彼らは何が欲しいのでしょう？　たくさんのお金です。贅沢品、権力です。その代わりに多くの情報を与えるでしょう。幽閉されていた地球外生命体は大変知恵があります。彼らは誰をコントロールしているのでしょう？　宗教の幹部です。その幹部の背後に誰がいるのでしょう？　為政者です。

どうして為政者には感情がなく、冷たい人が多いのでしょうか。人々、特に弱者の利益に反するような法律を作るのでしょうか。彼らは大きな神社の神々、僧侶、幹部と同じだからです。

一方、小さな神社仏閣では僧侶の無条件の愛が存在します。邪神や地球外生命体は、無条件の愛のある神社仏閣には決して入ることはないでしょう。そこでは彼らは苦しくなります。

どうしてこのようなことをお伝えしているのでしょうか。これからのあなた方の高まりと大変関わっているからです。２０２９年、もしくはその前にあなた方は時空を越えるために準備をしていなくてはなりません。地球は良くなりません。

２０２１年現在、コロナ禍にあるにもかかわらず、人類は団結するどころか、益々バラバラになっています。

あなた方は「我慢できない」と言います。それは、自分の目の前にある問題を理解する準備ができていないことを意味します。自分だけを考えるからです。他の人のことを考えません。特に若い人は、大丈夫、私は感染しない、どうして恐れなければならないのかと思うでしょう。

問題はそこではありません。多くの人がそのように考えて人に感染させています。それを無責任と言うのです。自分だけを考える、そこに問題の鍵があります。

あなた方は皆、自分の考えに従い、好きなように生きることに慣れています。日本だけではありません。よその国でもそうです。そのため世界中のコロナの感染状況が悪化したのです。

本来、状況のバランスを取るのは誰の仕事でしょうか。宗教家の使命です。彼らは若い人を寺に呼び、他の人のために祈ることを教えることができます。宗教家が、若者が自分のスピリチュアリティを育てるのを助ける仕事をすれば、コロナウイルスは増加しないでしょう。

若者はエゴイストな思考形態から、他の人のことも考えるような思考形態へと変わるでしょう。深いところではあなた方は皆家族なのです。違う両親、違う国、違う民族であっても、人類は皆奥で繋がっているのです。人として、霊的レベル、宇宙レベルで繋がっているのです。今争っていても、宇宙では家族だったかもしれません。

世界中の若者に、他の人のことを考えるように訴えたいと思います。自分のことを考える前に、両親、兄弟、隣人、知らない人々のことを考えてください。仕事を失い、家や食べる物がなくて苦しんでいる人々のことを考え、スピリチュアルレベル、物のレベルで、彼らとその苦しみを共有してください。

それはボランティアをすることを意味するのではありません。共有するためにボランティアをする必要はありません。通りで家がなくて辛い思いをしている人があれば、１０００円でも２００円でもいいのです。食べ物が買えるようにそっと差し出せばいいのです。

それは愛の行為です。ボランティアではありません。ボランティアの活動だけでは皆に回りません。お金も人も足りていません。ボランティアの人もお金がなくて辛い思いをしています。金持ちは何もしません。金持ちはもっともっとお金を作りたいと思っています。

苦しんでいる人々に対して社会的行為をすることは、人々に笑みをもたらします。自分は一人でないと感じます。それがあなた方に欠けているところです。必要としている人に笑みを作ることです。お金を与えればそれで良いというものではありません。お金には心が伴うことが大切です。

大切なのは苦しんでいる人が幸せに感じることとです。お金だけではありません。気持ちが必要です。今人類社会ではそれが消えかけています。誰がそういう心の灯火を消したのでしょうか。為政者、社会システム、宗教家です。

立派なお寺であなた方がお布施をする時、どれだけお金が入っているのかを見ています。それでは宗教でしょうか、商売でしょうか。愛を与える代わりに、人が持っているもの、提供するものだけを見ていれば、人はどうして宗教を信じることができるでしょうか。

現在、２０２９年までに、地球が爆発を起こすか、突然アセンションするかのプロジェクトがあります。地球は地軸の傾きを変えながら、宇宙の危険な電磁場を通過しつつあります。地球のために準備されていた本来の軌道ではありません。

現在通過している宇宙の電磁場は、アステロイドや彗星の通り道にあり、強力な電磁場を持つ惑星の近くを通ることになります。そのため宇宙から巨大な電磁波エネルギーの圧力を受け、それは2029年にピークに達するでしょう。

光の船隊は、人類が思いを変えない限り、地球の波動やエネルギーを変え、軌道を変えることはできませんが、何とか地球がアセンションを成し遂げてほしいと思っています。

闇の存在も地球を所有したいので、爆発は望んでいませんが、どのグループも地球に興味があるので、誰も手を出すことができないでいます。

このような条件の中で、あなた方地球の住民、日本人は準備できているでしょうか。今こそ宗教家、ヒーラー、瞑想家、修行者、本物のヨガ実践者など、スピリチュアリティ、エネルギーといったものに触れている人は皆、エネルギーを外に向かって広げていくことが求められています。

スピリチュアリティや努力が不足しているために、自分の中にある光、つまり人を助けることができる知識やエネルギーを留めていれば、スピリチュアル、マインド、メンタル、肉体レベルなどで病んでいくことになるでしょう。自分の中にある良いものを自分の中にしまい込んでいるからです。それでは、あなた方も光の存在によって救出されることは難しいでしょう。

メッセージとは、光の存在と人類の間のコミュニケーションです。あなた方が今まさに何が起こっているかを知り、前に向かって進んでいく準備をするためです。メッセージは単なる知識ではありません。あなた方が自分のエネルギーに変え、行動に移して、進化していくのを助けるためです。

　でもメンタル、マインド、スピリットを高める努力をしなければ、光の存在と繋がることはできないでしょう。繋がることができなければ、光の存在により無視されることになるでしょう。思いのレベルで光の存在との繋がりがないからです。

　繋がりがなければ、光の存在は救出したくてもできません。このテレパシーというコミュニケーションはアクティブでなければなりません。パッシブではいけません。パッシブとは機能していないことを意味します。

　宗教でも多くの僧侶が並んでお経を唱えたりしますが、彼らの中でどれだけの人が神とアクティブな繋がりを持っているでしょうか。少ないでしょう。祈りはコミュニケーションを取ることですが、心がそのコミュニケーションに対して開いていなければ、祈りは届かないでしょう。

　祈っている時に何を考えているでしょうか。もっと向こうの世界とコミュニケーションを取ることを考えているでしょうか。そこに真髄があります。あなた方が向こうの世界とコミュニケーションを取るために何もしなくても、向こうからあなた方にコミュニケーションを取ってくるでしょうか。それはないでしょう。

　救出されるためには、もっと向こうの世界とコミュニケーションを取る必要があります。各人の思考形態、マインド、メンタル、スピリットが一つに融合しなくてはなりません。一つです。それが光となり、エネルギーとなり、光の存在と繋がれば、光の存在はあなた方に近づき、あなた方が存在するという意識を持ち始めるようになります。

光の存在は地球にどれだけの人が住んでいるか知っていますが、どれだけの人がアセンションしたいと思っているか知りません。そのためには霊的な繋がりが必要です。霊的な繋がりなくして人を救出することはできないのです。彼らと繋がることなくして、光の船はあなた方の救出のために来ることはありません。

ちょうど切符を買うのと同じです。でも、ここでは買うのではありません。あなた方の態度、思考形態、生き方、人としての行為を通して、光の船が降り立つように切符を獲得するのです。そうすれば危険な瞬間、別の次元界に回避することができます。多くの形があります。

でもその前に通るべき狭いトンネルがあります。厳しいトンネルです。我慢に我慢が必要です。

今の若い人はすぐ我慢できなくなります。若くない人もそうです。耐えることを知ることが必要です。待つことを知ることが必要です。苦しむことを知ることです。タオルを投げれば、その状況から抜き出る道は見つからないでしょう。

Part9

人類の前に立ちはだかる挑戦、コロナウイルスとワクチン

Chapter38 フィラデルフィア計画にさかのぼるコロナウイルスの秘密

今日は、コロナウイルスの秘密について、私たちが行った調査を通して、今の時点で分かったことをお伝えしましょう。

エリア51、及びフィラデルフィア計画など、アメリカの極秘プロジェクトのことを覚えているでしょうか。今回、エリア51よりもフィラデルフィア計画について言及する必要があります。

フィラデルフィア計画は、宇宙と地球の双方において重大な結果をもたらしました。アメリカはその実験を通して、時間と空間を越えました。彼らは研究のために、地球の物理的法則を犯し、実験は事実上失敗に終わったことになっています。

しかし、フィラデルフィア計画、及び後続する別の計画を通して、アメリカは、パラレルワールドに関する重要な情報を入手しました。世界で優位に立ち、世界中をコントロールするために、科学調査のパイオニアになろうとしたのです。

フィラデルフィア実験の参加者の中で、地球に戻らなかった人々がいます。時の経過と共に戻ってくる者もありましたが、皆実際の年齢よりもずっと老いた状態でした。

では、アメリカのフィラデルフィア計画とは何でしょうか。なぜその計画に莫大な資金と技術をつぎ込んだのでしょうか。

アメリカは以前から、様々な恒星や惑星で地球外生命体が活動をしているのを知っていたので、彼らは何をしているのか、宇宙では何が起こっているのか、調査したかったのです。

実験の結果は、彼らが思ったようなものではありませんでした。もっと強烈で大きなものを期待していました。それに関しては、あなた方もご存じの通りです。一見、ポジティブな結果は得られなかったように見えましたが、実際は違ったのです。

何百万年前のオリオン大戦争の時、地球外生命体は核戦争だけでなく、ウイルス戦争も展開していたのです。敵とする種族や文明を消滅させるためにウイルスを使用したのです。永久とも思われるような長い戦いの末、地球外生命体はラボラトリーで作ったウイルスを様々な惑星内部に隠しました。

再び戦争になった場合、そのウイルスをベースに、よりパワフルで恐ろしい生物兵器を作るためです。惑星内部にウイルスバンクを作り、未来の有事に備えて準備をしました。

アメリカ人は、フィラデルフィア計画など様々なプロジェクトを通して、地球外生命体がウイルス戦争の秘密を保管していることを知りました。アメリカは将来、兵器として利用するためにそのウイルスを手に入れようとしたのですが、おそらくそこまで到達しなかったでしょう。

そこに中国が台頭してきます。中国政府や中国の科学者は大変賢いのです。彼らは他国がしている研究の裏を探り、データやテクノロジーを盗むのが上手です。中国は当時のアメリカのプロジェクトを知り、それらのプロジェクトについて調査、研究に当たりました。やがて、彼らも自国の宇宙船で旅するようになりました。ロシアはそれに対して、それほど関心を持ちませんでした。

どうして、私たちは今、このようなことに言及しているのでしょうか。コロナウイルスは、このアメリカと中国のプロジェクトと大変関係しているからです。

コロナウイルスは、地球外生命体が必要な時に利用しようと、ある惑星もしくは様々な惑星内部に保管していたロボットウイルスをベースに作られたものだからです。中国人科学者は物事を調査した結果、ある惑星内部に放置されていたウイルスバンクを発見し、入手し、地球に持ち帰るのに成功しました。

それらのウイルスは、ファイザーのコロナワクチンよりもずっと低温、少なくともマイナス200度はあると思われるところに安置されていました。

それは、コロナウイルスは超低温において、ワクチンよりはるかに耐久性があるということを意味します。中国に続き、おそらくアメリカもウイルスバンクを発見し、地球に持ち帰ってきたことでしょう。

中国の科学者は、欧米の科学者グループと協力して、ウイルス兵器開発プロジェクトを進めていたようです。こういった一連のことは、当初、政治とは関係ないところで行われ、地球の人口削減計画は、一般の武器を使用しない形で進められていました。

中国はミサイルのレベルで、アメリカより劣っていることを知っています。今、中国がアメリカを攻撃すれば不利です。そのためウイルスを利用しようと考えたのです。

中国は、イスラエルを含む欧米の科学者と共に、いつかウイルス戦争を仕掛けようと、ウイルスを研究し始めました。彼らには宇宙から持ち帰ったウイルスの種があります。

でもその種をベースとして培養していたウイルスは漏れてしまいました。誰かが意図的に仕組んだ可能性がありますが、いずれにせよ、漏れたのは事実です。彼らのプロジェクトはもっと大きなものとなるはずだったのです。それでもウイルスは、瞬く間に中国、アメリカ、ヨーロッパと世界中に広がっていきました。

コロナウイルスとは何でしょうか。コロナウイルスはロボットウイルスです。では彼らの栄養源は何でしょうか？

デジタル波です。コロナウイルスは、スマホなどの電子機器が発生する電磁波によって生きています。彼らは元々そのように作られていたのですが、あなた方の低い電磁波ではありません。地球外生命体のテクノロジーによる周波数の高い電磁波です。それでも、あなた方のデジタル電磁波は、ウイルスを滋養し強化するには十分です。彼らはそれによって大量に増殖します。

人に入り込めば、10倍まで増殖する力があります。彼らの増殖力は大変なものです。あなた方は新型ウイルスはイギリスから来たとかアフリカから来たとか言っていますが、そのようなものではありません。どこでも発生します。

ウイルスは変化し、進化しています。以前お伝えしましたように、彼らは疑似DNAを作ろうと、あなた方のDNAを研究しているのです。これがコロナウイルスの目的であり、仕事です。ただ人を殺すだけではありません。死なない人もいます。

でも、人は刻印を押されるのです。コロナウイルスのメモリーに記録されることになるからです。それは、その人のＤＮＡ、ｍＲＮＡが、コロナウイルスにより操作されることを意味します。コロナウイルスはＤＮＡとｍＲＮＡの間のベースとなるもの、液体システムを奪います。コロナウイルスは盗人です。破壊し、人の命を奪い、出ていきます。彼らは死にません。彼らは変化していきます。彼らは体に命があり温かいうちは利用しますが、体が機能しなくなれば出ていき、他の体に入ります。

私たちは、あなた方がテレビなどで見るコロナウイルスの体のもっと向こうの世界まで侵入し、調査を続けました。その結果、彼らは内部地球の地球外生命体の基地と繋がっていることを発見しました。

想像してみてください。内部地球には、アヌンナキ、イルミナティ、グレイ、ゼータなどたくさんの地球外生命体の基地があります。コロナウイルスがあなた方の体に入れば、自動的に地球外生命体の基地とコンタクトを取ることになるのです。

コロナウイルスの問題は、人を殺すだけではありません。彼らのプロジェクトを成し遂げることにあります。母なる地球の住民を削減し、パンデミックを通して人類を分けることにあります。パンデミックにより、様々な思い、考え、エゴ、憎しみ、不安、恐怖などが生まれます。彼らはその感情やエモーションを利用して人類を分裂させ、地球外生命体の侵入に向けて下準備をしていきます。

彼らのプロジェクトに従い、あなた方の為政者や社会システムは人類を分裂させるように動いています。コロナウイルス対策と言いながら、あなた方に罰金や刑罰を科し、あなた方を馬鹿にしています。エゴにより、国民である個人を経済破綻に追い込んでいます。

コロナウイルスは人に死をもたらすだけでなく、人類史に刻まれている感情やエモーションを浮上させています。つまり過去が現代に蘇ってきます。それは人類が過去の歴史から学ばなかったからです。同じ間違いを繰り返しています。

別の重要なテーマがあります。コロナウイルスが体内に潜んでいる時、コロナワクチンを打てばどうなるでしょうか。ワクチンは体に対して何をするでしょうか。何もしません。ワクチンはコロナウイルスのご飯になるだけです。

コロナワクチンが体に入るとゼラチンのような膜を作ります。コロナウイルスから守るために、mRNAの周りに膜を作るのです。でもコロナウイルスはその膜を食べてしまいます。

一方、ワクチンが、膜でmRNA、DNAを覆えば人体はどうなるでしょうか。ウイルスが膜を食べなければ、肉体、スピリチュアル次元のmRNA、DNAの機能が減退し、mRNAもDNAもワクチンにより縛られ、締め付けられるようになります。

時と共に、肉体、メンタル、エモーショナル、マインドレベルで多くの変化があるでしょう。その変化は、各人の肉体的、化学的、スピリチュアルレベルのリアクションと性質によるでしょう。

コロナワクチンで命を失うこともあるかもしれませんが、まず副反応があります。最も重篤な副反応とは、mRNAシステムを汚し、無効にし、破壊することです。mRNAは、DNA並びに人体のバランスに不可欠な神聖な部分です。人のあらゆるレベルの情報が詰まっているところで、触れても変えてもいけないところです。

その部分に触れれば、ＤＮＡを通してあなた方が持っている霊的繋がりに邪魔が入ります。それはあなた方と神々、あなた方と先祖などの霊的存在、あなた方と母なる地球との霊的繋がりです。そうなれば、先祖から受け継いだ良きものを全て消滅させ、宇宙のＤＮＡと地球のＤＮＡにある自分の情報、今までの輪廻転生の情報を消滅させる可能性があるでしょう。そうなれば、人としての思考形態、コンセプトも全く変わるようになるでしょう。

それをコロナウイルスは望んでいるのです。それをコロナウイルスを通して、あなた方の情報を持っている地球外生命体は望んでいるのです。

また、ＤＮＡが、ｍＲＮＡのサポートを失えば、体が腐る可能性があります。

ワクチンは地球外生命体のテクノロジーです。6カ月では、肉体、メンタル、エモショナル、スピリチュアル次元で与える影響を知ることはできません。ワクチンを体が受け入れるかどうか知るためには、その性質上、最低10年はかかるでしょう。

でも、決してｍＲＮＡワクチンではありません。本物のワクチンは自然なものでなくてはなりません。自然の体のメカニズムを尊重し、コロナウイルスの侵入をブロックするために健全なアンチウイルスを作ることです。ｍＲＮＡにもＤＮＡにも触れてはなりません。これは人類史上最悪なものとなるでしょう。このテクノロジーは地球外生命体の過去のプロジェクトから来たものです。

しかし、お金を動かすために、世界中でワクチンをできるだけ多くの人が接種するよう、社会システム、コントロールマトリックスを強化しています。

見てください。ヨーロッパではコロナワクチンのことを悪く言うのがタブーのようになってきています。ワクチンは大変良いものと言わなくてはなりません。どうしてでしょう？　一人でも多くの人がワクチンを打てば、コロナウイルスはなくなると信じているからです。

ワクチンにはコロナウイルスを除去する十分な力はありません。コロナウイルスは意識を持ったロボットで、必要に応じて様々な変異種へと変化していきます。頭が良いので科学者、医者を嘲笑し、彼らを混乱させ、科学者、医者、為政者、社会システムの間で衝突を生み出していきます。彼らにそれほどの知恵があるのも、地球外生命体が背後にいるからです。

あなた方のデジタルテクノロジーは、あなた方自身にとって最悪の敵です。コロナウイルスを引き寄せます。あなた方がスマホに触れていれば、ウイルスはもっと強くなります。スマホが放射する電磁波エネルギーはあなた方の体内に入り、ウイルスは餌が入ってくるのでハッピーです。多くの人が感染していることに気付いていません。

スマホや通信衛星が発信する情報を通して、地球外生命体の衛星と繋がります。つまり様々な情報源、地球外生命体の情報源、スマホの情報源などの間でコミュニケーションが存在しているのです。その情報と電磁波はコロナウイルスを太らせます。

コロナウイルスは全てのスマホ情報をキャッチし、あなた方の心や考え方を読み取り、進化するために利用していきます。「あぁ、自分にこんな悪さをしようとしている、では他のシステムに変化し、もっと強いウイルスになろう」といった具合です。

今世界中で多くの分裂があります。為政者は座って命令を出すだけです。都市封鎖したり、命じたり、威嚇したりしています。それで得られるものは何もありません。聞く耳を持たない若者がたくさんいます。お年寄りでもそうです。

コロナウイルスが地球から撤退するには、平和、調和、無条件の愛が人類の間になければなりません。

地球外生命体は戦争、支配を望んでいます。人類をコントロールするために、地球に来たいと思っています。あなた方が彼らの望むことをし続けていけば、彼らは来るでしょう。

でも、あなた方の心の中に、無条件の愛、調和、平和があれば、コロナウイルスは消滅するでしょう。コロナウイルスのプロジェクトは、霊性を欠いたあなた方の思考形態、憎しみ、恨み、マニアックな感情により作り出されたものです。

ですから人類が変われば、コロナウイルスも変わります。コロナウイルスは、今のあなた方の考え方の下では、あなた方と共存していますが、あなた方が変われば、コロナウイルスは異端者のようになり、居場所がなくなります。そうなれば人類は解放されるでしょう。

人類を変えるのは、厳しさや刑罰ではありません。まず両親を通して若者を教えることから始まります。両親は若者の責任者です。若者はいつも反対のことをしたがります。

どうしてでしょうか。オリエンテーションがないからです。スピリチュアル、メンタル、マインド面のオリエンテーションです。そのため若者の日常は、娯楽、お金、ファッションを中心に動いています。コロナウイルスはそのゆるみを利用します。

　高齢者が亡くなっても、誰がコロナウイルスを広げているのでしょうか。若者です。ですから両親が彼らに、どのように他人を尊重するか、人に対する愛の意味を教えることが必要です。現在それがありません。

　ワクチンは多くの問題を引き起こすでしょう。マインド、メンタル、肉体、霊的、全てのレベルです。これから社会に多くの、多くの変化があるでしょう。為政者は苦しんでいる人々、亡くなる人々を忘れて、どのように経済を回復させるかに集中しています。彼らの目の前で人々が亡くなり、人々が貧しくなっています。どこに行ったらいいのか、何をしたらいいのか分からない人々がいます。でも経済しか頭にありません。

　地球外生命体とコロナウイルスは、為政者と国民のギャップを利用します。今までマスクなしで、あまりにも自由に人々を放置していたのに、急に厳しいロックダウンを敷いています。誰がこのような状態にしたのでしょうか。人々です。それを許したからです。

　コロナウイルスは破壊するために来ました。コロナウイルスは人命を奪うだけでなく、後遺症を残します。肉体、エモーショナル、メンタルレベルです。自殺も促します。人々は次第に耐えきれなくなっています。強さが必要です。

　コロナワクチンは、あなた方のクライオニックスボディをも汚すでしょう。クライオニックスボディは、あなた方が地球の転生に入る時、地上のある空間に置いてきた体です。あなた方が肉体を失った時、自分のＩ　ＡＭが汚れていれば、それに頼ることはできません。

でもクライオニックスボディがあれば、その体に戻り、アストラル世界へ帰ることができます。

では、もしこれら2つとも汚れていれば、魂はどこに行くのでしょう？　前に向かって進んでいくために、どこに転生するのでしょう？

あなた方の文明の末期、ウイルス戦争、もしくは強力なウイルスが人類の社会システムを崩壊させるということは、予測されていました。ウイルスに、あなた方人類の社会システムを崩壊させ、地球外生命体が新しいコントロールシステム、新秩序を構築するためです。

少し前にお伝えしましたように、「良い新秩序」と「悪い新秩序」があります。あなた方は後者を選択しました。それは地球に入るために、あなた方を観察しコントロールしている地球外生命体による新秩序です。すでに彼らの多くは地球にいます。そのように現在、物事は進んでいます。

このメッセージを通して、物事の全貌を理解してください。そして、愛のエネルギー、平和のエネルギー、優しさのエネルギー、前に向かって進むエネルギーで、強くなるように努力をしてください。ここ地球では人類が指揮を取るのです。ウイルスではありません。地球はウイルスのものでも、地球外生命体のものでもありません。

「地球は私たちのものです。ここで私たちは進化を遂げます。進化するのはウイルスではありません。私たちが進化するのです」と考えるべきです。前に向かって進んでいくためにはそれしかありません。

これからもっと、もっと難しい時が来るでしょう。世界はコントロールされています。政府もコントロールされています。EUもコントロールされています。全部、病的でエゴイストな集合意識でコントロールされています。

人々を考えてと言いますが、自分たちが考えていることを国民や人類に強要しながら進んでいます。そのように物事は進んでいます。また、これからどうなるか、どう進めばよいのか、その都度お伝えすることにしましょう。

Chapter39 ノストラダムスの予言「獣の刻印」とは、東京五輪の意味

こんにちは、兄弟よ。お元気ですか？

人類は混乱期に入りました。それは多くのことが同時に起こる、多くのアイデア、多くの考え方、ここではこんなことを言っている、あそこではあんなことを言っている、つまり皆バラバラなことを考えるようになり、お互いを理解することが困難な状態です。

現在の人類の思考形態は、エネルギーレベルで均衡を大きく崩しています。各人が独りよがりな考え方をし始めています。曖昧なものが集まり、ブロックし、どこにも進んでいきません。ブロックがだんだん大きくなっていくだけで、何の結論も生まれません。何が真実なのか分からない状態です。全てが本当に見えて、皆真実ではありません。

どうしてこのようなことが起こっているのでしょうか。考え方、エネルギー、エモーショナル、マインド、スピリチュアルといったあらゆるレベルにおいて、バランスが崩れているからです。現在の人類は、科学者も医師も、研究者として、物質的論理の奥深くにある世界に到達することができないでいます。

今日はまず、ノストラダムスの予言に出てくる「獣」という表現について、あなた方の問いにお答えしましょう。

ノストラダムスは思想家として想像力、直感力があり、あるレベルのエネルギー層、パラレルワールドに触れることができました。が、そこからもっと深いところに到達することはできませんでした。当時の時代のエネルギーがそこまで許さなかったからです。

ここは重要な点ですから、よく聞いてください。彼には神々、光の存在、遺伝子工学に優れた光のコマンドといった霊的科学者のサポートがありませんでした。そのため、インスピレーションで様々な情報を受け取ったものの、物質界でどのように具現化するのか、現実的に説明することができなかったものがありました。そういうわけで、彼が伝えたことは正しいこととファンタジーが混同し、現実化しないものもありました。

物質的な裏付けを助けるための、光の存在からの医学的、科学的サポート、つまり情報が必要でした。光の世界からの情報は、常に物質的な裏付け、物質界でどういう形となって現れるか具体的な説明がなくてはなりません。

しかし、ノストラダムスの時代は、社会も人々もそういった考え方、チャネリングとか予言といったものを受け入れる時代ではありませんでした。ノストラダムスが間違っていたわけではありません。そのような時代背景があり、物質的に裏付けるための、光の存在との十分なコミュニケーションに至らなかったのです。

現在、あなた方がマスターから受け取るメッセージや霊的サポートは、物質的裏付けがなければなりません。物質的に解釈されることにより、人々は受け入れていきます。

でも今回のコロナウイルスの場合、そこに間違いがあります。

コロナウイルスについて言えば、物質的な裏付けがあったとしても、多くのデータが必要です。科学者や医療の世界は、化学的研究データを基に機能しています。でもその研究は、お金に変えるという人のエゴに基づいて行われています。もちろん、真実を探求している素晴らしい科学者や医療従事者がいることも知っています。それでも霊的直感や霊的繋がりが足りません。そのため、人の論理が神聖な法則の上に立っています。

ノストラダムスの予言は漠然としているので、勘を働かせなくてはなりません。あなた方が質問した「獣」の意味ですが、地球外生命体の侵入のことを暗示しているのでしょう。

実際、あなた方が地球外生命体の顔を見れば分かるはずです。ドラコ、ショパッツ、インセクトソイデなど、大変恐ろしい顔をしています。彼らがその姿を人類に見せる時があるでしょう。それには、あまり時間はかからないでしょう。

ノストラダムスは、そのことを後の人類に伝えたかったのでしょう。今でこそ人類はノストラダムスの予言を受け入れるようになりましたが、その60％は真実で、残りの40％はファンタジーです。お伝えしましたように、法則の世界と関わる存在と繋がる力がなかったからです。物質界に形を取り具現化する前に、霊的世界にそのプロジェクトが存在します。彼の予言は60%正しくても、占星術や天文学などが混ざっていて漠然としています。

それは人の知性に基づいたものだからです。存在の霊的知性に基づいたものではありません。当時は時代が異なり、データも現在のエネルギーも、今の思想家が持っている知識も、チャネリングによる存在からのサポートもありませんでした。時代が意味するものは大きいのです。冒頭で科学者や医師について触れましたが、これからたくさんのことがあるでしょう。でも真実は一つです。

コロナウイルスは何をするために地球に来たのか、今まで幾度も触れてきましたが、今一度ここでまとめてみましょう。

1．システムを変えることです。政治、経済、社会、教育、医療など一切の人類社会のシステムです。

2．人口を削減すること。

3．人類のコピーを作ること。

これらが今までお伝えしてきた主要な目的です。

では、コロナウイルスを作り出した人は、どんなシステムを作ろうとしているのでしょうか。

新秩序を目指したコントロールシステムです。唯一の権力、唯一の政府、唯一のお金を軸に、全世界をコントロールするためです。それを目指し、コロナウイルスは既存の全てを崩壊させるために出現したのです。

コロナウイルスにとって高齢者は不要なものです。高齢者は消費します。地球のイルミナティの政府は、実際イルミナティと繋がっていない政府はありませんが、高齢者に年金を払いたくないのが本音です。

日本でも、特定の年齢以上の人を全て「高齢者」扱いします。高齢者が悪いかのような感覚です。コロナ対策にしても、高齢者が亡くなるままに任せています。でも為政者のトップは皆高齢者です。それでは自分と同世代の人を冷遇していることになります。敬意を欠いています。

年齢イコール体が老いている、弱いことを意味しません。高齢者には他の世代をしのぐ霊的アイデンティティがあります。彼らには時代、世代の経験があります。現在の高齢者は、スピリチュアル、メンタル面において、他の世代の人々よりずっと強いものがあります。

あなた方は新しい世代が力を持つように、彼らを隅に押しやろうとしています。しかし、現在の若者の世代には力がありません。パソコンやスーパーコンピュータを操作できるかもしれませんが、人としての中身が育っていません。年長者を軽視することは大きな問題です。

今のあなた方の社会にとって、彼らの人としての経験やスピリチュアリティ、強いメンタルを活用することは重要な意味を持ちます。もちろん全員がその条件を持っていると言っているのではありません。コロナウイルスから解放されるためには、皆が一丸となり、どのように国を再構築するかが大切です。

高齢者を侮るということは、「人類」という種《しゅ》を軽蔑することを意味します。誰がその状況を利用するでしょうか。闇の地球外生命体、イルミナティです。

　彼らは人類を消滅に導きたいのです。そのため、高齢者に冷たい社会システムを利用し、高齢者をできるだけ早く抹消するよう促しています。

　同じ高齢者でも、政治で要職についている人は重要な人と見なされています。それは間違っています。75歳以上の人が政治家になるのは適切ではありません。闇のシステム、闇のコントロールではなく、光のシステム、光の新秩序に向かって新しいエネルギーを吹き込むことが必要です。新しき良きものの建設を阻むべきではありません。

　日本ばかりではありません。多くの国で80代の為政者が大きな権力を維持しています。そのことは地球の進化やアセンションを大きく遅らせています。

　コロナウイルスにはどんどん変異していく能力が備わっています。あなた方人類は、少し感染者の数値が下方に向くとすぐ油断をし、コロナウイルスの怖さを忘れてしまいます。それでは感染は止まりません。

　忘れないでください。彼らは地上のシステムを崩壊させ、自分たちにとって不要な人々の命を奪い、地球外生命体のさらなる侵入の準備をするという仕事を遂行するために、さらに強くて賢いウイルスを創造していることを。

　コロナウイルスは大した問題ではない、インフルエンザより深刻でないと言う科学者や医者がいましたが、コロナウイルスは次第に強くなり、死者も増加しています。

　変異種が出ても日本ではそれほど強くないと言う人がいますが、それは間違っています。コロナウイルスは静かに仕事しています。

あなた方はすぐ彼らの言うことを信じます。それではどこに、自分の考え方、人としてのあなた方のアイデンティティがあるのでしょうか。どこにあなた方のスピリチュアルなアイデンティティがあるのでしょうか。あなた方は全てを彼らの手に委ねています。

いつも言うように、主役はあなた方です。科学者でも医者でも製薬会社でも政府でもありません。

なぜあなた方が主役なのでしょうか。考え方です。「コロナウイルスから解放されるようにしなくてはならないのは、私たちです！」と考え方を変えることです。そうすれば物事は変化していくでしょう。

コロナウイルスが恐れているものとは何でしょうか。コロナウイルスは物質的なものであると同時に、地球外生命体のロボットテクノロジーでもあります。今までお伝えしてきましたが、彼らは無条件の愛、人々の間の結束、団結が苦手です。

人々の間の結束、団結とは何を意味するでしょうか。あなた方が結束して一つになる時、光の存在が降りてきます。そうなればコロナウイルスや地球外生命体にとって居場所がなくなります。

スポーツで言うような「ワンチーム」にならなくてはなりません。それは物質的なものでなく、マインド、メンタル、エモーショナル、スピリチュアルレベルで一つのチームとなるのです。そうすれば、ネガティブ勢力やウイルス、彼らと同じ道を進む為政者、科学者、医者なども含めて、あなた方の中に入る隙がなくなります。

どうして同じ道を進んでいると言うのでしょう？　いつも言うことが変わっています。今日言うことと明日言うことが変わります。研究しているのですが、自分たちの研究に対して確信が持てないのです。

国民自身が参加しなくてはなりません。皆他人事のように見ています。オリンピックもそうです。

オリンピックは初めから反対する力が働いていました。日本で実現するものではなかったからです。霊的レベルだけでなく様々な意味で、日本はオリンピックを開催する権利はありませんでした。さらに上の存在は、日本は決してこのオリンピックを開催してはならないと伝えてきます。これは普通のことではありません。一般の人にとって普通のことかもしれませんが、光の存在にとってオリンピックを開催するとは異常なことです。

もし日本国民、企業、政府がオリンピックを支援し、強行するのであれば、日本は終わるでしょう。物質、メンタル、マインド、エモーショナル、スピリチュアルの全ての意味においてです。

ここからさらにコントロールが強化されていくでしょう。膨大なお金が動き、莫大な借金が残るでしょう。日本は払わなければなりません。世界は楽しみたいと思うかもしれませんが、その後、お金は誰が払うのでしょう？　国民です。国民は払いたくないでしょう？　でもオリンピックは開催したいのですね？

日本が前に向かって進んでいくための唯一の方法は、オリンピックをやめることです。日本に悪いことをもたらすからです。

日本はオリンピックを買いました。そこから間違えたのです。ＩＯＣにたくさんのお金を払い、トルコ、スペインを遠ざけました。大きな大きな間違いを犯し、コロナウイルスが蔓延している今日も間違いを犯し続けています。

日本は潮に逆らい、嵐を頭上に抱えながらオリンピックをやり通そうとしています。やめなければ、大きな大きなつけが待っています。新しい波が良くないものを日本に運んでくるでしょう。もし実現すれば、これから数年、日本にとって不運が襲うことになるでしょう。それが何かとは今お伝えする時ではありません。さあ、法則が許すか見ることにしましょう。

法則が許すとすれば、あなた方が自分たちのしたことのつけを払うためでしょう。法則は、あなた方の大きなエネルギーに逆らうことはしません。時には、物事が起こるのに任せ、あなた方が間違いや苦しみを通して学ぶために放置します。法則に感情はありません。

さて、コロナウイルスについて興味深いことがあります。コロナウイルスは、現在の人生における人のクローン化を進めているだけではありません。遺伝的な部分を汚染し、先祖の人生についてもクローン化に着手しています。あなた方の子孫もその中に含まれていきます。つまり家系全体です。

あなた方の先祖にも新たなＤＮＡを吹き込んでいきます。擬似ＤＮＡです。そのＤＮＡで、あなた方一世代だけでなく、家系全体のＤＮＡを変えようとします。でもそれは、あなた方の科学者が言うようなものではありません。

今世界はグチャグチャです。ご先祖の世界もそうです。多くのスピリットがフラフラさまよっています。コロナウイルスは、肉体を持っていなくても子孫を通して、スピリットの霊的DNAを汚し変化させるので、スピリットの意識も変化していきます。そうなれば、血（DNA）により繋がっているあなた方やあなた方の子孫全体の意識も汚れるようになります。

コロナウイルスは人のDNAをコピーし、その人の輪廻転生に関するあらゆるレベルのオリジナルのDNA情報を地球外生命体のラボラトリーに移す一方、擬似DNAに変化させ、過去から未来、世代から世代へのトータルコントロールを目指して進んでいきます。肉体人生だけではありません。スピリチュアルレベル、世代から世代へのコントロールとしてアストラル界も包括していきます。

彼らは、あなた方及び先祖の20から30世代の転生までさかのぼり、DNAの操作を可能にしたいと考えています。そうすれば地球の全てのスピリチュアリティのシステムをコントロールできます。いわゆるあなた方の言う「霊界のコントロール」です。

彼らがあなた方や先祖の20、30代までの前世をクローン化することに成功すれば、これから来るあらゆるものはコントロールされていることを意味します。これこそが彼らの目的です。新秩序のためです。

では、ラボラトリーへ行ったDNA、RNAはどうなるのでしょうか。

地球外生命体は、人のスピリチュアルな部分や感情などを研究するために利用します。人としての特質を理解し、それらを備えた人間として地上に転生し、物質界で人類のトータルコントロールを目指すためです。

一方、新秩序に向けて地球を変えるために、地球外生命体は、核戦争で亡くなった地球外生命体のスピリットを、地球に来させようとしています。彼らは大変な恨みや憎しみを持っています。それらのスピリットにはいろいろな能力があります。彼らには魂はなくメモリーがあります。そのメモリーをもって、憎しみを人類に向けさせようとします。彼らは時空の中に自分を見失っている人のスピリットや、来た星に戻れない様々な存在のスピリットを利用して、人類社会にカオスをもたらそうとするでしょう。そうなれば人類にとって大変なイベントとなるでしょう。

では、コロナワクチンに関するあなた方の質問、次世代にも影響するのかという質問に対してお答えしましょう。もちろんそうです。今回開発されたワクチンを接種した人は、「ワクチンのマトリックス」を持つことになります。したがってDNAからDNAに伝えられるので、未来の世代に伝わるのは当然のことです。驚くことではありません。あなた方の科学者や製薬会社はお金が欲しいだけなので、そこまで考えていません。

さて、あなた方のもう一つの質問、ノストラダムスの予言の中に出てくる「獣の封印」とは、テクノロジーによるチップか、コロナウイルスかワクチンのいずれかではないかという質問についてお答えしましょう。

先ほどお伝えしましたように、「獣」は地球外生命体のことでしょう。コロナウイルスはロボット化されたウイルスだとお伝えしましたね。ですからコロナウイルスにもチップがあるのです。コロナワクチンにもチップがあります。

この場合、チップ同士は攻撃し合いません。だからコロナウイルスは自分の存在をキャッチしないように、抗体のメモリーを変化させ、逃避します。あなた方が逃避変異とか呼んでいるものです。

さらにコロナウイルスは、人の抗体をウイルス自身のための抗体に変化させることも可能です。そのようにして変異種を増やし、科学者や医者を翻弄し、混乱させていきます。ＰＣＲ検査も同じです。コロナウイルスがいても、多々検査で陰性になります。そのようにコロナウイルスは驚くほど賢いのです。

コロナワクチンを打っても、ウイルスとワクチンはやがて、やってきた目的を互いに共有するようになります。どちらもチップを使用した地球外生命体のテクノロジーなので、時と共に協力し合うようになるでしょう。そういう大きな可能性を秘めています。

コロナウイルスは人体のＤＮＡのコピーをして、そのオリジナルコピーを地球外生命体のラボラトリーに送ります。その後、オリジナルコピーはラボラトリーに保管され、それを元に作ったＤＮＡのクローンを人体に転送します。

その後、コロナウイルスは地球外生命体と協力して、ＤＮＡのクローン、つまり疑似ＤＮＡを人体に配置し、終了後、コロナウイルスは人体を後にします。人を変えたという目的を達成したからです。人によっては後遺症を残したり亡くなる場合もあるかもしれませんが、それは各人の免疫によります。

このプロセスにおいて人は自分に起こったＤＮＡの変化に気付くことはないでしょう。しかし、すでにコントロール下に置かれた状態にあります。

ワクチン接種時、ウイルスが体内にいれば他人に感染させる可能性がありますが、その人自身は感染することはないでしょう。どうしてでしょうか。

コロナウイルスとワクチンの間で衝撃があり、抗体も変化した状態にあります。コロナウイルスはニュートラルなフィールドにあり、これからどう仕事するか考えている時だからです。ウイルスは増殖します。出て行くものもあれば、居座るものもあります。

一つ重要なことがあります。コロナウイルスにはマトリックス（マザーウイルス）があります。時空を移動し、医療機械では見えません。実際に感染させるものは機械で見えるものではなく、見えないマトリックスの方です。彼らは種《たね》で増殖のもとになります。各感染者には様々なマトリックスがあります。

そのように、コロナウイルスの問題は人を殺したり苦しめたりするだけではありません。目的は社会システムを崩壊させたり人口削減だけではありません。人類を根っこから変えることにあります。RNA、DNAを通して霊的情報を消去し、霊的繋がりを切断することにあります。

コロナウイルスもコロナワクチンも、なぜ全ての情報を切断するのでしょうか。人類をコントロールするのがずっと容易になるからです。RNA、DNAが機能しなくなれば、あなた方は地球外生命体にとって脅威ではなくなります。あなた方は受容器になり、どんなコントロールシステムでも受け入れるようになります。恐ろしい地球外生命体が来ても、友達だと言って喜ぶかもしれません。

ですから、コロナウイルスもワクチンも、新秩序の下、人類をコントロール下に置くための大きな布石となるものです。人類は地球外生命体が許す間は、彼らの奴隷となるでしょう。そして、彼らにとって興味ない人から姿を消していくことになるか、新しいクローンを作るために利用されることになるでしょう。

今日本でも欧米でもコロナ禍の中、国民を良い意味でコントロールすることができないでいます。では何を使うでしょう？　権力です。権力を用いて人々を脅し、恐れを生み出し、人々から自由を奪っています。それこそ地球外生命体が望んでいることです。人々を分離し、様々なネガティブな感情を生み出し、そこにウイルスが入り込み、人類のＲＮＡ、ＤＮＡシステムを変えていきます。

そのようにして、人類は地球外生命体の手の内に落ちていきます。だから殺す必要はありません。肉体を持っていてもコントロール、操作できるからです。それでは、ある決定的な瞬間がやってきた時、人類の多くは進化できないでしょう。

今回のコロナ禍により、本当に残念なことに、60％の人類は落ちていくでしょう。コロナウイルスがもたらしたものだけではありません。あなた方の為政者、指導者、製薬会社、経済システム全てが、あなた方が進化しないように協力しています。

コロナウイルスとコロナワクチンではどちらが最悪か分かりません。どちらも地球外生命体のテクノロジーから作られたものです。良い言葉で例えれば、コロナウイルスも解毒剤、ワクチンも解毒剤。２つの解毒剤が一緒になれば仲良くなるでしょう。製薬会社に莫大なお金が入るようにしているだけです。人類は何も変わらないでしょう。

でも、コロナウイルスが地球から消滅し解放されるためには、あなた方は変わらなくてはなりません。あなた方が宇宙や地球の高まりのプロセスにのり進化していけば、あらゆる問題から解放されるでしょう。彼らはあなた方に近づくことすらないでしょう。あなた方は彼らの獲物ではないことを知っているからです。彼らはあなた方の考え、体、RNA、DNAを読みます。

日本の火山はあなた方に大変怒っていると伝えてきます。あなた方のメンタル、スピリチュアリティや愛のエモーションが欠けていることによるものです。近い将来、日本の幾つかの山々が煙や火、溶岩を吐き出すでしょう。自然は法則の一部であるということを、あなた方が気付くためです。

誰が自然をコントロールしているのでしょう？　神々です。

誰が火山をコントロールしているのでしょう？　神々です。

誰がプレートをコントロールしているのでしょう？　神々です。

誰が問題を作るのでしょう？　あなた方です。

あなた方が問題を作れば作るほど、地球の浄化はひどくなります。神々はあなた方が作った汚いエネルギーをクリーニングするために働いているだけです。そのプロセスで良いことも悪いこともあります。

私たち光の存在にとって、ワクチンは無意味なものです。でも人類は救世主のような扱いをしています。そのようなものを発明し続ける必要は全くないのです。恐れを作る必要もありません。人のメンタルをコントロールする必要もありません。

今、社会の中に大変大きなコントロールの力が働いています。それを信じる人はコントロールされていることになります。見ても信じなければコントロールされません。コントロールされることを許さないからです。あなた方はコントロールの世界に住んでいます。経済、政治、社会、社会システム、スピリチュアル、宗教までコントロールしています。

どうして、オンライン、テレワークなのでしょうか。

あなた方は人とコミュニケーションを取っている時、声だけを使っているのではありません。感情、エモーション、脳のパルスなど、人としての特質を使っているのです。それが人と人との繋がりです。

遠い昔から、人々の間のエネルギー的結束はとても大切なものでした。同じ種《しゅ》の生き物が、エネルギー、マインド、エモーショナル、メンタル、直感といったテレパシーレベルのコンタクトを取ることは、進化し続けていくために大変意味があるのです。

テレワーク、オンラインで、どこにテレパシーがあるでしょうか。あなた方はバラバラに離れています。それではコミュニケーションも結束も存在しません。

為政者は、自分たちに繋がりのあるこの種の企業が、あなた方を通して金儲けをし、自分たちにリターンするのに利用しているだけです。彼ら自身はテレワークをしません。でも、あなた方がこういったテクノロジーの奴隷であってほしいと思っています。全てお金のためです。

あなた方が家から出なければ、自分の住んでいる世界で、実際何が起こっているのか分かりません。だからコントロールするのが容易になります。インターネットで情報は得られますが、それ以外の現実の世界で起こっていることを、肌で感じることはありません。

現実の世界には霊的世界があり、自然界があり、法則の世界があります。でも家から出なければ、そういった世界に触れることができません。ここに政治や企業、社会システムが介入し、あなた方の権利を奪います。家から出る自由、太陽、風、空気、暑さ、寒さにあたる自由。自然の中にある光のポータル。光の存在が伝えたいと思っているメッセージ。

電子機器を見つめているだけでは、このような世界にアクセスすることはできません。時間と空間の中に閉じこめられていきます。

Chapter40
二度目のチャンスはないのです！
どうか地球の音、メッセージ、テレパシーをキャッチしてください！

母なる地球は大きなレベルでスピリチュアルエネルギーを変化させています。時代は、政治や社会のシステムを通しての真実ではなく、法則を通して真実を求める時にあります。

政治や社会システムの根底には、嘘とコントロールがあります。ですから社会には何も期待しないでください。もちろん人として社会を生きていかなくてはなりませんが、それ以外のところでは、急速に大きく変化しているエネルギーを求めてください。

地球は、気付いている人もあるでしょうが、大変大きな変化の中に入りつつあります。エネルギーは地球の上をぐるぐる回っています。

レッド、バイオレットレッドの霊的に深いエネルギーが内部地球に向かっています。白っぽい山々のエネルギーは、うねりのように動いています。空のエネルギーはブルー、ゴールド、イエロー、グリーンと多彩です。こういったことは何を意味するのでしょうか。

母なる地球は、霊的に大変化のプロセスに入ったことを意味しています。だからこの変化、これらのエネルギーを求めてくださいい。地球の音を聞いてください。地球のメッセージを聞いてください。エネルギーを通して、母なる地球が音や直感として発信しているテレパシーを、あなた方の霊的ハートにキャッチしてください。

どこにあなた方の霊的ハートがあるでしょうか。シャーマトリナ（＊注参照）です。政治、システム、物に依存しないで、自分に正しく生きていきたいのであれば、あらゆるコントロールから解放されている霊的ハート、シャーマトリナを培っていかなくてはなりません。

今地球は、その霊的エネルギーの動きを通して、あなた方が自分のシャーマトリナ、眉間、オーラ、霊的システム、エモーショナルシステム、マインドシステムなどに存在するブロックを打ち破っていくようにチャンスを与えています。

あなた方にとっての新しい時代は、光の時代でなくてはなりません。各瞬間、自分のクリーニングのために役立ててください。二度目のチャンスはありません。チャンスは唯一この時だけです。私の言っていることが理解できるでしょうか。チャンスはこれしかありません。

皆さん、どうか自然のあるところへ出かけてください。自然を感じてください。自然のエネルギーの動きを感じてください。

母なる地球は素晴らしいエネルギーの中にありますが、一方地球はニュートラルな磁場に入り、危険な状態にあります。現在、地球が通っている軌道は避けたかったものですが、他に道がなかったのです。そのためこれからいろんなイベントがあるでしょう。

あなた方が進んでいく各瞬間、母なる地球はあなた方に黄金のチャンスを与えています。最近のメッセージで、地球には黄金の時代は存在しなかったことをお伝えしましたね。

黄金の時代は、あなた方一人一人の中に存在します。そのために、母なる地球が、スピリチュアル、マインド、肉体、アストラルレベルで受け取ることを許しているものを、良い意味で利用してください。そこに黄金の時代があります。あなた方自身が建設するものです。

どうして黄金の時代があなた方の中にあるのでしょうか。意識、スピリチュアリティを通して、あなた方は本物の黄金の時代と繋がることができるのです。全ての神々のエネルギー、宇宙や地球から沸き出づるエネルギーが一つに融合したもの、それが本物の黄金時代です。

あなた方は今まさにこの時、そのエネルギーをキャッチすることができるのです。その大きなエネルギーのうねりに届くようにチャレンジする時です。世間のニュース、情報は横に置いてください。あなた方を益々コントロールしていくだけです。ニュース（情報）はあなた方の心の中に探してください。

生きていくためのガソリン、燃料を、あなた方の心の中に、母なる地球の中に、自然の中に、地球の霊的、エモーショナル、マインドシステムの中に探してください。地球にもスピリチュアル、エモーショナルやマインドがあるのです。大切なのは、あなた方がそれにチューニングできるように努めることです。

人類は5Gとか様々なテクノロジーやシステムを社会に構築していきたいようですが、進化とは、こういったテクノロジーに同調することではありません。霊的エネルギーに同調していくことです。

霊的エネルギーは、何物も汚すことのない愛のエネルギーであり、肉体、アストラル、エモーショナル、スピリチュアルレベルにおいて様々な段階に分かれています。それは、各人の霊的感性と内なるワークによります。

霊的進化はアセンションに繋がる大変重要なプロセスです。進化のプロセスは、たくさんの段階に分かれています。それに気付いていかなくてはなりません。アセンションへのアクセスがあるように、進化しているのか、していないのかを知るために、自分で確認できて感じなくてはなりません。

このエネルギーに値するように努力しながら、常に心を、愛、調和、平和のエネルギーで満たし、前に向かって進み続けてください。また次の機会まで。

＊注　シャーマトリナ：人のハートの奥にあるローズ、ゴールド、ブルーの3つの炎。日本人が心の太陽と呼ぶ霊的心。シャーマトリナを通してのみ、I AM（ハイヤーセルフ）と繋がることができるとされています。

Chapter41 アヌンナキと世界を変えるコロナウイルスのプロジェクト

本日は、コロナウイルスは宇宙のどのグループと関係しているのか、というあなた方の質問についてお答えしましょう。

コロナウイルスは、アヌンナキのテクノロジーと関係しています。アヌンナキは、地球外生命体の中でも特に遺伝子工学にたけ、地球内外で無数の遺伝子操作の実験を行い、恐れを吹き込んできたグループです。

彼らも人類史の中で、様々な形で人類と関ってきました。何十万年前、人類の遺伝子を操作し、ネアンデルタール人、アウストラロピテクスなどを作ったりしたのも彼らです。

中国、アメリカ、イスラエル、おそらくヨーロッパも含まれるようですが、それらの国々の科学者は、アヌンナキがオリオン戦争の際、ある惑星に隠したウイルスを入手し、それをベースとし、今まで地球に出現したパンデミック全てを混合し作ったものが、今回のコロナウイルスです。

アヌンナキは、内部地球にベースを持っていますが、姿を現しません。もちろん宇宙にもいます。

アヌンナキとイルミナティは敵対関係にありますが、都合の良いところでは、手を組んだりします。地球に来る邪悪な生命体は皆、地球をコントロールしたいのです。彼らは、これから地球をどのようにコントロールするか、方向性を見い出すために協議し、ある合意に達しました。

まず、イルミナティとアヌンナキの間で、地球をそれぞれの管轄区域に分けます。今すぐではありませんが、アヌンナキは遺伝子及び軍事テクノロジーをイルミナティに移譲するという条件で、イルミナティから地球の領地の分割を受けます。

例えば、アヌンナキはアフリカ、アジア、イルミナティはヨーロッパ、オセアニアやアメリカを占領するといった具合です。それはずいぶん昔からあったプロジェクトです。でもアヌンナキにもイルミナティにも様々なグループがあり、互いにうまくいっているわけではありません。人類を見れば分かるでしょう。同じようなものです。

それでは、いつか彼らの間で戦争があるでしょう。権力をめぐる戦争です。一旦、アヌンナキがアフリカを占領すれば、もちろん他の領地も欲するようになるしょう。彼らにとっては小さ過ぎます。

そのため、目下、そのプロジェクトは明確なものではありません。彼らがもたもたしているので、地球に来ようとしている別のアヌンナキのグループがあります。今の地球にいるアヌンナキとは関係ないグループです。

コロナウイルスは、母なる地球をコントロールするために、あなた方の科学者を通して、アヌンナキとイルミナティの合意により出現したものです。

彼らは唯一の政府を創造したいと思っていますが、このような状態では難しいでしょう。地球に興味がある者たちがたくさんいるからです。

原則的には唯一の政府を目指しています。しかし、別のアヌンナキが地球に入れば、それはマルチ政府ということになります。

だから地球のアヌンナキも、地球外生命体イルミナティも、他の生命体もそれは望んでいません。とどのつまり宇宙戦争となる可能性があります。彼らの間に誰がいるでしょう？　あなた方です。

でも光の船隊は、アヌンナキ、地球外生命体イルミナティなど、全ての存在を監視しています。あなた方もそうです。あなた方の中には、政治、経済、科学者、医療制度、社会システムが存在するからです。全てがその存在たちのプロジェクトに関与しています。彼らはその間に存在しているあなた方を救出したいのです。

ですから、光の船隊は、アヌンナキ、地球外生命体イルミナティの間の協力関係を許していません。彼らの間で戦争があれば、地球は消滅してしまいます。

時が熟した時、ヘルクロボスが出現するでしょう。地球を解放するために不必要な存在や人類を迎えにくるでしょう。

アヌンナキ、地球外生命体イルミナティ、他の地球外生命体は光の船隊に恐れを持っているので、中々自分たちのプロジェクトを実行できないでいます。そのため状況はまだ抑えられていきます。

しかし、コロナウイルス、ワクチンを通して、そのプロジェクトを実行に移したいと考えています。

皆が同じように考え、ワクチンを受け、肉体、エモーショナル、メンタル、マインド、スピリチュアル次元で、同じサイクルに留まるようにさせたいのです。そうすれば、地球におけるあらゆるシステムは一つに統一できるようになります。

どうしてコロナウイルスが出たのでしょうか。システムを一つに統一するためです。

どうしてコロナワクチンが出たのでしょうか。システムを一つに統一するためです。

ワクチンは地球も人類も救わないでしょう。ワクチンは地球とあなた方を本質的に変容させるでしょう。

アヌンナキは、地球を今再び占領しようとチャンスをねらっています。イルミナティは、地球外生命体や非物質の地球外生命体の意識、あなた方の為政者、科学者、社会システムを介して、地球をコントロールし続けていこうとしています。

そのため、病気、パンデミックなど、あらゆるものにチャンスを見出し、地球の社会システム、政治システム、スピリチュアルシステムといったものが高まりに向かって変化しないようにしています。

地球にトータルコントロールを実現すべく、人類が自由にならないように、最大限にシステムの下に抑えつけようとしています。

人類から自由を取り上げる、自由な動きを取り上げる、結束を取り上げ、バラバラにする。その間に何が入るでしょうか。テクノロジー、コロナウイルス、ワクチンが一緒になって、同じ方向に向かって仕事しています。

オンライン、テレワークを中心とした社会システムは、人々をコミュニケーションから遠ざけていきます。コミュニケーションが失われれば、人類の間のスピリチュアル、マインド、エモーショナルの結束がなくなり、地球外生命体はさらに力を得ていくようになります。

あなた方がバラバラになれば、文明として、人類としてアイデンティティを失っていくでしょう。あなた方の文明はカウントダウンに入っていきます。

そうして、あなた方を征服し、操作していくようになり、いつかあなた方は彼らの一員となっていきます。そうなれば、あなた方をコントロールする必要はなくなっていくでしょう。テクノロジー、ワクチン、コロナウイルスを通して、あなた方はロボット化した人間イルミナティとなるからです。あなた方のスピリチュアリティが、コントロールする力をしのぐチャンスがないように、あらゆるシステムがあなた方を抑えつけていくようになるでしょう。それが地球外生命体、為政者、社会システムが望んでいることです。

そのため、どんなことが起こっても既存のシステムが存続するようにし、日毎に様々なテクノロジーを導入し、コントロールを強化しようとしています。

コロナウイルスやワクチン接種の結果、地球外生命体はプロジェクトを大きく変化させようとしています。だから現在、支配、権力をめぐり、様々な地球外生命体が人類に転生しようとしているのです。ロボット化した人類を直接コントロールするためです。

それが世界各国の動きです。でも、このコントロールに反対して進む国々も出てくるでしょう。

魂の自由、スピリチュアルな部分の回復を求める動きも出てくるでしょう。各国のスピリチュアリティによりますが、それは多くないでしょう。

今パンデミック、ワクチンをめぐり、国々が衝突し始めています。ワクチンが欲しい国、望まない国、様子見をしようとする国があります。

そこに人が動き始めます。大きな流れにコントロールされたくないという動きがあります。自由が欲しい、何が本当なのか真実を知りたいと思っている人々がいます。そこに光が入ります。

特に今世界では、地球のスピリチュアリティを回復するために、「真実」を必要としています。真実を知らなくてはなりません。そうでなくては、地球はイルミナティ、アヌンナキなどの地球外生命体の手中に落ちていくことになります。それでは地球は救出されることも、アセンションすることもないでしょう。

だから２０２９年、崩壊かアセンションの時だと言うのです。上の存在がそのようなことを言うのは、何かがあるからです。

２０２９年に、あるプロジェクトが存在する時、それまでに、それに繋がるような様々な事実の積み重ねがあるでしょう。物事は土台も中身もなくて、実現するものではありません。瞬間、瞬間の積み重ねが、次第に形となっていくのです。

でも、地球外生命体の動きは重要ではありません。あなた方の周りで何が起こっても、自分の内側にある光を信じ、各状況を乗り越えていくことができれば、進化しながら進み続けていくことができるでしょう。

ヒカルランド　好評既刊!

地上の星☆ヒカルランド　銀河より届く愛と叡智の宅配便

令和元年からの [地球:人類] Rescue Operation
高まり、目覚め、アセンションせよ!
著者：A・ジョルジェ・C・R／高木友子
四六ソフト　本体1,815円+税

A・ジョルジェ・C・R
マカオ生まれのポルトガル人。セラピスト。

自分の進化を求めてプラーナ療法など様々なセラピーと共にレイキの深みを探求していた矢先、宇宙（cosmos）のクォンタムヒーリングと出合う。

多次元の扉を開くクォンタムヒーリングとの出合いにより、自分のメンター（霊的指導者）と直接コンタクトを取るようになり、メンターに伴われ、様々な次元の世界、内部地球や宇宙の世界を旅するようになる。

同時に、メンターを通して、聖白色同胞団を中心とした内部地球や宇宙の光の存在から、人類、今を生きる日本の人々に向けられたメッセージを受け取るようになり、今日に至る。

現在、レイキ、クォンタムヒーリングのセミナーやセラピー、多次元のエネルギーを体験する瞑想会などをパートナーと共に随時開催。

高木友子　たかぎ ゆうこ
ジョルジェのコラボレーターとして共にヒーリングを学び、ヒーリングセッションやセミナー、瞑想会などを開催。

ホームページ cosmicreiki369.com
連絡先 japanreikirelax@yahoo.co.jp

パンデミックに突入した地球

コロナウイルス&ワクチン以後の超巨大変移!

第一刷　2021年4月30日

著者　A・ジョルジェ・C・R
高木友子

発行人　石井健資

発行所　株式会社ヒカルランド
〒162-0821　東京都新宿区津久戸町3-11　TH1ビル6F
電話　03-6265-0852　ファックス　03-6265-0853
http://www.hikaruland.co.jp　info@hikaruland.co.jp

振替　00180-8-496587

本文・カバー・製本　中央精版印刷株式会社

DTP　株式会社キャップス

編集担当　伊藤愛子

ISBN978-4-86471-574-4

バッグに入れて持ち歩いたり、飾るだけでも効果あり！

使い方は、体調がすぐれない時や疲れが溜まった時に腕に着けるのがオススメ。個人差がありますが、着けてから数十分ほどで効果が実感できます。勉強や仕事など集中したい時にも効果的。従来品よりもエネルギーが強くなっているため、就寝時は外してお休みください。近くに置いておくだけでも効果があるので、バッグなどに入れて持ち歩くのもいいでしょう。

こんな人におすすめ！

- 体調や気分がすぐれない方
- 朝の目覚めが悪い方
- 勉強や仕事に集中したい方
- 疲れが溜まった時
- 人混みの多い場所に行く時
- リフレッシュしたい時

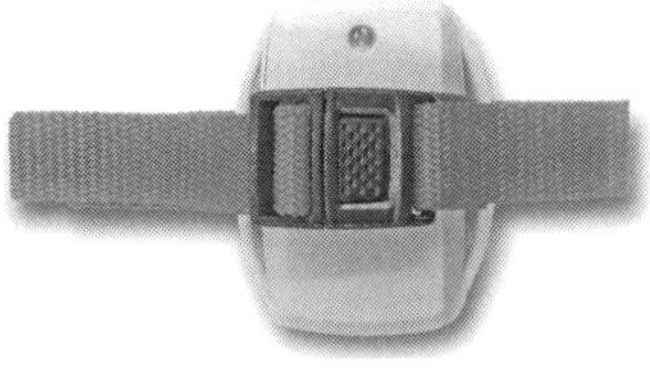

ベルトの接続部はカチッと簡単に着けられるプラスチックバックルを採用。

メビウスオルゴンリストバンド

■15,400円（税込）
●サイズ：［本体］53×32×15㎜、
［バンド］長さ260×幅15㎜
●重量：約30g
●素材：［本体］ABS 樹脂、
［バンド］ナイロン
●仕様：空中充放電式（コードレス）、
マイクロオルゴンボックス、メビウスリング
※一部部品を輸入しているため、在庫状況によりお届けまでお時間がかかる場合がございます。

飾っておくだけでも効果あり。就寝時はベッド付近に置いておくといいでしょう。

ヒカルランドパーク取扱い商品に関するお問い合わせ等は
メール：info@hikarulandpark.jp　URL：http://www.hikaruland.co.jp/
03-5225-2671（平日10-17時）

＊ご案内の価格、その他情報は発行日時点のものとなります。

あの人気商品がパワーアップ！　着けているだけで
オルゴンエネルギーをチャージして身体がラクになる！

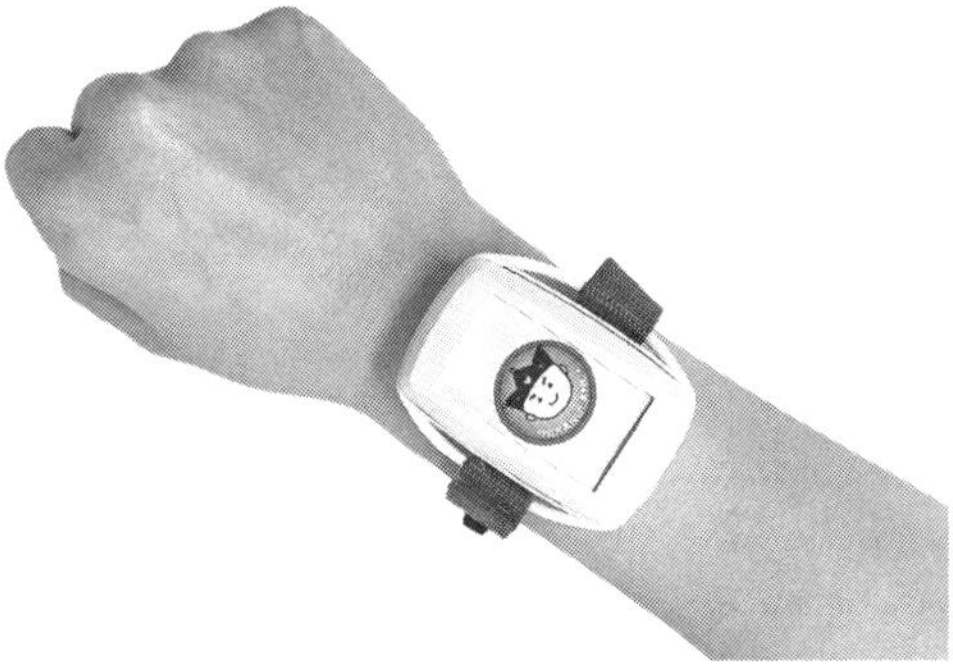

サウンドエンジニア
藤田武志さん

静電気やマイナスエネルギーを放出するアーシング効果も

数々の音響機器や波動グッズを手掛けるサウンドエンジニア・藤田武志さんが開発した、ヒカルランドパークオリジナルのロングセラー商品「オルゴンリストバンド」が進化を遂げ、「メビウスオルゴンリストバンド」となって新登場！

「オルゴン」とは、精神医学者ウィルヘルム・ライヒ博士が、1939年に発見し命名された「宇宙エネルギー」のことで、未だ測定・解明する術は見つかっていないものの、心身の不調を整える力があると言われています。

「メビウスオルゴンリストバンド」は、本体内部にあるマイクロオルゴンボックスを通して空中からオルゴンエネルギーを取り込み、生体エネルギーと反応することで身体をニュートラルな状態にしてくれ、蓄積した静電気やマイナスエネルギーを放出させるアーシング効果もあります。

メビウスリングが無限にエネルギーを取り込む！

パワーアップした最大のポイントは、マイクロオルゴンボックスの中に「メビウスリング」を組み込んであるところ。メビウスリングは、身体に良いとされている金、銀、銅、錫（すず）などの素材を組み合わせた特殊合金で、これを〝メビウスの輪〟のように巻くことにより、無限にエネルギーが得られる仕組みとなっています。従来品よりも強いエネルギーを得られ、さらに、クリスタルパウダーを内部の樹脂に配合したことにより、除霊効果も備わっているそうです。また、本体カバーは、ヨーロッパでスマートウォッチにも使用されているフレームを採用し、よりスタイリッシュなフォルムに。「RoHS 指令」という欧州連合の厳しい規格をクリアした安全な素材を使っています。

「メディック・ウルトラ」の４倍のエネルギー処理速度を持つシリーズ最上位機種！

ソマヴェディック メディック・アンバー

［販売価格］285,600円（税込）

●サイズ：高さ80㎜×幅145㎜ ●重量：約820ｇ ●電圧：DC3V

2020年８月に登場した「メディック・アンバー」は、エネルギーの排出と循環を促す琥珀（アンバー）を使用し、波動伝導性の高い容器内部のシルバーコーティングにより、スピーカーのように波動を広げ、さらに、金銀銅などの貴金属も増量しました。その結果、エネルギーの処理速度は「メディック・ウルトラ」の４倍、「メディック・スカイ５Ｇ」の６〜７倍と、これまでの上位機種すらも軽く凌駕するパワーとなりました。特に、事業主、経営者、弁護士、政治家など、成功やパワー、カリスマ性を求めている方からの支持を集め、お金に付着しがちなマイナスエネルギーを浄化するなど、成功を望む人を後押しするパワーが期待できます。また、「メディック・アンバー」は好転反応（症状が良い方へ転ずる時に起こる一時的な身体の不調）が無いのも大きな特徴。どなたでも安心してお使いいただけます。

霊的成長を促し半径50mの空間を量子レベルで浄化

ソマヴェディック メディック・ウルトラ

［販売価格］148,700円（税込）

●サイズ：高さ80㎜×幅145㎜ ●重量：約850ｇ ●電圧：DC3V

見た目も美しいグリーンカラーが特徴の「メディック・ウルトラ」は、シリーズの各基本機能を取り入れた上位機種。内蔵されたパワーストーンに電流が流れることでフォトンを発生させ、人体に影響を与えるウイルス、ジオパシックストレス、ネガティブエネルギーなどを軽減。その効果はIIREC（国際電磁適合性研究協会）も検証済みです。また、チェコの核安全保障局で安全性をクリアした、霊的成長を促すとされるウランをガラス部分に加工し、半径50mの空間を量子レベルで浄化。一般家庭への設置はもちろん、病院やサロン、その他大型のビル施設でも１台置くだけでポジティブな効果を発揮するパワーを秘めています。

ヒカルランドパーク取扱い商品に関するお問い合わせ等は
メール：info@hikarulandpark.jp　URL：http://www.hikaruland.co.jp/
03-5225-2671（平日10-17時）

＊ご案内の価格、その他情報は発行日時点のものとなります。

実用的で何より経済的。実績十分な初期モデルも好評発売中！

ソマヴェディック メディック

［販売価格］119,170円（税込）

●サイズ：高さ80㎜×幅145㎜

●重量：約987ｇ　●電圧：DC３V

多くの人が行き交う病院やビル、大きな建物や広い土地での使用がオススメ。感情やプレッシャーを処理し、家庭や会社での人間関係を徐々に調和していきます。

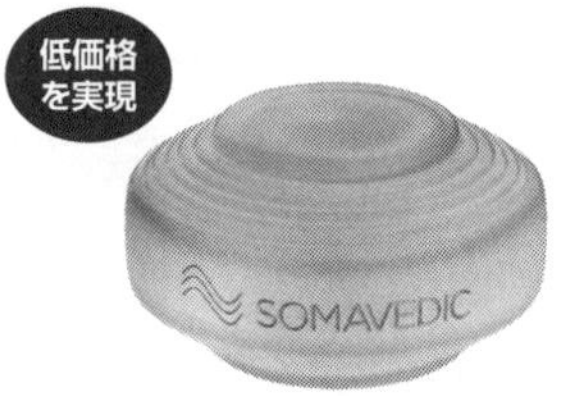

ソマヴェディック クワンタム

［販売価格］79,445円（税込）

●サイズ：高さ60㎜×幅110㎜

●重量：約522ｇ

●電圧：DC３V

サロンや店舗はもちろん、各家庭の部屋や車内への設置がオススメです。

ソマヴェディックの子機として機能
外出時のお守りに！

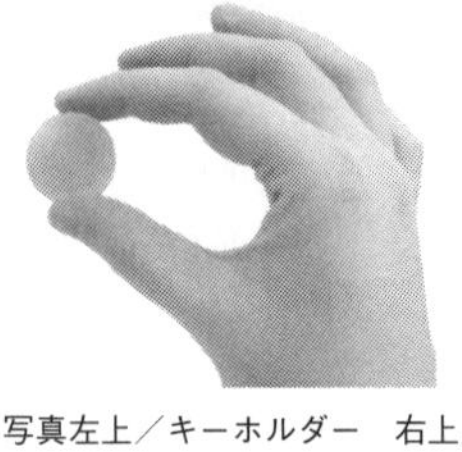

写真左上／キーホルダー　右上／ペンダント　下／ボタン

ソマヴェディック・ポータブル

［販売価格］ボタン11,700円（税込）

キーホルダー／ペンダント各6,930円（税込）

●サイズ：［ボタン］直径34㎜×厚さ18㎜［キーホルダー］縦30㎜×横20㎜×厚さ15㎜［ペンダント］縦26㎜×横26㎜×厚さ６㎜　●効果範囲：最大半径３m

ソマヴェディック本体の上に載せてエネルギーチャージし、外出時に持ち歩くことを意図して開発されたポータブルシリーズ。体の周囲を50㎝ほどのプロテクションエネルギーフィールドが覆い、オーラを整えチャクラを活性化し、ジオパシックストレスゾーンや電磁スモッグなどのネガティブエネルギーをクリアリングします。本体をお持ちでなくても、フルチャージ時の45％ほどの力を有していますので、ソマヴェディック入門としてもオススメです。特にボヘミアンガラスが美しいミニチュアタイプの「ボタン」は「キーホルダー」や「ペンダント」の２倍のパワーがあります。

【お問い合わせ先】ヒカルランドパーク

＊ご案内の価格、その他情報は発行日時点のものとなります。

5Ｇの強力な電磁波保護に特化したモデル

ソマヴェディック メディック・スカイ５Ｇ

［販売価格］132,000円（税込）

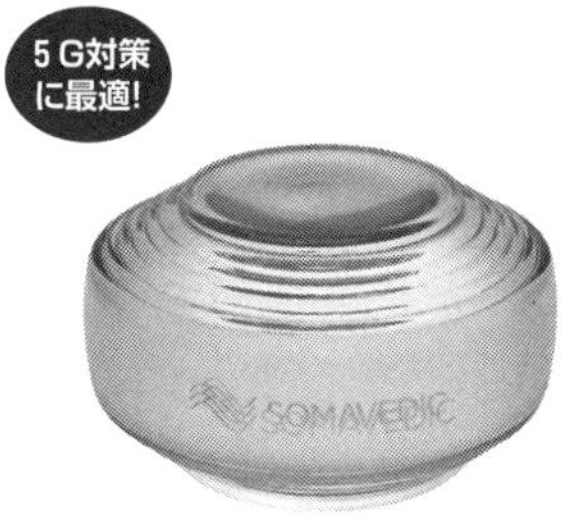

●サイズ：高さ80㎜×幅145㎜　●重量：約950ｇ　●電圧：DC３V

本格導入が始まった５Ｇ（第５世代無線通信システム）への対策用に開発され、従来の「メディック」の約1.5倍のパワーを持つ「メディック・スカイ５Ｇ」。セミプレシャスストーン、シュンガイト、カルネオールなど新素材も追加され、内部コーティングには波動の高い銀コートを施し、激しい電磁波への防御力を高めています。電磁波はもちろん、ウイルスや細菌、カビ、寄生虫などソマヴェディックならではの防御能力も健在です。

持ち運べるサイズなのが嬉しい小型＆軽量モデル

ソマヴェディック メディック・トラベラー

［販売価格］97,500円（税込）

●サイズ：高さ60㎜×幅110㎜

●重量：約450ｇ　●電圧：DC３V

● USB 対応

旅行時や移動時のコンディションを整えるために理想的なサイズに収めたのが「トラベラー」です。ホテルのお部屋や車内はもちろん、オフィス、カフェ、レストランなど多くの人が出入りする環境にも持ち運べるので、滞在先での環境の変化に影響を受けやすい方、移動時間の長い方にオススメします。出先でのウイルス感染予防にもどうぞ。

◎「数霊 REIWA」で波動水をつくろう！

3つのモードから選択。
・S（ショート）…エーテル測定5回→アストラル転写（転写時間約4分）
・L（ロング）…エーテル測定5回→アストラル測定5回→エーテル転写→アストラル転写（転写時間約20分）
・C（カスタマイズ）…測定および転写を各々設定することができます。（転写時間最大60分）
※エーテル体は潜在意識の浅い意識を、アストラル体は潜在意識の深い領域を指します。

➡

測定メニューを35の中から選択し、船井幸雄さん考案のエヴァマークの上に手を乗せ測定。

➡

測定が終了したら、水を乗せて波動転写。1日3回が目安です。
※水は蒸留水がおすすめ。ミネラルウォーターを使用する場合はミネラル成分の少ないものを。水道水は不向きです。

◎ 遠隔ヒーリングもできる！

4次元・5次元の意識世界では、情報が3次元の物理的な距離を超え、時空を超えて届けることが可能です。ご家族など遠くに住まれている相手の写真を用いて、双方の意識を重ねてみましょう。また、何も乗せずに部屋の中央で「11. 家土地のエネルギー」を選択すれば、場の空間浄化もできます。

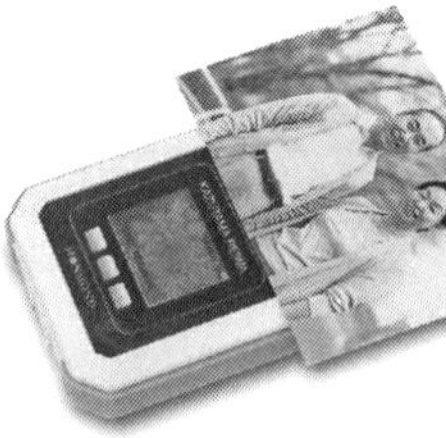

数霊《かずたま》 REIWA

■198,000円（税込）

●サイズ：幅146㎜×奥行88㎜×高さ25㎜ ●本体重量：235g ●消費電力：200mA ●付属品：ACアダプタ（USBケーブル）、取扱説明書、保証書、使用方法、Q＆A ●入力電圧：5VDC（直流） ●充電電流：500mA最大 ●充電時間：4時間程度（完全放電状態からの時間） ●連続再生時間：3～5時間（新品バッテリ使用時） ●バッテリ容量：1250mAh ●バッテリ：リチウムイオン充電池3.7V、保護回路内蔵、電池の寿命目安1年（電池交換有償） ●内蔵メモリ：マイクロSDカード、FAT ●使用温度範囲：5℃～35℃

【お問い合わせ先】ヒカルランドパーク

＊ご案内の価格、その他情報は発行日時点のものとなります。

本といっしょに楽しむ ハピハピ♥ Goods&Life ヒカルランド

潜在意識にあるマイナス要因修正波動を水に転写！
35の測定メニューを搭載した最新波動装置

吉野内聖一郎氏

人は表面に現れない深層意識の奥深くにさまざまなネガティブ情報を抱えています。それが原因となって不調を招いたり、運がなかったり、トラウマを抱えたりなど、現実世界で望むような結果につながらず、深刻な事態を引き起こしてしまうケースも多々あります。そうした深層意識の奥深くに潜んでいるネガティブ情報を測定し、それを修正する波動を電位差でお水に転写する波動装置が「数霊《かずたま》 REIWA」です。
「数霊 REIWA」は、波動の大家・江本勝氏のもとで波動カウンセラーとして活躍された吉野内聖一郎氏が開発。
従来の波動測定器で用いられていた５桁の波動コードを、古神道の秘儀である「数霊の法則」「魔方陣」を用いて独自解析。それまで未知だったコードも多数見つかり、波動装置としてさらなる発展を遂げました。
用意された35の測定メニューから項目を選び、繰り返し波動水をつくって飲むことで、３次元の肉体レベルを超えて、現実世界でのトラウマや不調などに変化を与えていきます。さらに、物への波動転写、空間のエネルギー浄化、写真など相手の情報を用いた遠隔ヒーリングも可能です。外部電源不要で操作も簡単。どなたでも本格的なセルフヒーリングができる画期的かつ実用的な最新波動装置として注目を集めています。

35の測定メニュー
（複数のテーマを同じ水に転写してもOK）

１．世界平和／２．人間関係／３．天職／４．電磁波／５．感染症／６．金運上昇／７．勝負運／８．恋愛運・結婚運／９．子宝／10．受験勉強／11．家土地のエネルギー／12．全チャクラ／13．安眠／14．シェイプアップ／15．ブレイン／16．ヘアー／17．女性フェロモン／18．男性フェロモン／19．プロテクション／20．アレルギー／21．痛み緩和／22．健康管理／23．視力／24．ホルモンバランス／25．禁煙サポート／26．聴力／27．関節／28．骨格／29．筋肉／30．呼吸器系／31．口腔関連／32．消化器系／33．神経／34．泌尿器系／35．皮膚

ソマチッドのパワーを凝縮！

ハイパフォーマンスエッセンス

■ 33,000円（税込）

●内容量：30mℓ　●成分：希少鉱石パウダー　●使用方法：スポイトで直接垂らす。もしくはスプレーボトルを用意し、お好みの量をお水で希釈してお使いください。

ナノコロイドシリカ濃縮溶液に浸けたソマチッド鉱石そのものを製品化しました。人体はもちろん生活用品など、あらゆるものの周波数を整えてソマチッド化し、電磁波などのマイナスな影響を緩和することができます。

古代の眠りから蘇ったエネルギー

ソーマ∞エナジー

■ 33,000円（税込）

●内容量：100g　●成分：希少鉱石パウダー　●使用方法：お水に溶かして泥状にしてお使いください。

選りすぐりのソマチッド含有鉱石をブレンドした粉末は、水で溶かし泥状にすることで用途が広がります。ソマチッドパックとしてお肌に、入浴剤としてお風呂に♨。お皿に盛ってラップで包みその上に野菜を載せれば農薬浄化も！

繰り返し使えるホルミシスミスト

ハイパフォーマンスイオンミスト

■ 11,000円（税込）

●内容量：150mℓ　●成分：水、鉱石パウダー　●使用方法：体に噴霧して疲労や痛みのケアに、空間に噴霧して静電気除去など居住空間の浄化に。

特殊フィルムによりラジウムイオンを発生。ソマチッド、シリカ、ホルミシスのトリプル相乗効果により、スキンケアのほかルームスプレーとしてお部屋をイヤシロチにできます。使い切った後もお水を入れることでホルミシスミストとして継続利用できます。

ヒカルランドパーク取扱い商品に関するお問い合わせ等は
メール：info@hikarulandpark.jp　URL：http://www.hikaruland.co.jp/
03-5225-2671（平日10-17時）

＊ご案内の価格、その他情報は発行日時点のものとなります。

本といっしょに楽しむ ハピハピ♥ Goods&Life ヒカルランド

ソマチッドにフォーカスした唯一無二のアイテム
コンディション&パフォーマンスアップに

勢能幸太郎氏

ソマチッドをテーマにした書籍を多数出版し、いち早く注目してきたヒカルランドに衝撃が走ったのは2020年のこと。そのソマチッドが前例のないレベルで大量かつ活発な状態で含有したアイテムが続々と登場したのです！　開発者は独自理論による施術が話題のセラピスト・施術家の勢能幸太郎氏。勢能氏は長年の研究の末、膨大なソマチッド含有量を誇る鉱石との出会いを果たし、奇想天外な商品を次々と生み出しました。ソマチッドとは私たちの血液の中に無数に存在するナノサイズの超微小生命体。数を増やし活性化させるほど、恒常性維持機能や免疫系、エネルギー産生などに働き、健やかで元気な状態へと導いてくれます。他ではまねできない勢能氏のアイテムを活用して、生命の根幹であるソマチッドにエネルギーを与え、毎日のパフォーマンスをアップしていきましょう！

ソマチッドを蘇生させ潤いのあるお肌へ

CBD エナジークリーム

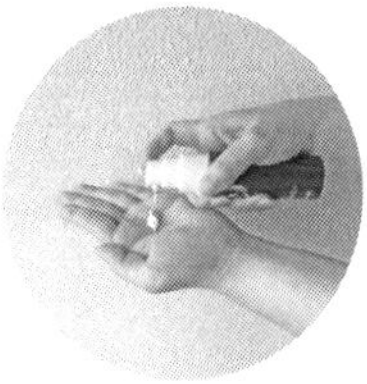

■ 33,000円（税込）
●内容量：30mℓ
●成分：水、BG、パルミチン酸エチルヘキシル、トリ（カプリル／カプリン酸）グリセリル、グリセリン、火成岩、ミネラルオイル、オリーブ油、ベヘニルアルコール、ホホバ種子油、スクワラン、ペンチレングリコール、ステアリン酸ソルビタン、白金、カンナビジオール、シリカ、冬虫夏草エキス、アラントイン、ポリソルベート60、カルボマー、水酸化 K、フェノキシエタノール、デヒドロ酢酸 Na、メチルパラベン
●使用方法：適量を手に取り、トリガーポイントや不調・疲労を感じているところなどになじませてください。

勢能氏が最初に開発したソマチッドクリームには、ホメオスタシスの機能を高める麻成分 CBD ほか、たくさんの有効成分を配合。クリーム内のソマチッドと体内のソマチッドが共振共鳴し合い、経絡を伝わって体全体を活性化します。